중국어, 이젠 즐기세요!

www.booksJRC.com

JRC북스 중국어 회화 시리즈

중국어 발음과 기본 문장 학습
중국어 뼈대 문장 학습

NEW 맛있는 중국어 **회화** 시리즈

입문·초급

맛있는 중국어
Level ❶ 上

맛있는 중국어
Level ❶ 下

맛있는 중국어
Level ❷

핵심 구문 90개 학습
듣기와 말하기 능력 집중 향상
언어 4대 영역 종합 학습

NEW 맛있는 중국어 **회화** 시리즈

초·중급

맛있는 중국어
Level ❸

맛있는 중국어
Level ❹

맛있는 중국어
Level ❺

재미와 감동, 문화까지 독해
어법과 어감을 통한 작문
이론과 트레이닝의 결합! 어법

맛있는 중국어 기본서 시리즈

맛있는 중국어
독해 ❶·❷

맛있는 중국어
작문 ❶·❷

맛있는 중국어
듣기(근간)

맛있는 중국어
어법

제대로 알고 쓰는 간체자
정확히 알고 말하는 필수 단어

맛있는 중국어 쓰기·단어

맛있는 중국어
간체자 391

맛있는 중국어
필수 단어 1400

新 HSK에 꼭 나오는

필수상용어

128句

한선영 지음

JRC 북스

新HSK에 꼭 나오는

필수상용어 128句

초판 1쇄 발행	2008년 10월 13일
초판 7쇄 발행	2017년 2월 20일

지은이	한선영
발행인	김효정
발행처	JRC북스
등록번호	제300-2002-42호
제작	박선희
마케팅	김영한	강민호
홍보	이지연	박선경
웹마케팅	오준석	김희영
인쇄	천일문화사

주소	JRC북스 편집부_서울 강남구 테헤란로 109, 3층
전화	구입문의 02.567.3861	02.567.3837
	내용문의 02.567.3860
팩스	02.567.2471
홈페이지	www.booksJRC.com

ISBN	978-89-92287-11-1 13720
정가	16,000원 (MP3 파일 무료 다운로드 포함)

머리말

요즘은 영어는 필수이고, 중국어 하나쯤은 꼭 할 줄 알아야 한다고 합니다. 하지만 언어를 마스터 하는 게 어디 쉽기만 하겠습니까? 꼭 마스터하겠다고 굳게 다짐하고 시작했다가 맘처럼 쉽게 되지 않아 그만두고, 그러다 또 다시 시작하는 것이 언어가 아닌가 싶습니다.

여러분에게 이와 같은 경험이 있든 아니든, 지금 이 책을 펼쳐 보실 정도의 수준이 된다면, 중국어 학습 과정에 있어서 가장 중요한 기로에 서 있다고 말할 수 있습니다. 바로 중국어 학습의 '허리'부분으로 기초에서 중급으로 도약하는 아주 중요한 단계입니다. 이 단계에서 기초 공사를 탄탄히 해야 절대 무너지지 않는 실력을 쌓을 수 있게 됩니다.

여러분은 지금 말을 할 수 있긴 한데, 절과 절 사이의 연결이 매끄럽지 않아 그냥 두서없이 단어 나열하고, 작문이 두려워 간단한 중작조차 피하고 있을 겁니다. 이제 드디어 여러분들이 가지고 있는 어휘라는 스케치에 제대로 된 어법과 중국인들이 잘 쓰는 표현을 색칠하여 하나의 완성된 그림을 만들 때입니다.

많은 사람들이 한번 봐서 알면, 한번 듣고 이해가 되면 자신이 아는 것이라 착각합니다. 그러나 직접 활용해서 사용할 수 있어야 진정한 '안다'라고 할 수 있습니다. 제발 자만하지 마세요. 공부를 다 마쳤으면, 그 내용을 정확한 발음으로 최소 10번씩 읽어야 하며, 연기자처럼 감정을 넣어 읽어보길 바랍니다.

HSK 강의만 10년 넘게 해온 제가 여러분이 공부한 것이 절대 헛되지 않도록 중요한 내용만 뽑았습니다. 아직 자신이 없어 HSK에 도전하지 못하고 계시다면, 이 책으로 기초 공사를 하세요. 시험 당일, '어? 이거 한선영 선생님 책에서 나왔던 건데!'하고 연신 외칠 수 있을 것입니다.

마지막으로 이 책이 나오기까지 도와주신 원장님과 편집팀 이진아 씨, 어엿한 한국어 선생님이 된 혜림이와 승아, 王君 그리고 高微선생님, 그리고 묵묵히 저를 지지해 준 우리 가족에게 감사의 마음을 전합니다.

지은이 한선영

이 책의 구성

상용어란? 중국인들이 자주 사용하는 호응 격식뿐 아니라 이미 습관적으로 사용되고 있는 관용어를 포함한 것입니다.

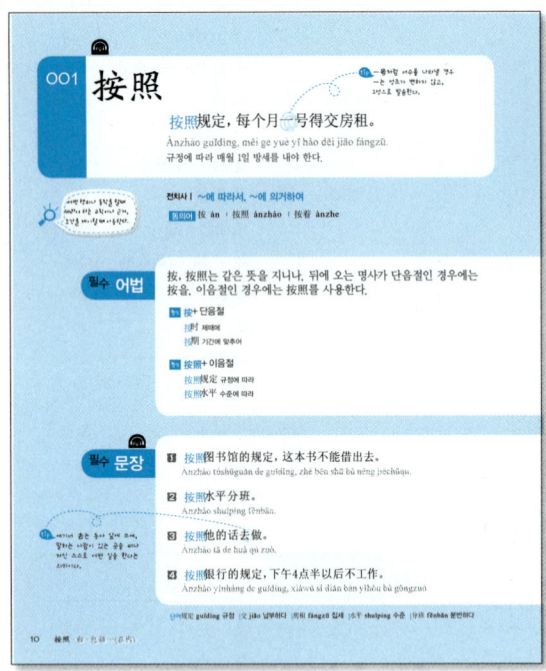

상용어

중국인들이 자주 쓰는 상용어를 배워
진짜 네이티브가 되어보아요.
적어도 이 한 문장은 꼭 암기해야 해요!

필수 어법

HSK 전문강사 한선영이
HSK에 꼭 나오는 내용만 쏙쏙 골라 알려줍니다.

필수 문장

더 이상의 예문을 찾아볼 필요도 없어요.
필수문장 네 개면 만사 OK!

회화 따라잡기

상용어를 생생 회화에서 다시 한번 확인해 보아요.
MP3로 회화를 듣고,
실제로 말하는 것처럼 따라 읽어야 해요.

작문 따라잡기

하루의 마무리는 '작문 따라잡기'로 하세요.
오늘 공부한 것들은 한번에 정리할 수 있답니다.

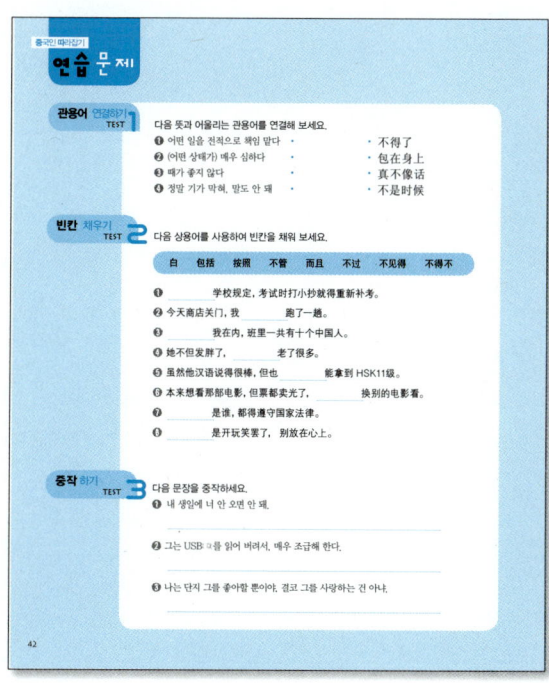

연습**문제**

1주일마다 연습문제가 있어, 자신의 실력을 점검할 수 있어요.
시험을 치는 자세로 풀어보세요.

고사성어 이야기

우리가 알고 있는 고사성어들은 어떻게 생겨났을까?
그 궁금증을 풀어드립니다. 재미난 이야기도 읽고,
고사성어도 외우고! 이게 바로 일석이조!!

WEEK 1

필수**상용어** 128句

JRC

001

按照

tip —号처럼 서수를 나타낼 경우
—는 성조가 변하지 않고,
1성으로 발음한다.

按照规定，每个月一号得交房租。
Ànzhào guīdìng, měi ge yuè yī hào děi jiāo fángzū.
규정에 따라 매월 1일 방세를 내야 한다.

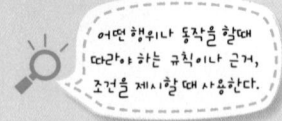

어떤 행위나 동작을 할때
따라야 하는 규칙이나 근거,
조건을 제시할 때 사용한다.

전치사 | ~에 따라서, ~에 의거하여

동의어 按 àn ｜ 按照 ànzhào ｜ 按着 ànzhe

필수 어법

按, 按照는 같은 뜻을 지니나, 뒤에 오는 명사가 단음절인 경우에는 按을, 이음절인
경우에는 按照를 사용한다.

형식 按 + 단음절
按时 제때에
按期 기간에 맞추어

형식 按照 + 이음절
按照规定 규정에 따라
按照水平 수준에 따라

필수 문장

1 按照图书馆的规定，这本书不能借出去。
Ànzhào túshūguǎn de guīdìng, zhè běn shū bù néng jièchūqu.

2 按照水平分班。
Ànzhào shuǐpíng fēnbān.

tip 여기서 去는 동사 앞에 쓰여,
말하는 사람이 있는 곳을 떠나
자신 스스로 어떤 일을 한다는
의미이다.

3 按照他的话去做。
Ànzhào tā de huà qù zuò.

4 按照银行的规定，下午4点半以后不工作。
Ànzhào yínháng de guīdìng, xiàwǔ sì diǎn bàn yǐhòu bù gōngzuò.

단어 规定 guīdìng 규정 ｜ 交 jiāo 납부하다 ｜ 房租 fángzū 집세 ｜ 水平 shuǐpíng 수준 ｜ 分班 fēnbān 분반하다

회화 따라잡기
DIALOGUE 1

A 小姐，我要换这个食品。
　Xiǎojiě, wǒ yào huàn zhè ge shípǐn.

B 按照规定已经开封的食品不能换。
　Ànzhào guīdìng yǐjīng kāifēng de shípǐn bù néng huàn.

A 你看，保质期已经过去了。
　Nǐ kàn, bǎozhìqī yǐjīng guòqu le.

B 对不起，我马上给你换。
　Duìbuqǐ, wǒ mǎshàng gěi nǐ huàn.

> 단어 开封 kāifēng 개봉하다 | 保质期 bǎozhìqī 유통기한

작문 따라잡기
WRITING 2

다음 문장을 중작하세요.

1 선생님의 규정에 따르면, 숙제作业를 해야만 한다.

_____

2 학교의 규정에 따르면, 저녁 9시 이전에 기숙사宿舍로 돌아가야 한다.

_____

3 은행 규정에 따르면, 9시 반에 문을 연다开门.

_____

필수문장 따라잡기
SENTENCE 3

다음 문장을 중국어로 말해보세요.

1 도서관의 규정에 따라 이 책은 빌려갈 수 없다.

_____

2 레벨에 따라 분반한다.

_____

3 그의 말대로 해라.

_____

4 은행의 규정에 따르면 오후 4시 반 이후에는 근무하지 않는다.

_____

002 白

tip 半天은 '반나절'이라는 의미이지만, 주로 말하는 사람 주관적으로 느끼는 긴 시간(很长时间)을 의미한다.

我说了半天，他也没听懂，白说了。

Wǒ shuōle bàntiān, tā yě méi tīngdǒng, bái shuō le.

내가 한참을 말했는데도 그는 알아듣지 못했다, 헛말했다.

마땅히 얻어야 할 효과를 얻지 못하거나, 어떠한 대가를 치르지 않고 이득을 얻는 것을 나타낸다.

부사 | 1. 헛되이, 괜히, 쓸데없이

2. 공짜로

필수 어법

白는 '희다'의 뜻 이외에도 부사로서 '공연히, 쓸데없이, 헛되이'라는 뜻과, '공짜로, 무보수로'라는 뜻으로 쓰인다.

❶ 공연히, 쓸데없이, 헛되이

白做了。　　　괜히 했다.

白费力气。　　쓸데없이 힘만 뺐다.

★ 白와 같은 뜻으로 白白가 있는데, 구조조사 地를 붙여서 사용할 수 있다.

白白地耽误了一年。　1년이라는 시간을 헛되이 보냈어.

❷ 공짜로

他总是白要。　　　　그는 항상 공짜를 원한다.

天下没有白吃的午饭。세상에 공짜는 없다.

tip 还는 발음이 여러 개인 다음어(多音词)로 부사 '아직도' 일때는 (hái)로, 동사 '돌려주다, 갚는다'의 의미일 때는 (huán)으로 발음한다.

필수 문장

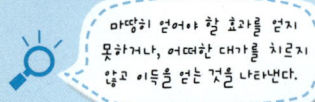

1 你的钱我不是白要的，以后一定还给你。

Nǐ de qián wǒ bú shì bái yào de, yǐhòu yídìng huán gěi nǐ.

2 昨天我去老师家，他已经出去了，我白跑了一趟。

Zuótiān wǒ qù lǎoshī jiā, tā yǐjīng chūqu le, wǒ bái pǎole yí tàng.

3 你说来没来，让我白等了一天。

Nǐ shuō lái méi lái, ràng wǒ bái děngle yì tiān.

4 我真讨厌他，每次来这儿都白吃白喝。

Wǒ zhēn tǎoyàn tā, měi cì lái zhèr dōu bái chī bái hē.

단어 还 huán 돌려주다, 갚다 | 一趟 yí tàng 한 번 (오가는 횟수) | 讨厌 tǎoyàn 싫어하다, 얄밉다

회화 따라잡기
DIALOGUE **1**

A 昨天白准备考试了。
　　Zuótiān bái zhǔnbèi kǎoshì le.

B 为什么?
　　Wèishénme?

A 因为今天的考试取消了。
　　Yīnwèi jīntiān de kǎoshì qǔxiāo le.

B 没事, 今天的考试推到了明天罢了。
　　Méi shì, jīntiān de kǎoshì tuīdàole míngtiān bà le.

> 단어 取消 qǔxiāo 취소하다 | 推 tuī 연기하다, 미루다

작문 따라잡기
WRITING **2**

다음 문장을 중작하세요.

1 세상에 공짜란 없다.

＿＿＿＿＿＿＿＿＿＿＿＿＿＿＿＿＿＿＿＿＿＿＿＿＿＿＿

2 어제 산 사전词典을 잃어 버렸다, 괜히 샀다.

＿＿＿＿＿＿＿＿＿＿＿＿＿＿＿＿＿＿＿＿＿＿＿＿＿＿＿

3 이 약药을 먹었는데도 소용이 없다, 괜히 먹었다.

＿＿＿＿＿＿＿＿＿＿＿＿＿＿＿＿＿＿＿＿＿＿＿＿＿＿＿

필수문장 따라잡기
SENTENCE **3**

다음 문장을 중국어로 말해보세요.

1 네 돈 내가 공짜로 달라는 거 아니야. 나중에 반드시 네게 갚을게.

＿＿＿＿＿＿＿＿＿＿＿＿＿＿＿＿＿＿＿＿＿＿＿＿＿＿＿

2 어제 내가 선생님 댁에 갔는데 선생님이 이미 나가셔서, 난 헛걸음 했다.

＿＿＿＿＿＿＿＿＿＿＿＿＿＿＿＿＿＿＿＿＿＿＿＿＿＿＿

3 네가 온다고 말하고 오지 않아서, 나를 하루 동안 괜히 기다리게 했다.

＿＿＿＿＿＿＿＿＿＿＿＿＿＿＿＿＿＿＿＿＿＿＿＿＿＿＿

4 나는 정말 그를 싫어한다. 매번 여기에 오면 공짜로 먹고 공짜로 마신다.

＿＿＿＿＿＿＿＿＿＿＿＿＿＿＿＿＿＿＿＿＿＿＿＿＿＿＿

003

包括…(在内)

房租每个月一百块钱, 包括水电费(在内)。

Fángzū měi ge yuè yìbǎi kuài qián, bāokuò shuǐdiànfèi(zài nèi).

방세는 매달 백 위안인데, 수도전기요금을 포함해서이다.

동사 | 포함하다, 포괄하다

필수 어법

包括는 '包(쌀 포) + 括(묶을 괄)'의 조합으로 '포괄'이라고 읽으며, 한자 뜻과 중국어 뜻이 같다. 뒤에 종종 在内(~그 안에)라는 말과 함께 쓰이며, 생략해도 무방하다.

包括我在内	나를 포함하다
包括老师在内	선생님을 포함시키다
从来没包括过他。	여태껏 한번도 그를 포함시킨 적이 없다.

필수 문장

1 学外语包括听、说、读、写四个方面。

Xué wàiyǔ bāokuò tīng、shuō、dú、xiě sì ge fāngmiàn.

> tip 중국에서는 나열을 할 때 반점(, 逗号)을 사용하지 않고, 모점(、 顿号)을 사용한다.

2 这个访问团一共有十个人, 包括一名翻译。

Zhè ge fǎngwèntuán yígòng yǒu shí ge rén, bāokuò yì míng fānyi.

3 包括我, 一共十个人。

Bāokuò wǒ, yígòng shí ge rén.

> tip 사람을 나타내는 양사는 여러가지가 있다. 일반적으로 세는 양사는 个, 사람을 높이는 '~분'의 뜻인 位, 직업이나 신분을 강조할 때는 名을 쓴다.

4 包括小费, 一共一百块钱。

Bāokuò xiǎofèi, yígòng yìbǎi kuài qián.

단어 水电费 shuǐdiànfèi 수도전기요금 | 访问团 fǎngwèntuán 방문단 | 翻译 fānyi 번역, 통역(하다) | 小费 xiǎofèi 팁

회화 따라잡기
DIALOGUE 1

A 请问去欧洲旅游的费用是多少?
  Qǐngwèn qù Ōuzhōu lǚyóu de fèiyòng shì duōshao?

B 2万元!
  Liǎngwàn yuán!

A 怎么这么贵呢?
  Zěnme zhème guì ne?

B 除了飞机票，还包括住宿费用在内。
  Chúle fēijī piào, hái bāokuò zhùsù fèiyòng zài nèi.

> 단어 欧洲 Ōuzhōu 유럽 | 费用 fèiyòng 비용 | 机票 jīpiào 비행기표 | 住宿费 zhùsùfèi 숙박비

작문 따라잡기
WRITING 2

다음 문장을 중작하세요.

1 너랑 나를 포함하여, 전부一共 다섯 사람이다.

_____

2 이 요리들은 100위안인데, 술값酒费은 그 안에 포함되지 않는다.

_____

3 나를 포함하여, 우리는 모두 학생이다.

_____

필수문장 따라잡기
SENTENCE 3

다음 문장을 중국어로 말해보세요.

1 외국어를 배우는 것은 듣기, 말하기, 읽기, 쓰기 4개 부분을 포함한다.

_____

2 이 방문단은 모두 10명인데, 통역사 한 명도 포함해서이다.

_____

3 나까지 포함해서 모두 10명이다.

_____

4 팁까지 포함해서 모두 100위안이다.

_____

004 并

我并没有说感谢的话，可是在心里感谢她。

Wǒ bìng méiyǒu shuō gǎnxiè de huà, kěshì zài xīnli gǎnxiè tā.

나는 고맙다는 말을 결코 하지 않았지만, 마음속으로는 그녀에게 고마워한다.

부사 | 결코, 전혀

필수 어법

并은 '결코, 전혀'라는 뜻으로 부정부사 不, 没, 非, 无, 未 등 앞에 사용하여 부정의 어기를 강하게 해주며, 어떠한 사실이 사람들이 상상하는 그 모습대로가 아님을 강조한다.

형식 **并不 | 并没 | 并非 | 并未 | 并无**

并不好	결코 좋지 않다
并非偶然	결코 우연이 아니다
并未受到重视	전혀 중시를 받지 못했다
并无什么差别	어떠한 차이도 결코 없다

필수 문장

1 她并不漂亮，但是性格很温柔。
Tā bìng bú piàoliang, dànshì xìnggé hěn wēnróu.

2 学的时间并不长，可是他汉语说得很流利。
Xué de shíjiān bìng bù cháng, kěshì tā Hànyǔ shuō de hěn liúlì.

3 你想错了，他并不知道这件事。
Nǐ xiǎng cuò le, tā bìng bù zhīdao zhè jiàn shì.

4 他是韩国人，可是并不爱吃辣的。
Tā shì Hánguórén, kěshì bìng bú ài chī là de.

tip HSK 시험 독해 1부분에서 **性格**는 脾气(píqi)의 동의어로 출제된다.

tip 맛에 종류에는 크게 酸(suān 시다), 甜(tián 달다), 苦(kǔ 쓰다), 辣(là 맵다)가 있으며, 酸甜苦辣는 '세상의 모든 풍파, 고통'을 의미한다.

단어 感谢 gǎnxiè 감사하다 | 性格 xìnggé 성격 | 温柔 wēnróu 온화하다 | 流利 liúlì 유창하다

회화 따라잡기
DIALOGUE **1**

A 你工作太辛苦了。
　Nǐ gōngzuò tài xīnkǔ le.

B 为了家庭，我愿意这么做!
　Wèile jiātíng, wǒ yuànyì zhème zuò!

A 同时做两份工作，很累吧?
　Tóngshí zuò liǎng fèn gōngzuò, hěn lèi ba?

B 习惯的话并不是很累。
　Xíguàn de huà bìng búshì hěn lèi.

> 단어 辛苦 xīnkǔ 고생하다, 수고하다

작문 따라잡기
WRITING **2**

다음 문장을 중작하세요.

1 이 산은 결코 높지 않지만, 오르기는爬 쉽지 않다. (산의 양사 座)

_____

2 나는 비록虽然 그녀와 전혀 얘기한 적이 없지만, 나는 그녀를 사랑한다.

_____

3 이 그림画儿은 전혀 예쁘지 않지만, 나는 매우 좋아한다. (그림의 양사 张)

_____

필수문장 따라잡기
SENTENCE **3**

다음 문장을 중국어로 말해보세요.

1 그녀는 결코 예쁘진 않다. 하지만 성격이 매우 온화하다.

_____

2 배운 시간은 결코 길지 않지만, 그는 중국어를 정말 유창하게 잘한다.

_____

3 너 잘못 생각한 거야. 그는 전혀 이 일을 몰라.

_____

4 그는 한국사람인데도 매운 거 먹는 것을 전혀 좋아하지 않는다.

005 不…不…

tip 小意思는 '작은 성의'라는 뜻으로 HSK청취나 독해 1부분에서 心意(xīnyì), 表示(biǎoshì), 送礼(sònglǐ) 등이 동의어로 제시된다.

这是我的一点儿**小意思**，**不**收**不**行，一定要收下。

Zhè shì wǒ de yìdiǎnr xiǎo yìsi, bù shōu bù xíng, yídìng yào shōuxia.

이것은 저의 작은 정성이에요. 안 받으면 안 돼요. 꼭 받으세요.

관용구 | ～하지 않으면, ～안 된다

필수 어법

A와 B는 뜻이 서로 상대적이거나 관련 있는 동사 또는 구(句)를 사용한다. 경우에 따라서는 '만약 ～하지 않으면, ～하지 않는다'로 쓰여 '不…不…'는 가정문의 느낌을 갖기도 한다.

형식 不 A 不 B

不去不行　가지 않으면 안 된다
不吃不行　먹지 않으면 안 된다
不看不行　보지 않으면 안 된다
不参加不行　참석하지 않으면 안 된다

★　不见不散sàn
　　만나지 못하면 흩어지지 않는다. ⇒ 만날 때까지 기다리자.

필수 문장

1 我拉肚子，现在**不**去厕所**不**行。
Wǒ lā dùzi, xiànzài bú qù cèsuǒ bù xíng.

2 这种病**不**吃药**不**行。
Zhè zhǒng bìng bù chī yào bù xíng.

tip 婚礼(결혼식)는 종종 동사 参加(참가하다), 举行(거행하다)와 함께 쓰인다.

tip 厕所는 용변을 보는 곳만 있는 화장실을 의미하고 洗手间은 비교적 예의를 갖춘 표현으로 손을 씻는 곳이 있는 비교적 큰 화장실을 말한다.

3 好朋友的婚礼我**不**能**不**参加。
Hǎo péngyou de hūnlǐ wǒ bù néng bù cānjiā.

4 他这个人**不**问**不**说，真气人。
Tā zhè ge rén bú wèn bù shuō, zhēn qìrén.

단어 小意思 xiǎo yìsi 작은 성의 | 收 shōu 받다 | 拉肚子 lā dùzi 설사하다 | 厕所 cèsuǒ 화장실 | 婚礼 hūnlǐ 혼례, 결혼식 | 参加 cānjiā 참가하다 | 气人 qìrén 화나게 하다, 약을 올리다

18　并 **不…不…** 不但…而且…

회화 따라잡기
DIALOGUE **1**

A 儿子, 作业做完了吗?
　Érzi, zuòyè zuòwán le ma?

B 还没有。
　Hái méiyǒu.

A 游戏不玩不行吗? 先做作业吧。
　Yóuxì bù wán bù xíng ma? Xiān zuò zuòyè ba.

B 知道了, 再玩一会。
　Zhīdao le, zài wán yíhuìr.

> 단어 玩游戏 wán yóuxì 게임, 오락하다

작문 따라잡기
WRITING **2**

다음 문장을 중작하세요.

1 나는 서른 살이 되기 전까지는不到 결혼하지結婚 않겠다.

_____

2 모두들 다 알고 있는데, 그가 모를 리가 없다不会.

_____

3 이 사과가 맛 없으면 돈钱 안 받아요不要.

_____

필수문장 따라잡기
SENTENCE **3**

다음 문장을 중국어로 말해보세요.

1 나 설사 하려고 해, 지금 화장실에 안 가면 안 되겠어.

_____

2 이런 종류의 병은 약을 먹지 않으면 안 된다.

_____

3 친한 친구의 결혼식에 나는 참석하지 않으면 안 된다.

_____

4 그는 묻지 않으면 말을 하지 않는다, 정말 사람 열 받게 한다.

_____

day 1
day 2
day 3
day 4
day 5
day 6
day 7
day 8
day 9
day 10
day 11
day 12
day 13
day 14
day 15
day 16
day 17
day 18
day 19
day 20

不但…而且…

tip 여기서 쓰이는 但은 '그러나'가 아니라 '단지'의 뜻으로 쓰인 것이며, 仅, 单, 光 모두 단지의 의미를 지닌다. 앞에 부정부사 不를 붙이면, '단지 ~일 뿐만 아니라'라는 의미이다.

抽烟不但对自己不好, 而且对别人的健康也不好。

Chōuyān búdàn duì zìjǐ bù hǎo, érqiě duì biérén de jiànkāng yě bù hǎo.

담배를 피우면 자신에게 좋지 않을 뿐 아니라 다른 사람의 건강에도 좋지 않다.

접속사 | ~일 뿐 아니라, 게다가(점층)

동의어 不仅 bùjǐn | 不单 bùdān | 不光 bùguāng

필수 어법

접속사 '不但…而且…'는 복문으로 不但은 앞절에 쓰이고, 而且는 뒷절에 쓰인다. 상황이 한 단계 더 나아감을 나타내거나, 의미가 한층 더 분명하다는 것을 표현하는 접속사로 뒷절을 좀더 강조한다.

형식 不但 (不仅 / 不单 / 不光)…, 而且 (并且 / 况且) + 주어 (+也 / 还 / 又)…

不但北方天气寒冷, 而且南方也下起了大雪。
북방만 추울 뿐 아니라, 남방도 눈이 내리기 시작했다.

家务活不单妻子做, 并且还需要丈夫的帮忙。
가사 일은 아내가 해야 하지만, 남편의 도움도 필요하다.

필수 문장

1 这家饭馆的菜不但种类很多, 而且都很好吃。
Zhè jiā fànguǎn de cài búdàn zhǒnglèi hěn duō, érqiě dōu hěn hǎochī.

2 首尔不但景色优美, 而且名胜古迹也很多。
Shǒu'ěr búdàn jǐngsè yōuměi, érqiě míngshèng gǔjì yě hěn duō.

3 学汉语不但有意思, 而且(也)很有用。
Xué Hànyǔ búdàn yǒu yìsi, érqiě (yě) hěn yǒuyòng.

4 她不但漂亮, 而且(还)很苗条。
Tā búdàn piàoliang, érqiě (hái) hěn miáotiao.

단어 种类 zhǒnglèi 종류 | 景色优美 jǐngsè yōuměi 풍경이 아름답다 | 名胜古迹 míngshèng gǔjì 명승고적 | 有用 yǒuyòng 유용하다 | 苗条 miáotiao 날씬하다

회화 따라잡기 **1**
DIALOGUE

A 听说你买手机了？让我看看好吗？
　　Tīngshuō nǐ mǎi shǒujī le? Ràng wǒ kànkan hǎo ma?

B 给你。
　　Gěi nǐ.

A 看起来很好。
　　Kànqǐlai hěn hǎo.

B 是的，不但可以摄像，而且可以看电视！
　　Shì de, búdàn kěyǐ shèxiàng, érqiě kěyǐ kàn diànshì!

> 단어 手机 shǒujī 휴대전화 | 摄像 shèxiàng 촬영하다

작문 따라잡기 **2**
WRITING

다음 문장을 중작하세요.

1 이 병원医院은 아주 클 뿐만 아니라, 게다가 아주 유명하다.

....

2 그녀는 노래를 아주 잘 할 뿐 아니라, 게다가 춤도 아주 잘 춘다跳舞.

....

3 이 여자 아이는 예쁠漂亮 뿐만 아니라, 게다가 건강하다健康.

....

필수문장 따라잡기 **3**
SENTENCE

다음 문장을 중국어로 말해보세요.

1 이 식당의 음식은 종류가 많을 뿐 아니라 모두 매우 맛있다.

....

2 서울은 경치가 아름다울 뿐 아니라 명승고적도 매우 많다.

....

3 중국어를 배우면 재미있을 뿐만 아니라 게다가 매우 유용하기도 하다.

....

4 그녀는 예쁠 뿐 아니라 게다가 매우 날씬하기도 하다.

....

day 1
day 2
day 3
day 4
day 5
day 6
day 7
day 8
day 9
day 10
day 11
day 12
day 13
day 14
day 15
day 16
day 17
day 18
day 19
day 20

007 不得不

收音机坏了，我不得不买新的。

Shōuyīnjī huài le, wǒ bùdébù mǎi xīn de.

라디오가 고장 나서 나는 어쩔 수 없이 새 것을 사야 한다.

부사 | 어쩔 수 없이, 하는 수 없이

동의어 只好 zhǐhǎo ｜ 不得已 bùdéyǐ ｜ 无(可)奈(何) wú (kě) nài (hé)

只能 zhǐnéng ｜ 只得 zhǐdé ｜ 没办法 méi bànfǎ

필수 어법

한자를 그대로 독음하면 '부득불'이라고 읽는다. 우리나라 말과 같은 뜻인 '부득이함', '어찌할 방법이 없음'을 나타내는 부사어로 사용된다.

不得不来	어쩔 수 없이 왔다
不得不工作	하는 수 없이 일을 한다
不得不一个人去。	어쩔 수 없이 혼자 간다.

필수 문장

1 天气不好，我们不得不取消计划。

Tiānqì bù hǎo, wǒmen bùdébù qǔxiāo jìhuà.

> tip
> 同学 같은 반에서 함께 공부하는 친구
> 同屋 같은 방에서 함께 생활하는 사람
> 同事 같은 회사에서 함께 일하는 사람
> 同桌 같은 책상에서 함께 공부하는 친구

2 同屋最讨厌烟味儿，我不得不到外面去抽烟。

Tóngwū zuì tǎoyàn yānwèir, wǒ bùdébù dào wàimiàn qù chōuyān.

3 他病得很厉害，不得不请假休息了。

Tā bìng de hěn lìhai, bùdébù qǐng jià xiūxi le.

> tip
> 厉害는 정도보어로 쓰여
> 정도의 심함을 나타낸다.

4 末班车已经走了，我不得不坐出租车回家。

Mòbānchē yǐjīng zǒu le, wǒ bùdébù zuò chūzūchē huíjiā.

단어 收音机 shōuyīnjī 라디오 ｜ 坏 huài 나쁘다, 고장 나다 ｜ 取消 qǔxiāo 취소하다 ｜ 同屋 tóngwū 룸메이트 ｜
烟味儿 yānwèir 담배냄새, 연기 ｜ 厉害 lìhai 심하다, 대단하다 ｜ 末班车 mòbānchē 막차

회화 따라잡기 1
DIALOGUE

A 好几天没看到你了，你去哪里了？
Hǎo jǐ tiān méi kàndao nǐ le, nǐ qù nǎli le?

B 快要考试了，我不得不努力学习。
Kuài yào kǎoshì le, wǒ bùdébù nǔlì xuéxí.

A 平时要是努力了，现在不会这么忙！
Píngshí yàoshi nǔlì le, xiànzài bú huì zhème máng!

B 不爱学习，我也没法啊！
Bú ài xuéxí, wǒ yě méifǎ a!

작문 따라잡기 2
WRITING

다음 문장을 중작하세요.

1 그 책을 찾을 수 없어서不到, 나는 어쩔 수 없이 새 것을 사야 한다.

_____

2 그는 병이 너무 심해서厉害, 어쩔 수 없이 휴가를 신청했다请假.

_____

3 그들이 가고 싶어 하지 않아서 어쩔 수 없이 나 혼자 간다.

_____

필수문장 따라잡기 3
SENTENCE

다음 문장을 중국어로 말해보세요.

1 날씨가 좋지 않아서 우리는 어쩔 수 없이 계획을 취소했다.

_____

2 룸메이트가 담배냄새를 제일 싫어해서, 나는 어쩔 수 없이 밖으로 나가서 담배를 피운다.

_____

3 그는 병이 너무 심해서, 어쩔 수 없이 휴가를 신청하여 쉬었다.

_____

4 막차가 이미 가 버려서, 나는 어쩔 수 없이 택시를 타고 집에 돌아갈 수 밖에 없다.

_____

008 不准

tip 参加는 '참석하다'는 의미로 HSK 독해 1부분에서 出席(chūxí, 출석하다)의 의미로 출제된다.

参加会议的人不准迟到。

Cānjiā huìyì de rén bùzhǔn chídào.

회의에 참가하는 사람은 지각하면 안 된다.

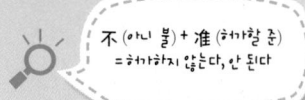

不(아니 불)+准(허가할 준)
=허가하지 않는다, 안 된다

부사 | 불허하다, ~하면 안 된다

동의어 不得 bùdé ~해서는 안 된다

필수 어법

不准은 동사, 형용사 뒤에 쓰여 허락하지 않거나, 해서는 안 된다는 뜻을 나타낸다.

不准迟到	지각해서는 안 된다
不准抽烟	담배 펴서는 안 된다
不准随地大小便	노상방뇨금지
不准随地吐痰	아무 곳에나 가래를 뱉으면 안 된다
不准动 (=动不得)	노터치, 움직이면 안 된다

★ 원래 准은 '정확하다'는 뜻을 가지고 있다.
  我的表走得很准。 내 시계는 정확하게 간다.

필수 문장

1 高中生不准抽烟。
   Gāozhōngshēng bùzhǔn chōuyān.

tip 중국의 학교는 크게 小, 中, 大로 나뉜다.
小 ─ 小学 초등학교
中 ┬ 初中 중학교
  └ 高中 고등학교
大 ─ 大学 대학교

2 门前不准停车。
   Mén qián bùzhǔn tíngchē.

3 考试时不准随便说话。
   Kǎoshì shí bùzhǔn suíbiàn shuōhuà.

tip 的时候는 다른 말에 붙어 시제를 나타내는 표현이다. 줄임말은 '…的时'가 아니라 '…时'이다.

4 按照我们补习班的规定, 在教室里不准抽烟。
   Ànzhào wǒmen bǔxíbān de guīdìng, zài jiàoshìli bùzhǔn chōuyān.

단어 会议 huìyì 회의 | 迟到 chídào 지각하다 | 停车 tíngchē 정차하다 | 随便 suíbiàn 마음대로

day 1

day 2

day 3

day 4

day 5

day 6

day 7

day 8

day 9

day 10

day 11

day 12

day 13

day 14

day 15

day 16

day 17

day 18

day 19

day 20

회화 따라잡기
DIALOGUE 1

A 罚款50块钱。
　Fá kuǎn wǔshí kuài qián.

B 我怎么了?
　Wǒ zěnme le?

A 你说你怎么了? 没看见这里写着 "不准随地大小便" 吗?
　Nǐ shuō nǐ zěnme le? Méi kànjiàn zhèli xiězhe "Bùzhǔn suídì dàxiǎobiàn" ma?

B 那关你什么事?
　Nà guān nǐ shénme shì?

A 我是警察。快交钱。
　Wǒ shì jǐngchá. Kuài jiāo qián.

> 단어 罚款 fákuǎn 벌금을 내다 | 警察 jǐngchá 경찰

작문 따라잡기
WRITING 2

다음 문장을 중작하세요.

1 시험 볼 때는 커닝作弊을 하면 안 된다.

_____

2 고등학생高中生은 술을 마셔서는 안 된다.

_____

3 수업 시간에 한국어로 말해서는 안 된다.

_____

필수문장 따라잡기
SENTENCE 3

다음 문장을 중국어로 말해보세요.

1 고등학생은 담배를 피워서는 안 된다.

_____

2 문 앞에 주차할 수 없다.

_____

3 시험 볼 때 마음대로 얘기해서는 안 된다.

_____

4 우리 학원의 규정에 따르면 교실 안에서는 담배를 피우면 안 된다.

_____

009 不管…都…

不管工作怎么忙，他都抽点儿时间学习汉语。

Bùguǎn gōngzuò zěnme máng, tā dōu chōu diǎnr shíjiān xuéxí Hànyǔ.

일이 아무리 바빠도 그는 시간을 내서 중국어를 공부한다.

접속사 | ~이든 상관없이, ~을 막론하고

동의어 不管 bùguǎn | 不论 búlùn | 无论 wúlùn

필수 어법

어떤 조건 하에서든 결과에는 변화가 없음을 나타낸다. 不管뒤에는 의문대명사 谁, 什么, 哪, 怎么, 多 등이 사용되며, 정반의문문, 선택의문문이 나오기도 한다. 뒤에 부사 都, 也 등과 호응한다.

의문대명사에는 什么, 怎么, 哪, 哪儿, 谁, 怎么样, 几, 多少, 多么, 多 등이 있다.

형식 不管 不论 无论 任凭	+	두가지 이상의 조건 정반의문문 (A 不 A) 선택의문문 (A 还是 B) 의문대명사 의문문	, (反正) 주어 + 都 / 也 + 바뀌지 않는 결론

不管贵不贵, 我也要买 비싸든 비싸지 않든, 나는 사겠다.

필수 문장

1 不管孩子怎么闹，她都不生气。
Bùguǎn háizi zěnme nào, tā dōu bù shēngqì.

2 不管别人怎么说，我都不在乎。
Bùguǎn biérén zěnme shuō, wǒ dōu bú zàihu.

3 不管做什么事，他都很认真。
Bùguǎn zuò shénme shì, tā dōu hěn rènzhēn.

4 不管是星期天还是节日，他每天都上班工作。
Bùguǎn shì xīngqītiān háishi jiérì, tā měitiān dōu shàngbān gōngzuò.

단어 抽时间 chōu shíjiān 시간을 내다 | 闹 nào 떠들다, 소란을 피우다 | 不在乎 búzàihu 개의치 않는다 | 认真 rènzhēn 진지하다 | 节日 jiérì 명절, 경축일

회화 따라잡기 DIALOGUE **1**

A 你正在做什么?
　Nǐ zhèngzài zuò shénme?

B 准备去救小王。
　Zhǔnbèi qù jiù Xiǎo Wáng.

A 那里着火了, 很危险!
　Nàli zháohuǒ le, hěn wēixiǎn!

B 不管有多危险, 我都要去! 他是我好朋友!
　Bùguǎn yǒu duō wēixiǎn, wǒ dōu yào qù! Tā shì wǒ hǎo péngyou!

> 단어 救 jiù 구하다 | 着火 zháohuǒ 불나다 | 危险 wēixiǎn 위험하다

작문 따라잡기 WRITING **2**

다음 문장을 중작하세요.

1 그가 가건 안 가건 나는 갈테야.

_____

2 너에게 어떤 어려움困难이 있든지 나는 너를 돕겠다.

_____

3 남녀노소를 막론하고 모두 참가할参加 수 있다.

_____

필수문장 따라잡기 SENTENCE **3**

다음 문장을 중국어로 말해보세요.

1 아이들이 아무리 소란을 피워도, 그녀는 화를 내지 않는다.

_____

2 다른 사람이 어떻게 말하든지, 나는 상관없다.

_____

3 무슨 일을 하든지, 그는 항상 매우 진지하다.

_____

4 일요일이건 명절이건, 그는 매일 출근하여 일한다.

_____

010 不过…罢了

여기서 不过는 '그런데, 그렇지만'의 역접의 뜻을 가진 접속사가 아니라, 부사로 '단지, 다만'의 의미를 갖는다.

我不过是开玩笑罢了，你别当真。
Wǒ búguò shì kāi wánxiào bà le, nǐ bié dàngzhēn.
나는 그냥 농담한 거야. 너 진짜로 여기지 마.

단지 ~에 불과하다, 다만 ~일 뿐이다

필수 어법

문미에 罢了, 而已, 就是了 등과 같이 써서 하는 동작이 작거나, 가벼운 뉘앙스임을 나타낸다. 만약 중간에 들어가는 술어가 단음절 동사이면, 가벼운 뉘앙스를 강조하기 위해 중첩 형태로 쓰인다.

> **형식**
> 不过 (不过是 / 只不过 / 只是 / 无非)
> … 罢了 (而已 / 就是了)

不过我个人的想法而已。　　그냥 내 개인적 견해일 뿐이에요.
不过是问问而已。　　　　　그냥 물어본 거예요.
只不过说说罢了。　　　　　그냥 말해본 거예요. (단음절 동사 중첩)

필수 문장

1 我不过是写错一个字罢了，你别认真。
Wǒ búguò shì xiěcuò yí ge zì bà le, nǐ bié rènzhēn.

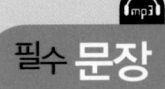

错는 '틀리다'의 뜻으로 여기서는 결과보어로 쓰였다.
예) 打错了 전화를 잘못 걸었다
坐错了 차를 잘못 탔다
说错了 잘못 말했다
听错了 잘못 들었다

2 我不过是一个上班族罢了，没有那么多钱。
Wǒ búguò shì yí ge shàngbānzú bà le, méiyǒu nàme duō qián.

3 别误会，我不过是问问罢了。
Bié wùhuì, wǒ búguò shì wènwen ba le.

4 这不过是我个人的意见罢了。
Zhè búguò shì wǒ gèrén de yìjiàn ba le.

단어 开玩笑 kāi wánxiào 농담하다 | 当真 dàngzhēn 정말로 여기다 | 上班族 shàngbānzú 샐러리맨 |
误会 wùhuì 오해하다 | 个人 gèrén 개인

A 听说你想辞职, 是真的吗?
  Tīngshuō nǐ xiǎng cízhí, shì zhēn de ma?

B 我不过是说说罢了, 并不想辞职。
  Wǒ búguò shì shuōshuo bà le, bìng bù xiǎng cízhí.

A 如果你不想辞职的话, 就连说都不要说。
  Rúguǒ nǐ bù xiǎng cízhí de huà, jiù lián shuō dōu búyào shuō.

B 我只是开玩笑罢了, 不用这么认真。
  Wǒ zhǐshì kāi wánxiào bà le, búyòng zhème rènzhēn.

> 단어 辞职 cízhí 사직하다 | 认真 rènzhēn 진지하다

다음 문장을 중작하세요.

1 나는 일개一个 대학생에 불과해, 그렇게 많은 돈은 없어.

_____

2 나는 정말真的 매우 가고 싶다, 다만 시간이 없을 뿐이다.

_____

3 나는 그와 관계关系없고, 단지 그를 알고 있을 뿐이다.

_____

다음 문장을 중국어로 말해보세요.

1 나는 단지 글자를 하나 틀리게 썼을 뿐이야, 너 심각해 하지 마라.

_____

2 난 고작 샐러리맨이야, 그렇게 많은 돈은 없어.

_____

3 오해하지 마, 난 그저 좀 물어 봤을 뿐이야.

_____

4 이건 그저 내 개인의 의견일 따름이야.

_____

011

不见得

这种药，对你的身体不见得好。

Zhè zhǒng yào, duì nǐ de shēntǐ bújiànde hǎo.

이런 종류의 약이 네 몸에 반드시 좋다고 볼 수는 없어.

동사 | 반드시 ~라고는 할 수 없다, ~라고는 생각되지 않는다

동의어 未必 wèibì | 不一定 bùyídìng

반의어 肯定 kěndìng | 一定 yídìng | 必然 bìrán | 必定 bìdìng

필수 어법

不见得는 **주관적인 판단**을 나타내기 때문에, 문장 안에는 일반적으로 我看, 看样子(내가 보기에는) 등의 삽입어가 자주 등장하며, 비교적 완곡한 어기를 나타낸다. 객관적인 상황에서 아직 확정되지 않았음을 나타낼 때는 不一定을 써야 한다.

看样子, 他不见得会来。	보아하니, 그는 오지 않을 거 같다. (주관적 판단)
事情的结果还不一定。	이 일의 결과는 아직 알 수 없다. (상황의 불확실성)
这件事能不能办成还不一定呢。	이 일을 성사시킬 수 있을지 없을지는 아직 알 수 없다. (상황의 불확실성)

필수 문장

1 屋里开着灯，不见得就有人。
Wūli kāizhe dēng, bújiànde jiù yǒu rén.

2 做生意也不见得都能发财。
Zuò shēngyi yě bújiànde dōu néng fācái.

> **tip** 现재 비가 많이 올 때는 大로 표현하고, 多는 어느 일정기간 동안 내린 비의 횟수나 양이 많음을 의미한다.

3 下这么大的雨，我看他不见得会来。
Xià zhème dà de yǔ, wǒ kàn tā bújiànde huì lái.

> **tip** 发财는 '돈을 많이 벌다'의 뜻으로 보통 恭喜发财(부자 되세요)라는 표현을 자주 쓴다. 发(fā)와 가장 유사한 숫자 발음이 八(bā)이어서 중국 사람들이 숫자 8을 좋아한다.

4 我看，这篇文章不见得是他写的。
Wǒ kàn, zhè piān wénzhāng bújiànde shì tā xiě de.

단어 开灯 kāidēng 등을 켜다 | 做生意 zuò shēngyi 사업을 하다 | 发财 fācái 돈을 많이 벌다 | 篇 piān 편(글을 세는 양사) | 文章 wénzhāng 글

회화 따라잡기 DIALOGUE 1

A 你还在学习呢? 都学10个小时了。
　　Nǐ hái zài xuéxí ne? Dōu xué shí ge xiǎoshí le.

B 还有很多没看完呢。
　　Hái yǒu hěn duō méi kànwán ne.

A 这么一直学不见得效率高。休息一会吧。
　　Zhème yìzhí xué bújiànde xiàolǜ gāo. Xiūxi yíhuìr ba.

B 我也没办法啊。
　　Wǒ yě méi bànfǎ a.

> 단어 都…了 dōu…le 벌써 ~이다 | 效率 xiàolǜ 효율

작문 따라잡기 WRITING 2

다음 문장을 중작하세요.

1 이것이 비교적 예쁘지만, 품질质量이 꼭 좋다고는 할 수 없다.

_____

2 너는 그가 가고 싶어한다고 말하지만, 내가 보기엔 꼭 그렇진 않다.

_____

3 그는 10시 전에 꼭 돌아온다고 했지만, 내가 보기엔 꼭 그렇진 않다.

_____

필수문장 따라잡기 SENTENCE 3

다음 문장을 중국어로 말해보세요.

1 방안에 불이 켜져 있다고 해서, 꼭 사람이 있는 것은 아니야.

_____

2 장사를 한다고 해서 모두 돈을 버는 것은 아니야.

_____

3 이렇게 많은 비가 오는데, 내가 보기에 그가 반드시 온다고 볼 수는 없을 것 같다.

_____

4 내가 보기에, 이 글은 꼭 그가 쓴 것이라고 볼 수는 없다.

_____

day 1
day 2
day 3
day 4
day 5
day 6
day 7
day 8
day 9
day 10
day 11
day 12
day 13
day 14
day 15
day 16
day 17
day 18
day 19
day 20

O12

不是…吗?

你不是说过爱我吗? 为什么要和我分手?

Nǐ búshì shuōguo ài wǒ ma? Wèishénme yào hé wǒ fēnshǒu?

네가 날 사랑한다고 말하지 않았었니? 왜 나랑 헤어지려고 하는 거야?

~이지 않느냐? ➡ 그렇다

필수 어법

'不是…吗?'는 반어의문문으로서 **긍정의 의미를 강조**하게 된다. 뜻은 '그렇지 않느냐?' 즉, '그렇다'가 된다. HSK 청취문제에 자주 출제되는데, 초보 학생들은 不是만 듣고 부정적인 의미로 착각하는 경우가 많다. 不是는 부정의 의미를 갖지만, 뒤에 쓰인 吗로 인해서 그 의미가 사라진다. 따라서, 이러한 반어문에서는 不是와 吗를 상쇄시키고 그 안에 있는 내용만 쏙~ 뽑아서 생각하면 쉽다.

不是说过吗? 말한 적 있지 않니? ➡ 说过。 말했잖아.
不是学过吗? 배운 적 있지 않니? ➡ 学过。 배운 적 있다.
不是来过吗? 온 적 있지 않니? ➡ 来过。 온 적 있다.

필수 문장

1 你刚才不是手里拿着钱包吗? 丢在哪儿了?
Nǐ gāngcái búshì shǒuli názhe qiánbāo ma? Diū zài nǎr le?

2 那个电影你不是看过吗? 为什么还要看?
Nà ge diànyǐng nǐ búshì kànguo ma? Wèishénme hái yào kàn?

3 你不是说过你的酒量不错吗?
Nǐ búshì shuōguo nǐ de jiǔliàng búcuò ma?

> tip 주량이 세면 酒量很大라고 하고, 주량이 약하면 酒量很少라고 한다.

4 今天去或者明天去不是一样吗?
Jīntiān qù huòzhě míngtiān qù búshì yíyàng ma?

>
> tip '혹은, 아니면'은 或者와 还是가 있는데, 或者는 평서문에 쓰이고, 还是는 의문문에 쓰인다.

단어 分手 fēnshǒu 헤어지다 | 钱包 qiánbāo 지갑 | 酒量 jiǔliàng 주량

회화 따라잡기 DIALOGUE 1

A 你**不是**说上午有课**吗**? 怎么还在看电视?
　Nǐ búshì shuō shàngwǔ yǒu kè ma? Zěnme hái zài kàn diànshì?

B 头有点晕,想休息一会儿。
　Tóu yǒudiǎn yūn, xiǎng xiūxi yíhuìr.

A 去医院看看吧。
　Qù yīyuàn kànkan ba.

B 没关系,可能是感冒了。休息一会儿就好了。
　Méi guānxi, kěnéng shì gǎnmào le. Xiūxi yíhuìr jiù hǎo le.

단어 晕 yūn 어지럽다 | 感冒 gǎnmào 감기

작문 따라잡기 WRITING 2

다음 문장을 중작하세요.

1 너 그를 만나고 싶다고 말하지 않았니?

_____

2 너 중국인中国人이라고 하지 않았니?

_____

3 너 날 사랑한다고 말하지 않았니?

_____

필수문장 따라잡기 SENTENCE 3

다음 문장을 중국어로 말해보세요.

1 너 방금 손에 지갑 들고 있지 않았었니? 어디에서 잃어버렸니?

_____

2 그 영화 너 본 적 있지 않니? 왜 또 보려고 하니?

_____

3 너 주량이 세다고 말한 적 있지 않니?

_____

4 오늘 가나 내일 가나 마찬가지 아니니?

_____

013

包在我身上

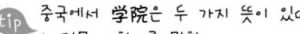

tip 중국에서 **学院**은 두 가지 뜻이 있다.
1. 전문 대학교를 말한다.
2. 학교수업 이외에 배우는 곳, 우리가 통상적으로 말하는 '학원'을 말한다.

补习班报名的事都包在我身上, 你放心吧!
Bǔxíbān bàomíng de shì dōu bāo zài wǒ shēnshang, nǐ fàngxīn ba!
학원에 등록하는 일은 모두 나에게 맡기고, 너는 안심해라.

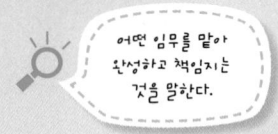
어떤 임무를 맡아 완성하고 책임지는 것을 말한다.

관용어 | 나한테 맡겨

필수 어법

包자체에 '일을 도맡다, 전적으로 책임을 지다'는 뜻을 지니며, 그 책임을 자신에게 다 맡기라는 의미로 쓰인다. 没问题(문제 없어), 交给我吧(나에게 맡겨), 我办事你 放心(내가 처리할테니 너는 안심해)의 의미를 갖는다.

这件事包在我身上。 이 일은 나에게 맡겨요.

★ 包는 여러가지 품사와 뜻으로 쓰인다.

(동사) 싸다	包饺子	만두를 빚다
(동사) 대절하다	包车	차를 대절하다
(양사) 봉지	一包糖	사탕 한 봉지
(명사) 꾸러미	打包	포장하다

필수 문장

1 借书的事都包在我身上。
Jiè shū de shì dōu bāo zài wǒ shēnshang.

2 别着急, 结婚的费用都包在我身上。
Bié zháojí, jiéhūn de fèiyòng dōu bāo zài wǒ shēnshang.

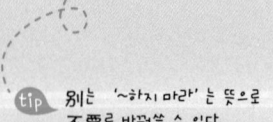
tip 别는 '~하지 마라'는 뜻으로 不要로 바꿔쓸 수 있다.

3 现在你好好儿学习, 毕业以后你找工作的事儿都包在我身上。
Xiànzài nǐ hǎohāor xuéxí, bìyè yǐhòu nǐ zhǎo gōngzuò de shìr dōu bāo zài wǒ shēnshang.

4 老师说这事儿都包在我身上。
Lǎoshī shuō zhè shìr dōu bāo zài wǒ shēnshang.

단어 补习班 bǔxíbān 사설학원 | 报名 bàomíng 신청하다 | 着急 zháojí 조급하다 | 毕业 bìyè 졸업(하다) |
找工作 zhǎo gōngzuò 일자리를 찾다

회화 따라잡기 1
DIALOGUE

A 这两天我哪儿也不去了。
　　Zhè liǎngtiān wǒ nǎr yě bú qù le.

B 怎么了?
　　Zěnme le?

A 下星期就要考试了, 书还没准备好呢。
　　Xià xīngqī jiù yào kǎoshì le, shū háiméi zhǔnbèi hǎo ne.

B 就为这事啊。借书的事都包在我身上。
　　Jiù wèi zhè shì a. Jiè shū de shì dōu bāo zài wǒ shēnshang.

단어 准备 zhǔnbèi 준비하다

작문 따라잡기 2
WRITING

다음 문장을 중작하세요.

1 아이 유치원幼儿园 보내는 일은 나에게 맡겨.

_____

2 표票 사는 일은 나에게 맡겨.

_____

3 자료资料 찾는 일은 나에게 맡겨.

_____

필수문장 따라잡기 3
SENTENCE

다음 문장을 중국어로 말해보세요.

1 책을 빌리는 일은 모두 나에게 맡겨.

_____

2 조급해 하지 마, 결혼 비용은 모두 나에게 맡겨.

_____

3 지금 너는 열심히 공부해라, 대학 졸업 후 네가 일자리 구하는 일은
모두 내가 책임질게.

_____

4 선생님은 이 일은 모두 나에게 맡긴다고 말하셨다.

_____

014 不得了

tip 太는 뒤에 자주 了를 끌고 나온다.
이때, '좋은의미'와 '나쁜의미'를
모두 나타낼 수 있다.

他**太**自私了，大家都讨厌得**不得了**。
Tā tài zìsī le, dàjiā dōu tǎoyàn de bùdéliǎo.
그는 매우 이기적이어서 모두들 그를 매우 싫어한다.

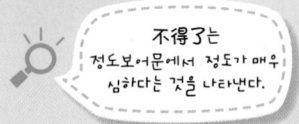
不得了는
정도보어문에서 정도가 매우
심하다는 것을 나타낸다.

형용사 | 1. 매우 심하다
2. 큰일났다, 야단났다 (= 不好了)

필수 어법

❶ 매우 심하다

정도보어 문장에서 정도가 매우 심하다는 것을 나타낸다. 이때, 문장 중의 술어는
일반적으로 형용사나 심리 활동을 나타내는 심리동사가 된다.

饿得**不得了** 몹시 배고프다 | 高兴得**不得了** 너무 기쁘다 | 难受得**不得了** 정말 참을 수 없다

❷ 큰일났다, 야단났다

상황이 수습하기 어려울 정도로 아주 절박하다는 의미이다.

出了事故可**不得了**!　사고가 나면 정말 큰일이다!
爸爸知道可**不得了**。　아빠가 아시면 큰일이다.

필수 문장

tip 일반적으로 收(거둘 수)의 목적어는
구체적인 사물(信 편지, 礼物 선물)이 오고,
受(받을 수)의 목적어는
추상적인 어휘(苦 고생, 欢迎 환영, 压力 스트레스)가 온다.

1 我收到你的信，感动得**不得了**。
Wǒ shōudào nǐ de xìn, gǎndòng de bùdéliǎo.

2 他把钱包丢了，急得**不得了**。
Tā bǎ qiánbāo diū le, jí de bùdéliǎo.

3 我现在得了感冒，真难受得**不得了**。
Wǒ xiànzài déle gǎnmào, zhēn nánshòu de bùdéliǎo.

4 奶奶说话，慢得**不得了**。
Nǎinai shuōhuà, màn de bùdéliǎo.

단어 自私 zìsī 이기적이다 | 感动 gǎndòng 감동하다 | 丢 diū 잃어버리다 | 难受 nánshòu 참기 어렵다

day 1
day 2
day 3
day 4
day 5
day 6
day 7
day 8
day 9
day 10
day 11
day 12
day 13
day 14
day 15
day 16
day 17
day 18
day 19
day 20

회화 따라잡기
DIALOGUE 1

A 不得了了, 出大事了!
　Bùdéliǎo le, chū dà shì le!

B 出什么大事? 别着急, 慢慢说。
　Chū shénme dà shì? Bié zháojí, mànmān shuō.

A 这次考试我没有及格。
　Zhè cì kǎoshì wǒ méiyǒu jígé.

B 我以为什么大事呢! 不用担心, 还有补考!
　Wǒ yǐwéi shénme dà shì ne! Búyòng dānxīn, háiyǒu bǔkǎo!

단어 出事 chūshì 일이 일어나다 | 以为 yǐwéi ~라고 (잘못) 여기다 | 吓 xià 놀라다

작문 따라잡기
WRITING 2

다음 문장을 중작하세요.

1 이 일들은 오늘 다 완성해야做完 해서, 너무 바쁘다.

_____

2 어제 등산爬山을 해서, 지금 너무 피곤하다.

_____

3 여자친구가 그의 청혼求婚에 승낙해서答应, 그는 너무 기쁘다.

_____

필수문장 따라잡기
SENTENCE 3

다음 문장을 중국어로 말해보세요.

1 나는 너의 편지를 받고서, 매우 감동했다.

_____

2 그는 지갑을 잃어버려서, 매우 조급해 한다.

_____

3 나는 지금 감기에 걸려서, 정말 견딜 수가 없어.

_____

4 할머니는 말씀하시는 게, 굉장히 느리다.

_____

015 不是时候

你来得不是时候，他们已经都走了。

Nǐ lái de búshì shíhou, tāmen yǐjīng dōu zǒu le.

네가 온 때가 적당치 않구나. 그들은 이미 모두 가버렸다.

우리나라 말에 쓰이는 '가는 날이 장날이다'라는 말처럼, 어떤 행동의 시기가 적절지 않다는 의미를 나타낸다.

관형어 | 때가 아니다, 때가 좋지 않다

반의어 真是时候 zhēnshì shíhou | 正是时候 zhèngshì shíhou 때가 좋다

필수 어법

不是时候는 어떤 동작을 한 때가 좋지 않음을 의미하며, 반대로 真是时候는 '정말 시기를 잘 맞췄다. 때가 좋다'라는 의미로 쓰인다.

来得真是时候。	때를 정말 잘 맞춰 왔다.
你来得正是时候。	네가 때마침 왔구나.
现在还不是时候。	아직은 때가 아니다.
我去得不是时候。	가는 날이 장날이다.

> **tip** 모든 구기 종목은 동사 打를 사용하여, 打篮球(농구), 打排球(배구), 打羽毛球(배드민턴), 打高尔夫球(골프), 打保龄球(볼링) 등으로 표현한다. 축구는 유일하게 발로 하는 운동이므로 踢를 사용해 踢足球라고 한다.

필수 문장

1 现在踢足球可不是时候，刚吃完饭得休息一会儿。
Xiànzài tī zúqiú kě búshì shíhou, gāng chīwán fàn děi xiūxi yíhuìr.

2 等老师回来，你再提出来，现在提得不是时候。
Děng lǎoshī huílai, nǐ zài tíchūlai, xiànzài tí de búshì shíhou.

3 我去得不是时候，商店已经关门了。
Wǒ qù de búshì shíhou, shāngdiàn yǐjīng guānmén le.

4 你回来得真是时候，我们正要吃饭。
Nǐ huílai de zhēnshì shíhou, wǒmen zhèng yào chī fàn.

 tip 等은 동사 '기다리다'의 의미를 가지고 있지만, 여기에서는 접속사 용법으로 쓰여, 주어 앞이나 뒤에 올 수 있고, 再, 就, 才 등과 호응한다.

단어 踢足球 tī zúqiú 축구하다 | 提 tí 제기하다

회화 따라잡기 1
DIALOGUE

A 看到姚明打篮球比赛了吗?
　　Kàndao Yáo Míng dǎ lánqiú bǐsài le ma?

B 我们去的真不是时候。
　　Wǒmen qù de zhēn búshì shíhou.

A 怎么了?
　　Zěnme le?

B 我们去的时候，姚明受伤了。
　　Wǒmen qù de shíhou, Yáo Míng shòushāng le.

> 단어 姚明 Yáo Míng 야오밍 (중국 농구선수) | 受伤 shòushāng 다치다

작문 따라잡기 2
WRITING

다음 문장을 중작하세요.

1 내가 간 날이 장날이었다. 그는 이미 잠이 들었다睡着.

_____

2 네가 온 때가 별로 좋지 않아, 나 지금 막正要 나가려고 했거든.

_____

3 지금 수영游泳하는 건 때가 별로 좋지 않아, 방금 밥을 먹었으니 좀 쉬어야 해.

_____

필수문장 따라잡기 3
SENTENCE

다음 문장을 중국어로 말해보세요.

1 지금 축구를 하는 것은 정말 좋은 때가 아니다, 막 밥을 먹었으니 좀 쉬어야 한다.

_____

2 선생님이 돌아오신 후에 네가 다시 얘기를 꺼내라, 지금은 꺼낼 때가 아니다.

_____

3 내가 간 때가 좋지 않았어, 상점은 이미 문을 닫았어.

_____

4 너 마침 잘 돌아왔다, 우리 막 밥 먹으려던 참이야.

_____

day 1
day 2
day 3
day 4
day 5
day 6
day 7
day 8
day 9
day 10
day 11
day 12
day 13
day 14
day 15
day 16
day 17
day 18
day 19
day 20

O16 不像话

他那个人真不像话，不说一声就走了。

Tā nà ge rén zhēn búxiànghuà, bù shuō yìshēng jiù zǒu le.

그 사람 정말 너무 한다, 한마디 말도 없이 가버리다니.

형용사 | (언어나 행동이) 말이 아니다, 꼴불견이다

필수 어법

어떤 사람의 언행이나, 상황이 도리와 상식에 어긋나거나 좋지 않다고 여겨질 때
불만스럽게 하는 말이다. 때로는 의문문의 형태로 '像话吗?'라고 쓰기도 한다.

他这种行为太不像话。　　그의 이런 행동은 정말 말도 안 돼.

你这么说真不像话。　　너가 이렇게 말하는 것은 정말 기가 막히다.

他迟到了，还让我请客，真不像话。　그는 지각을 해놓고 나에게 밥을 사래, 정말 기가 막혀.

필수 문장

1 你们这样大吵大闹，太不像话了。

Nǐmen zhèyàng dà chǎo dà nào, tài búxiànghuà le.

2 他一个学期没上课，太不像话了。

Tā yí gè xuéqī méi shàngkè, tài búxiànghuà le.

3 你是大学生了，连这么简单的问题也不知道，真不像话。

Nǐ shì dàxuéshēng le, lián zhème jiǎndān de wèntí yě bù zhīdào, zhēn búxiànghuà.

tip '连…也'는 강조용법으로
'…'에 강조하고 싶은 말을
넣어주면 된다.
이때 连은 생략할 수 있다.

4 朋友有困难的时候不帮忙，真不像话。

Péngyou yǒu kùnnan de shíhou bù bāngmáng, zhēn búxiànghuà.

단어 一声 yìshēng 한마디 | 大吵大闹 dà chǎo dà nào 크게 소란을 피우다 | 困难 kùnnan 어려움

회화 따라잡기 DIALOGUE 1

A 他今天做的太**不像话**了。
　　Tā jīntiān zuò de tài búxiànghuà le.

B 为什么?
　　Wèishénme?

A 他竟然在开会的时候睡着了。
　　Tā jìngrán zài kāihuì de shíhou shuìzháo le.

B 那个人真是的, 让我搞不懂!
　　Nà ge rén zhēnshi de, ràng wǒ gǎo bu dǒng!

단어 **竟然** jìngrán 뜻밖에

작문 따라잡기 WRITING 2

다음 문장을 중작하세요.

1 부모님 앞面前에서 이렇게 싸우다니吵架, 정말 말도 안 된다.

_____

2 네가 뜻밖에居然 감히敢 이렇게 말하다니, 정말 말도 안 된다.

_____

3 그가 항상总 수업에 가지 않는다니, 정말 말도 안 된다.

_____

필수문장 따라잡기 SENTENCE 3

다음 문장을 중국어로 말해보세요.

1 너희가 이렇게 큰 소리로 떠들다니, 정말 기가 막힌다.

_____

2 그는 한 학기 동안 수업에 나오지 않았다, 정말 말도 안 된다.

_____

3 너는 대학생이 되었는데 이렇게 간단한 문제조차 모르다니, 정말 말도 안 된다.

_____

4 친구가 어려움이 생겼을 때 돕지 않는다는 것은, 정말 말이 안 된다.

_____

연습문제

다음 뜻과 어울리는 관용어를 연결해 보세요.

❶ 어떤 일을 전적으로 책임 맡다 ・　　　　・ 不得了

❷ (어떤 상태가) 매우 심하다 ・　　　　・ 包在身上

❸ 때가 좋지 않다 ・　　　　・ 不像话

❹ 기가 막혀, 말도 안 돼 ・　　　　・ 不是时候

다음 상용어를 사용하여 빈칸을 채워 보세요.

| 白 | 包括 | 按照 | 不管 | 而且 | 不过 | 不见得 | 不得不 |

❶ ＿＿＿＿＿ 学校规定，考试时打小抄就得重新补考。

❷ 今天商店关门，我 ＿＿＿＿＿ 跑了一趟。

❸ ＿＿＿＿＿ 我在内，班里一共有十个中国人。

❹ 她不但发胖了，＿＿＿＿＿ 老了很多。

❺ 虽然他汉语说得很棒，但也 ＿＿＿＿＿ 能拿到HSK6级。

❻ 本来想看那部电影，但票都卖光了，＿＿＿＿＿ 换别的电影看。

❼ ＿＿＿＿＿ 是谁，都得遵守国家法律。

❽ ＿＿＿＿＿ 是开玩笑罢了，别放在心上。

다음 문장을 중작하세요.

❶ 내 생일에 너 안 오면 안 돼.

＿＿＿＿＿＿＿＿＿＿＿＿＿＿＿＿＿＿＿＿＿＿＿＿＿

❷ 그는 USB(U盘)를 잃어 버려서, 매우 조급해 한다.

＿＿＿＿＿＿＿＿＿＿＿＿＿＿＿＿＿＿＿＿＿＿＿＿＿

❸ 나는 단지 그를 좋아할 뿐이야, 결코 그를 사랑하는 건 아냐.

＿＿＿＿＿＿＿＿＿＿＿＿＿＿＿＿＿＿＿＿＿＿＿＿＿

磨杵成针

mó chǔ chéng zhēn

쇠공이를 갈아 바늘을 만들다

꾸준히 노력하면 어떤 일이든지 극복하고 성공한다

이백은 당나라의 유명한 시인이다. 그는 어릴 때 놀기를 좋아하고 책 읽는 것을 아주 싫어했다.

하루는 그가 강가에서 놀고 있는데, 한 늙은 할머니가 쇠공이를 돌에 갈고 있었다.

"할머니, 지금 뭐 하시는 거예요? "

할머니는 쳐다보지도 않고 쇠공이를 갈면서 대답했다.

"나는 지금 바늘을 갈고 있네."

"이렇게 두꺼운 쇠공이를 갈아서 언제 가는 바늘을 만들겠어요?"

"얘야, 쇠공이는 굵지만, 오늘도 갈고 내일도 갈고 그러다 보면 점점 가늘어 질거야. 그러다 보면 언젠가는 바늘이 되겠지."

이백은 그 할머니의 말을 듣고 크게 감동 받았다. '옳은 말이야. 무슨 일이든지 두려워 하지 않고 매일매일 꾸준히 한다면 해낼 수 있을거야.'

그리고 바로 서당으로 돌아갔다. 후에, 이백은 공부를 열심히 해서, 나중에 정말 유명한 시인이 되었다. 그 후로 사람들은 열심히 노력하기만 하면 쇠공이도 바늘이 될 수 있다고 말한다.

참고!

나이가 많은 할머니가 불가능해 보이는 일을 포기하지 않고 도전하는 모습을 보고 제 자신의 모습이 부끄러워 지네요. 한 방울 한 방울씩 흐르는 물이 바위를 뚫을 수 있듯이, 여러분도 불가능해 보이는 일을 신념을 가지고 꼭 이뤄 내시길 바랍니다. 꼭 그럴 수 있다는 것을 믿습니다!!

WEEK 2

필수**상용어** 128句

JRC

017 不是…而是…

> tip 出毛病은 현재 고장이 발생한 것을
> 강조하는 표현이고, 有毛病은
> 고장 났다는 사실을 이미 인정한 상태를 나타낸다.

不是停电了, 而是电视出毛病了。

Búshì tíngdiàn le, érshì diànshì chū máobìng le.

정전이 된 것이 아니라 텔레비전이 고장 난 것이다.

접속사 | ~가 아니라, 오히려 ~이다

필수 어법

상반된 내용을 연결하여, 앞의 것을 부정하고, 뒤의 것을 선택함을 나타내준다.

형식 不是 A 而是 B / 不是 A 是 B

昨天我买的不是笔, 而是本子。 어제 내가 산 것은 연필이 아니라, 노트이다.

不是我说错, 而是你听错了。 내가 말을 잘못 들은 것이 아니라, 네가 잘못 들은 것이다.

★ 비교

不是 A 就是 B A이거나 혹은 B이다

他不是韩国人, 就是中国人。 그는 한국인이거나 혹은 중국인이다.

필수 문장

> tip 중국에서는 시험을 본 후,
> 성적이 60점 이상이면 及格(패스),
> 60점 이하이면 不及格(과락)이
> 되어 재시험을 보거나,
> 보충 수업을 들어야 한다.

1 我考试不及格, 不是因为不好好儿学习, 而是因为学习条件不好。

Wǒ kǎoshì bù jígé, búshì yīnwèi bù hǎohāor xuéxí, érshì yīnwèi xuéxí tiáojiàn bùhǎo.

2 他每天不是想着怎么学习, 而是想着怎么玩儿。

Tā měitiān búshì xiǎngzhe zěnme xuéxí, érshì xiǎngzhe zěnme wánr.

3 他不是来中国旅行, 而是来中国出差。

Tā búshì lái Zhōngguó lǚxíng, érshì lái Zhōngguó chūchāi.

> tip 旅行은 자동사로 뒤에 목적어를
> 둘 수 없다. 따라서 먼저, 去, 来를
> 써서 '~가서 여행하다'로 표현한다.
>
> 예) 去中国旅行
> 　　来中国旅行

4 我看, 他不是不知道, 而是太客气了。

Wǒ kàn, tā búshì bù zhīdào, érshì tài kèqi le.

단어 停电 tíngdiàn 정전 | 出毛病 chū máobìng 고장이나다 | 及格 jígé 합격하다 | 条件 tiáojiàn 조건 |
出差 chūchāi 출장(가다)

회화 따라잡기 DIALOGUE 1

A 我刚才看见李明了, 奇怪了, 他不是去国外旅游了吗?
Wǒ gāngcái kànjiàn Lǐ Míng le, qíguài le, tā búshì qù guówài lǚyóu le ma?

B 那不是李明而是他的双胞胎弟弟。
Nà búshì Lǐ Míng érshì tā de shuāngbāotāi dìdi.

A 真的? 原来他还有一个双胞胎弟弟啊!
Zhēn de? Yuánlái tā háiyǒu yí ge shuāngbāotāi dìdi a!

B 是啊, 我也分不出来他们谁是谁。
Shì a, wǒ yě fēn bu chūlai tāmen shéi shì shéi.

단어 奇怪 qíguài 이상하다 | 双胞胎 shuāngbāotāi 쌍둥이

작문 따라잡기 WRITING 2

다음 문장을 중작하세요.

1 그는 중국에 여행간 것이 아니라 출장간出差 것이다.

_____

2 내가 가기 싫은 게 아니라, 요 며칠这几天 몸이 안 좋은舒服 것이다.

_____

3 내가 너를 돕기帮组 싫은 게 아니라 너를 도울 능력能力이 없는 것이다.

_____

필수문장 따라잡기 SENTENCE 3

다음 문장을 중국어로 말해보세요.

1 내가 시험에 불합격한 것은 공부를 잘 안 해서가 아니라, 학습 조건이 좋지 않기 때문이다.

_____

2 그는 매일 어떻게 공부할 것인가를 생각하는 것이 아니라, 어떻게 놀 것 인가를 생각한다.

_____

3 그는 중국에 여행 온 게 아니라, 출장온 것이다.

_____

4 내가 보기엔 그가 모르는 게 아니라, 너무 겸손한 거다.

O18

不是…就是…

这几天不是下雨就是阴天，几乎没有晴天。

Zhè jǐ tiān búshì xià yǔ jiùshì yīntiān, jīhū méiyǒu qíngtiān.

요 며칠은 비가 내리지 않으면 날이 흐리다. 거의 맑은 날이 없다.

접속사 | ∼가 아니면 ∼이다, ∼이든가 ∼이든가이다

동의어 不是…便是… búshì…biànshì…

필수 어법

이 접속사는 如果不是…就是(만약 ∼이 아니면, 바로∼이다)의 뜻으로, 두 개의 가능성을 모두 말하고, 둘 중에 하나는 반드시 해당됨을 나타낸다. 만약 3가지의 경우의 수를 말하고 싶다면 뒤에 要不然就是(그렇지 않으면)를 써주면 된다.

형식 不是 A, 就是 B, 要不然就是 C

不是小李的, 就是小张的。 샤오리의 것이거나, 샤오장의 것이다. (둘 중 하나)

这个孩子不是吃, 就是睡, 要不然就是哭。
이 아이는 먹지 않으면, 자고 그렇지 않으면 운다. (셋 중 하나)

필수 문장

1 这几天不是迟到就是旷课，怎么回事?
Zhè jǐ tiān búshì chídào jiùshì kuàngkè, zěnme huí shì?

> tip 일반적으로 일(事)을 세는 양사는 件이지만 앞에 怎么, 这么, 那么와 함께 사용할 때는 양사 回를 사용한다.
> 예) 怎么回事, 这么回事, 那么回事

2 下班以后他不回家，不是去喝酒，就是去玩儿。
Xiàbān yǐhòu tā bù huíjiā, búshì qù hē jiǔ, jiùshì qù wánr.

3 期末考试不是星期一，就是星期二。
Qīmò kǎoshì búshì xīngqīyī, jiùshì xīngqī'èr.

4 他没来上班，不是病了，就是有事。
Tā méi lái shàngbān, búshì bìng le, jiùshì yǒu shì.

단어 阴天 yīntiān 흐린 날 | 晴天 qíngtiān 맑은 날 | 几乎 jīhū 거의 | 旷课 kuàngkè 무단 결석하다 |
期末考试 qīmò kǎoshì 기말 고사

회화 따라잡기 DIALOGUE 1

A 今天该谁倒垃圾了?
Jīntiān gāi shéi dào lājī le?

B 不是老二就是老三, 我是昨天倒的。
Búshì Lǎo èr jiùshì Lǎo sān, wǒ shì zuótiān dào de.

A 他们俩去哪儿了? 怎么还没倒垃圾呢?
Tāmen liǎ qù nǎr le? Zěnme háiméi dào lājī ne?

B 他们俩不是去网吧, 就是在朋友家玩儿电脑。
Tāmen liǎ búshì qù wǎngbā, jiùshì zài péngyou jiā wánr diànnǎo.

A 去, 把他们俩叫回来。
Qù, bǎ tāmen liǎ jiàohuílai.

> 단어 倒垃圾 dào lājī 쓰레기를 버리다 | 网吧 wǎngbā pc방 | 玩儿电脑 wánr diànnǎo 컴퓨터 하다

작문 따라잡기 WRITING 2

다음 문장을 중작하세요.

1 네가 말을 잘못 했거나说错 내가 잘못 들은 것이다听错.

_____

2 그는 놀지 않으면 자고 공부를 조금도一点儿也 하지 않는다.

_____

3 일요일에 나는 텔레비전을 보지 않으면 낮잠을 잔다睡午觉.

_____

필수문장 따라잡기 SENTENCE 3

다음 문장을 중국어로 말해보세요.

1 요 며칠 지각하지 않으면 땡땡이 치는구나, 어떻게 된 일이니?

_____

2 퇴근 후에 그는 집에 가지 않고, 술을 마시러 가거나 놀러 간다.

_____

3 기말고사가 월요일 아니면 화요일이다.

_____

4 그가 출근하지 않은 것은, 병이 났거나 일이 있는 것이다.

_____

O19

不至于

> tip 有点儿은 부사어로 술어 앞에 쓰여 '불만'의 뉘앙스를 나타내며,
> 一点儿은 보어로 술어 뒤에 쓰여 '비교'의 느낌을 준다.
> 예) 有点儿冷。좀 춥다.
> 冷一点儿。더 추워졌다.

今天虽然有点儿冷，但是不至于穿这么多衣服吧。

Jīntiān suīrán yǒudiǎnr lěng, dànshì búzhìyú chuān zhème duō yīfu ba.

오늘 비록 조금 춥지만 이렇게 많은 옷을 입을 정도는 아니다.

부사어 | ~정도는 아니다, ~까지는 안 된다

필수 어법

불리하거나 희망적이지 못한 상황에 이르렀을 리가 없음을 나타내며, 대체로 부사어로 쓰인다.

不至于考不上大学。 대학에 못 붙을 정도는 아니다.
不至于吵架。 말다툼할 정도는 아니다.
不至于那么小气。 그 정도로 째째하지는 않다.

★ 불리한 결과가 이미 제시되어 있으면, 不至于가 단독으로 문장을 이룰 수 있다.
　A : 他是不是忘记了? 그는 잊은게 아닐까?
　B : 不至于吧! 그럴리가!

 필수 문장

1 你卖得这么便宜，也不至于赔钱吧?
Nǐ mài de zhème piányi, yě búzhìyú péiqián ba?

> tip 赔钱은 贝(조개 패)가
> 있기 때문에 돈과 관련 있는 어휘이다.
> '손해보다, 밑지다'라는 뜻과,
> '돈으로 보상하다'는 뜻을 지닌다.

2 你不至于连这么简单的道理也不明白吧。
Nǐ búzhìyú lián zhème jiǎndān de dàolǐ yě bù míngbai ba.

3 这么一点儿小事，你不至于生气吧。
Zhème yìdiǎnr xiǎoshì, nǐ búzhìyú shēngqì ba.

4 我工作虽然很忙，但是不至于连谈恋爱的时间也没有。
Wǒ gōngzuò suīrán hěn máng, dànshì búzhìyú lián tán liàn'ài de shíjiān yě méiyǒu.

단어 简单 jiǎndān 간단하다 ┃ 道理 dàolǐ 도리, 이치 ┃ 生气 shēngqì 화내다, 화나다 ┃ 谈恋爱 tán liàn'ài 연애하다

회화 따라잡기 DIALOGUE 1

A 我想在你家住几天。
　Wǒ xiǎng zài nǐ jiā zhù jǐ tiān.

B 发生什么事情了?
　Fāshēng shénme shìqing le?

A 和爸爸妈妈吵架了。
　Hé bàba māma chǎojià le.

B 怎么说也是长辈, 不至于离家出走。
　Zěnme shuō yě shì zhǎngbèi, búzhìyú lí jiā chū zǒu.

> 단어 长辈 zhǎngbèi 연장자, 손윗사람 │ 离家出走 lí jiā chū zǒu 집을 나오다, 가출하다

작문 따라잡기 WRITING 2

다음 문장을 중작하세요.

1 비록 비가 내리기는 해도 경기比赛를 취소取消시킬 정도까지는 아니다.

_____

2 내가 이번에 시험을 못 보긴 했지만, 과락할不及格 정도까지는 아니다.

_____

3 학생 모두가 아는데 선생님이 모를 정도까지는 아니다.

_____

필수문장 따라잡기 SENTENCE 3

다음 문장을 중국어로 말해보세요.

1 당신이 이렇게 싸게 팔아도 밑지지는 않겠죠?

_____

2 너 이렇게 간단한 이치조차도 이해 못하는 정도까지는 아니겠지?

_____

3 이렇게 작은 일로 네가 화낼 것까지는 없잖아.

_____

4 내가 비록 일이 바쁘긴 하지만, 연애할 시간조차 없을 정도는 아니다.

020 差不多

我差不多两个月没收到他的信了。

Wǒ chàbuduō liǎng ge yuè méi shōudào tā de xìn le.

나는 거의 2개월 동안 그의 편지를 받지 못했다.

부사 | 거의, 대충   **형용사 |** 거의 비슷하다, 대충 그럭저럭 되다

동의어 差不离 chàbulí | 相近 xiāngjìn | 接近 jiējìn | 几乎 jīhū

반의어 差得多 chàdeduō

필수 어법

❶ 부사

'거의, 대강'이라는 뜻으로 어떤 정도, 상태, 수량 등에 근접해 있음을 나타낸다.

❷ 형용사

어떤 정도, 상태, 수량(시간, 거리, 양) 등이 근접해 있음을 나타내며 수량사와 함께 쓸 수 있다.

정도	不要再喝了，已经喝得差不多了。	더 이상 마시지 마. 이미 마실 만큼 마셨어.
상태	他们两个差不多一样高。	그들 둘은 키가 거의 비슷하다.
수량	这堆书差不多有一千本。	이 무더기의 책들은 거의 천 여권쯤 된다.
수량	差不多三年了。	거의 3년이 되었다.

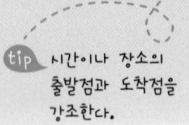

필수 문장

1 我爸爸的头发差不多全白了。

Wǒ bàba de tóufa chàbuduō quán bái le.

2 从这儿到那儿差不多要一个钟头。

Cóng zhèr dào nàr chàbuduō yào yí ge zhōngtóu.

3 她打电话已经打了差不多一个小时了。

Tā dǎ diànhuà yǐjīng dǎle chàbuduō yí ge xiǎoshí le.

4 我差不多一个月以前跟他联络过。

Wǒ chàbuduō yí ge yuè yǐqián gēn tā liánluòguo.

tip 시간이나 장소의 출발점과 도착점을 강조한다.

tip 첫 번째 了는 동태조사로 동작의 완료를 나타내고, 두 번째 了는 어기조사로 문미에 쓰여 문장의 완료 및 변화, 지속을 나타낸다.

단어 头发 tóufa 머리 | 联络 liánluò 연락하다 | 钟头 zhōngtóu 시간

회화 따라잡기 1
DIALOGUE

A 你的汉语说得真好。
　　Nǐ de Hànyǔ shuō de zhēn hǎo.

B 我去中国留过学。
　　Wǒ qù Zhōngguó liúguo xué.

A 在那儿待了多长时间？
　　Zài nàr dāile duōcháng shíjiān?

B 差不多两年吧。
　　Chàbuduō liǎng nián ba.

> 단어 留学 liúxué 유학(하다)

작문 따라잡기 2
WRITING

다음 문장을 중작하세요.

1 나는 거의 한 시간 가량 그녀를 기다리고 있다.

_____

2 나는 서울首尔에서 산지 거의 10년이 되었다.

_____

3 나는 거의 매일 거기서 밥을 먹는다.

_____

필수문장 따라잡기 3
SENTENCE

다음 문장을 중국어로 말해보세요.

1 우리 아빠의 머리는 거의 모두 하얗게 되었다.

_____

2 여기서부터 거기까지 거의 한 시간이 걸린다.

_____

3 그녀는 이미 전화를 거의 한 시간째 걸고 있다.

_____

4 나는 거의 1개월 전에 그와 연락을 한 적이 있다.

_____

021 除非…否则…

除非大夫同意，否则你不能出院。

Chúfēi dàifu tóngyì, fǒuzé nǐ bù néng chūyuàn.

의사 선생님이 동의하지 않으면, 당신은 퇴원할 수 없어요.

접속사 | 반드시 ~해야지, 그렇지 않으면 ~한다

필수 어법

除非 뒤에는 일반적으로 발생하기 쉽지 않은 조건이 온다. 否则는 如果不这样의 의미로, 뒷절의 첫머리에 쓰이며, 앞절에서 언급하는 가설을 부정하여 생겨나는 결과를 제시하거나, 또 다른 선택을 제공해 준다.

형식 除非 + 유일한 조건, 否则 (要不然 / 不然) + 조건과 반대되는 결과

除非他请我，否则我不去。 그가 나를 초대하지 않으면 가지 않겠다

除非有大鱼大肉，我才下筷子，否则一口也不吃。
생선과 고기가 있어야, 젓가락을 들지, 그렇지 않으면 한 입도 먹지 않겠다.

★ 除非(=只有) + 才 ~해야만, 비로소 ~하다

필수 문장

1 除非有急事，否则他一定会来的。
Chúfēi yǒu jíshì, fǒuzé tā yídìng huì lái de.

2 除非我亲眼看，否则我不信。
Chúfēi wǒ qīnyǎn kàn, fǒuzé wǒ bú xìn.

3 除非你原谅我，否则我不会离开这儿。
Chúfēi nǐ yuánliàng wǒ, fǒuzé wǒ bú huì líkāi zhèr.

4 除非戒烟，否则你的病治不好。
Chúfēi jièyān, fǒuzé nǐ de bìng zhìbuhǎo.

tip 亲은 '스스로, 몸소, 직접'의 뜻으로 신체기관과 그에 따른 동작과 함께 나온다.

예) 亲自去 친히 가다
亲眼看 제눈으로 보다
亲耳听 제 귀로 듣다
亲口说 제 입으로 말하다
亲手做 직접 만들다

단어 同意 tóngyì 동의하다 | 出院 chūyuàn 퇴원하다 | 急事 jíshì 급한 일 | 亲眼 qīnyǎn 제 눈으로, 직접 | 原谅 yuánliàng 용서하다 | 离开 líkāi 떠나다 | 戒烟 jièyān 금연하다 | 治不好 zhìbuhǎo (병을) 고칠 수 없다

회화 따라잡기 DIALOGUE 1

A 哪个大学是中国最好的大学？
Nǎ ge dàxué shì Zhōngguó zuì hǎo de dàxué?

B 当然是北京大学了。
Dāngrán shì Běijīng dàxué le.

A 我想去。
Wǒ xiǎng qù.

B 除非你非常努力，否则想都别想。
Chúfēi nǐ fēicháng nǔlì, fǒuzé xiǎng dōu bié xiǎng.

작문 따라잡기 WRITING 2

다음 문장을 중작하세요.

1 내가 가서 초청请해야지, 그렇지 않으면 그는 오지 않을 것이다会…的.

_____

2 병이 나야지生病, 그렇지 않으면 그는 지각할迟到 리가 없다不会…的.

_____

3 급한 일急事이 생기지 않으면, 그는 반드시 올 것이다.

_____

필수문장 따라잡기 SENTENCE 3

다음 문장을 중국어로 말해보세요.

1 급한 일이 있지 않으면 그는 분명히 올 거예요.

_____

2 내가 직접 보지 않는 한 나는 믿지 않겠다.

_____

3 당신이 나를 용서해주지 않으면 나는 여기를 떠나지 않을 거예요.

_____

4 금연을 하지 않으면 당신의 병은 고칠 수 없어요.

_____

022 差点儿

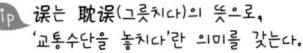

tip 误는 耽误(그릇치다)의 뜻으로,
'교통수단을 놓치다'란 의미를 갖는다.

예) 误了火车 기차를 놓치다
误了飞机 비행기를 놓치다
误了地铁 지하철을 놓치다

今天咱们差点儿误了火车。

Jīniān zánmen chàdiǎnr wùle huǒchē.

오늘 우리들은 하마터면 기차를 놓칠 뻔 했다.

부사 | 하마터면

差点儿은 어떤 상황이 거의 실현되려다가 실현되지 못하거나, 실현가능성이 거의 없는 듯하다가 오히려 결국 실현되는 것을 나타낸다. 크게 다행스럽거나, 안타까운 감정으로 분류할 수 있다.

필수 어법

❶ 바라는 일 : 差点儿은 실현되지 않아 애석하다는 의미이고, 差点儿没는 가까스로 실현하였다는 뜻을 나타낸다.

差点儿考上大学。　거의 대학에 붙을 뻔 했다(결국은 못 붙었다).
差点儿没考上大学。　하마터면 대학에 떨어질 뻔 했다(가까스로 대학에 붙었다).

❷ 바라지 않는 일 : 差点儿과 差点儿没은 같은 뜻으로 모두 발생하지 않아 다행스럽다는 안도의 뜻을 나타낸다.

差点儿摔倒。　하마터면 미끄러 넘어질 뻔 했다(넘어지지 않았다).
差点儿没摔倒。

필수 문장

1 要是你没告诉我，我就差点儿坐过站了。
Yàoshi nǐ méi gàosu wǒ, wǒ jiù chàdiǎnr zuòguò zhàn le.

2 面试的时候我非常紧张，有几个问题差点儿忘了。
Miànshì de shíhou wǒ fēicháng jǐnzhāng, yǒu jǐ ge wèntí chàdiǎnr wàng le.

3 我差点儿忘了带钥匙。
Wǒ chàdiǎnr wàngle dài yàoshi.

tip 열쇠는 손으로 쥐는 것을 세는 양사인 把를 쓰며, '열쇠를 맞추다'는 配(pèi)钥匙라고 한다.

4 我今天起得太晚，差点儿迟到了。
Wǒ jīntiān qǐ de tài wǎn, chàdiǎnr chídào le.

단어 误 wù (기차 등을) 놓치다 | 面试 miànshì 면접시험 | 紧张 jǐnzhāng 긴장하다 | 钥匙 yàoshi 열쇠

회화 따라잡기 DIALOGUE 1

A 听说你昨天去金刚山玩了, 怎么样, 有意思没?
Tīngshuō nǐ zuótiān qù Jīngāng shān wán le, zěnmeyàng, yǒu yìsi méi?

B 别提了, 可没劲了。
Bié tí le, kě méijìn le.

A 他们不是说金刚山很险很好玩儿吗?
Tāmen búshì shuō Jīngāng shān hěn xiǎn hěn hǎo wánr ma?

B 不险倒好了, 我差点儿从山上摔下来。
Bù xiǎn dào hǎo le, wǒ chàdiǎnr cóng shānshang shuāixiàlai.

> 단어 没劲 méijìn 재미없다 | 摔 shuāi 넘어지다, 미끄러지다

작문 따라잡기 WRITING 2

다음 문장을 중작하세요.

1 이번에 하마터면 HSK 6급을 통과할通过 수 있었는데.

....

2 나는 하마터면 이런 좋은 기회机会를 놓칠错过 뻔 했다.

....

3 내가 학교에 올 때, 하마터면 차에 부딪힐撞车 뻔 했다.

....

필수문장 따라잡기 SENTENCE 3

다음 문장을 중국어로 말해보세요.

1 만약 네가 나에게 안 알려 줬더라면, 나는 하마터면 정류장을 지나칠 뻔 했다.

....

2 면접 볼 때 나는 너무 긴장해서, 몇 개의 문제를 하마터면 잊어 버릴 뻔 했다.

....

3 나는 하마터면 열쇠를 가지고 가는 걸 잊을 뻔 했다.

....

4 나는 오늘 너무 늦게 일어나서, 하마터면 지각할 뻔 했다.

....

day 1
day 2
day 3
day 4
day 5
day 6
day 7
day 8
day 9
day 10
day 11
day 12
day 13
day 14
day 15
day 16
day 17
day 18
day 19
day 20

023 出…来

电视坏了，可是我找不出毛病来。

Diànshì huài le, kěshì wǒ zhǎo bu chū máobìng lai.

텔레비전이 고장 났지만, 나는 고장 난 곳을 찾지 못했다.

방향보어 | 1. 안에서 밖으로 나오다 (동작이 화자를 향해서 진행됨)

2. 감각을 통해 무언가가 드러나다

3. 동작의 완성을 나타냄 (새로운 사물이 생겨났다는 의미 포함)

필수 어법

出来는 동사로 '나오다'의 의미도 있지만, 동사 뒤에 쓰여서 동작의 결과를 나타내는 보어로 자주 사용된다.

❶ 안에서 밖으로　说出来 말하다 | 拿出来 꺼내다 | 叫出来 불러내다

❷ 판별, 인식　　　看出来 봐서 알아내다 | 听出来 듣고 알아내다 | 认出来 사람을 알아 보다

❸ 무에서 유창조　洗出来 사진을 현상하다 | 想出来 아이디어를 생각해내다

동사가 이합사인 경우에는 出来를 분리해서 그 사이에 넣어준다.

형식 동사 + 出 + 목적어 + 来

说出话来 말을 하다

看出他来 그를 알아 보다

想出办法来 아이디어를 생각해 내다

필수 문장

1 分别几年，我差点儿认不出他来了。
Fēnbié jǐnián, wǒ chàdiǎnr rèn bu chū tā lai le.

2 听了他的话以后，我气得说不出话来。
Tīngle tā de huà yǐhòu, wǒ qì de shuō bu chū huà lai.

3 意思都明白，可是用汉语说不出来。
Yìsi dōu míngbai, kěshì yòng Hànyǔ shuō bu chūlái.

4 我听他的口音就听出来他是南方人。
Wǒ tīng tā de kǒuyīn jiù tīngchūlai tā shì nánfāngrén.

단어 坏 huài 나쁘다, 고장 나다 | 分别 fēnbié 이별하다, 헤어지다 | 口音 kǒuyīn 억양 | 南方人 nánfāngrén 남방사람

회화 따라잡기 DIALOGUE 1

A 最近你闷闷不乐的。怎么了?
　Zuìjìn nǐ mènmènbúlè de. Zěnme le?

B 女朋友总是动不动就发脾气，我想不出原因来。
　Nǚpéngyou zǒngshì dòngbudòng jiù fā píqì, wǒ xiǎng bu chū yuányīn lai.

A 陪她一起去公园玩吧。散散心。
　Péi tā yìqǐ qù gōngyuán wán ba. Sànsan xīn.

B 好的!
　Hǎo de!

> 단어 闷闷不乐 mènmènbúlè 마음이 답답하고 울적하다 |
> 发脾气 fā píqi 화를 내다, 성질을 부리다 | 原因 yuányīn 원인

작문 따라잡기 WRITING 2

다음 문장을 중작하세요.

1 그는 내 목소리声音를 못 알아 듣는다.

_____

2 한참半天을 보았는데도, 그가 누군지 못 알아 보겠다.

_____

3 그는 중국어를 너무 잘 해서, 그가 한국인인지 들어서는 알 수 없다.

_____

필수문장 따라잡기 SENTENCE 3

다음 문장을 중국어로 말해보세요.

1 몇 년 동안 헤어져 있었더니, 나는 거의 그를 알아보지 못했다.

_____

2 그의 말을 들은 이후에, 나는 너무 화가 나서 말이 나오지 않았다.

_____

3 뜻은 모두 이해하는데, (그러나) 중국어로는 말이 나오지 않는다.

_____

4 나는 그의 억양을 듣고 곧 그가 남방사람이라는 것을 알아챘다.

_____

day 1
day 2
day 3
day 4
day 5
day 6
day 7
day 8
day 9
day 10
day 11
day 12
day 13
day 14
day 15
day 16
day 17
day 18
day 19
day 20

024

除了…以外，还…

我除了喜欢玩儿游戏以外，还喜欢上网聊天儿。

Wǒ chúle xǐhuan wánr yóuxì yǐwài, hái xǐhuan shàngwǎng liáotiānr.

나는 오락게임을 하는 것 이외에, 인터넷 채팅도 좋아한다.

전치사 | ～는 제외하고, ～이외에도

필수 어법

除了는 항상 外, 以外, 之外 등과 호응하며, 뒷절에는 还, 都, 也가 함께 나온다. 还, 也는 보충, 추가의 의미가 있는데, 일반적으로 还는 주어 1개를 사용하고, 也는 주어 2개를 사용한다.

형식 除了…以外，还 **(都 / 也)**

❶ **除了…以外，还/也** (보충, 추가) : 앞절에 말한 것 이외에 다른 것을 보충한다는 의미

除了老师以外，小王也去过中国。 선생님 외에 샤오왕도 중국에 가 본 적이 있다. (주어 2개)
他喝醉了以后，除了哭，还告诉我很多秘密。
그는 술이 취하면, 울고 또한 나에게 많은 비밀을 알려준다. (주어 1개)

❷ **除了…以外，都**(제외): 어떤 개별적인 것을 빼고, 나머지는 모두 일치하는 상황을 강조

除了老师以外，我们都没去过中国。 선생님 외에 우리는 중국에 가 본 적이 없다.

필수 문장

1 他的拿手菜除了炒饭以外，还有煎鸡蛋。
Tā de náshǒucài chúle chǎofàn yǐwài, háiyǒu jiān jīdàn.

2 除了苏州、杭州以外，我们还游览了上海、北京。
Chúle Sūzhōu、Hángzhōu yǐwài, wǒmen hái yóulǎn le Shànghǎi、Běijīng.

3 我除了喜欢看电影以外，还喜欢听音乐。
Wǒ chúle xǐhuan kàn diànyǐng yǐwài, hái xǐhuan tīng yīnyuè.

4 除了电视、冰箱以外，我还要买电脑。
Chúle diànshì、bīngxiāng yǐwài, wǒ hái yào mǎi diànnǎo.

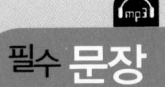 旅行은 자동사로 뒤에 목적어를 둘 수 없지만, 游览은 뒤에 장소 목적어를 둘 수 있다.

단어 上网 shàngwǎng 인터넷하다 | 拿手菜 náshǒucài 자신 있는 음식 | 炒饭 chǎofàn 볶음밥 |
煎鸡蛋 jiān jīdàn 달걀 프라이 | 游览 yóulǎn 유람하다

회화 따라잡기 DIALOGUE **1**

A 请问都需要准备哪些材料?
　　Qǐngwèn dōu xūyào zhǔnbèi nǎ xiē cáiliào?

B 除了清单上要求的以外，还需要汉语6级以上的证明书。
　　Chúle qīngdānshang yāoqiú de yǐwài, hái xūyào Hànyǔ liù jí yǐshàng de zhèngmíngshū.

A 谢谢!
　　Xièxie!

B 不客气，祝你顺利通过。
　　Bú kèqi, zhù nǐ shùnlì tōngguò.

> 단어 材料 cáiliào 자료 | 清单 qīngdān 명세서, 리스트 |
> 证明书 zhèngmíngshū 증명서 |
> 顺利 shùnlì 순조롭다

작문 따라잡기 WRITING **2**

다음 문장을 중작하세요.

1 프랑스어法语를 말할 수 있는 사람은 그 말고도 두 명이 더 있다.

_____

2 이 일을 아는 사람은, 그 말고도 또 내가 있다.

_____

3 나는 천안문天安门 이외에, 만리장성长城에도 가본 적이 있다.

_____

필수문장 따라잡기 SENTENCE **3**

다음 문장을 중국어로 말해보세요.

1 그가 제일 잘하는 음식은 볶음밥 이외에도, 달걀 프라이가 있다.

_____

2 쑤저우, 항저우 이외에도, 우리들은 또 상하이와 베이징을 유람하였다.

_____

3 나는 영화 보는 것을 좋아하는 것 이외에, 또 음악 듣는 것을 좋아한다.

_____

4 텔레비전과 냉장고 이외에, 나는 또 컴퓨터를 사려고 한다.

_____

025

从…到

tip 遍은 동량보어 一遍 처음부터 끝까지 쭉~이라는 뜻으로, 동사 看, 听, 说, 改 등과 자주 함께 쓰인다.

从头到尾看了几遍，可没有我的名字。

Cóng tóu dào wěi kànle jǐ biàn, kě méiyǒu wǒ de míngzi.

처음부터 끝까지 몇 번을 보았지만 내 이름이 없다.

전치사 | ~부터 ~까지

필수 어법

从은 '~부터'라는 뜻으로 장소뿐만 아니라, 시간의 출발점을 나타내기도 한다. 또한 범위의 시작점도 나타낸다.

장소	从东到西	동쪽부터 서쪽까지
시간	从早到晚	아침부터 저녁까지
시간	从古到今	예부터 지금까지
범위	从头到尾	처음부터 끝까지
범위	从孩子到大人	아이부터 어른까지

필수 문장

1 从上次见面到今天，已经整整一个月了。
Cóng shàngcì jiànmiàn dào jīntiān, yǐjīng zhěngzhěng yí ge yuè le.

2 从首尔到北京，坐飞机大概要两个小时。
Cóng Shǒu'ěr dào Běijīng, zuò fēijī dàgài yào liǎng ge xiǎoshí.

3 我每天早上从六点到七点做操。
Wǒ měitiān zǎoshang cóng liù diǎn dào qī diǎn zuò cāo.

4 这个节目很有意思，从小孩子到大人都喜欢。
Zhè ge jiémù hěn yǒu yìsi, cóng xiǎoháizi dào dàrén dōu xǐhuan.

tip 整整은 '장장, 꼬박'이라는 뜻으로 수량사 앞에 나와 수량이 많음을 의미한다.

단어 从头到尾 cóng tóu dào wěi 처음부터 끝까지 | 整整 zhěngzhěng 꼬박 | 大概 dàgài 대략 | 做操 zuò cāo 체조를 하다 | 节目 jiémù 프로그램

회화 따라잡기 DIALOGUE **1**

A 一个人怎么做才能成功？
　　Yí ge rén zěnme zuò cái néng chénggōng?

B 从古到今，勤奋的人都能成功。
　　Cóng gǔ dào jīn, qínfèn de rén dōu néng chénggōng.

A 我很勤奋了，除了勤奋以外，没有别的因素吗？
　　Wǒ hěn qínfèn le, chúle qínfèn yǐwài, méiyǒu bié de yīnsù ma?

B 那就是机遇。
　　Nà jiùshì jīyù.

> 단어 勤奋 qínfèn 부지런하다 | 因素 yīnsù 요소 | 机遇 jīyù 기회, 찬스

작문 따라잡기 WRITING **2**

다음 문장을 중작하세요.

1 여기서부터 거기까지는 별로 멀지 않다.

_____

2 우리학교는 12월 20일부터 2월 28일까지 겨울 방학을 한다放寒假.

_____

3 처음부터 끝까지从头到尾 다시 한번 봐.

_____

필수문장 따라잡기 SENTENCE **3**

다음 문장을 중국어로 말해보세요.

1 지난 번 만났을 때부터 오늘까지, 이미 꼬박 1개월이 되었다.

_____

2 서울에서 베이징까지 비행기를 타면, 대략 두 시간이 걸린다.

_____

3 나는 매일 아침 여섯 시에서 일곱 시까지 체조를 한다.

_____

4 이 프로그램은 매우 재미있어서, 아이들부터 어른까지 모두 좋아한다.

_____

026 从⋯起

听天气预报说，从今天起，天气就暖和了。
Tīng tiānqì yùbào shuō, cóng jīntiān qǐ, tiānqì jiù nuǎnhuo le.
일기예보를 들으니 오늘부터 날이 따뜻해진다고 한다.

전치사 | ~부터 시작하여

동의어 从⋯开始 cóng⋯kāishǐ⋯

필수 어법

从은 장소나 시간의 출발점을 나타낸다. '从⋯起'나 '从⋯开始'로 쓰기도 하는데, 의미는 변하지 않는다. 뒤에 휴지(,)를 두기도 한다.

从1月1日起，我每天运动。　1월 1일부터 나는 매일 운동을 한다.
从下星期起不上课。　　　　다음주부터 수업을 하지 않는다.
从昨天开始放假。　　　　　어제부터 방학을 했다.

필수 문장

1. 从明天起，我要去健身房锻炼身体。
   Cóng míngtiān qǐ, wǒ yào qù jiànshēnfáng duànliàn shēntǐ.

2. 从第一次看见她时起，我就爱上她了。
   Cóng dì yī cì kànjiàn tā shí qǐ, wǒ jiù àishang tā le.

3. 这个百货商店从今天起开始减价。
   Zhè ge bǎihuòshāngdiàn cóng jīntiān qǐ kāishǐ jiǎnjià.

4. 我从明天起再也不抽烟了。
   Wǒ cóng míngtiān qǐ zài yě bù chōuyān le.

단어 天气预报 tiānqì yùbào 일기예보 | 暖和 nuǎnhuo 따뜻하다 | 健身房 jiànshēnfáng 헬스클럽 |
减价 jiǎnjià 할인하다

회화 따라잡기 DIALOGUE 1

A 小李做的菜很好吃。
  Xiǎo Lǐ zuò de cài hěn hǎochī.

B 多吃点。
  Duō chī diǎn.

A 怎么做才能做得这么好吃？
  Zěnme zuò cái néng zuò de zhème hǎochī?

B 我 从懂事起就学会做菜了。
  Wǒ cóng dǒngshì qǐ jiù xuéhuì zuò cài le.

> 단어 懂事 dǒngshì 철이 들다

작문 따라잡기 WRITING 2

다음 문장을 중작하세요.

1 나는 올해 1월부터 학원补习班에서 중국어를 배우기 시작했다.

_____

2 우리 아빠는 작년부터 담배를 피우지抽烟 않으셨다.

_____

3 나는 정말 어디서부터 말을 시작해야 좋을지 모르겠다.

_____

필수문장 따라잡기 SENTENCE 3

다음 문장을 중국어로 말해보세요.

1 내일부터 나는 헬스클럽에 가서 몸을 단련시키려고 한다.

_____

2 처음 그녀를 봤을 때부터, 나는 그녀를 사랑하게 되었다.

_____

3 이 백화점은 오늘부터 할인 판매를 시작한다.

_____

4 나는 내일부터 담배를 피우지 않겠다.

_____

027 (自)从…以来

(自)从每天上补习班以来，我的汉语水平提高了很多。

(Zì)cóng měitiān shàng bǔxíbān yǐlái, wǒ de Hànyǔ shuǐpíng tígāole hěn duō.

매일 학원을 다닌 이래로 나의 중국어 실력이 매우 향상 되었다.

전치사 | ～로부터, ～이래로

동의어 从…到现在 cóng…dào xiànzài

필수 어법

从은 장소나 시간의 출발점을 나타낸다. 以来와 함께 호응하여 '과거의 언제부터 말하고 있는 지금까지'를 나타내며 '현재까지'를 강조하는 표현법이다.

从他们搬进以来，很吵。　그들이 이사 온 이후로 매우 시끄럽다.

★ 장소 출발점 강조 (从…到) : '～로부터'라는 의미로 출발장소를 나타낸다.

从哪儿来的?　　　　어디서 온거니?

从开始到现在　　　　시작부터 지금까지

시간 출발점 강조 (从…起 / 开始) : '～언제부터'라는 의미로 시작시간을 나타낸다.

从今天起上课。　　　오늘부터 수업시작이다.

从1月1号起不喝酒了。　1월 1일부터 더 이상 술을 마시지 않겠다.

필수 문장

1 自从生了孩子以来，她的体重增加了很多。
Zìcóng shēngle háizi yǐlái, tā de tǐzhòng zēngjiāle hěn duō.

2 自从开始练习跑步以来，他的身体好多了。
Zìcóng kāishǐ liànxí pǎobù yǐlái, tā de shēntǐ hǎo duō le.

3 自从开学以来，王老师就忙得不得了。
Zìcóng kāixué yǐlái, Wáng lǎoshī jiù máng de bùdéliǎo.

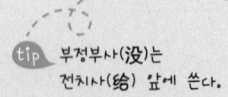
tip 부정부사(没)는
전치사(给) 앞에 쓴다.

4 自从去年夏天以来，我就没给他写过信。
Zìcóng qùnián xiàtiān yǐlái, wǒ jiù méi gěi tā xiěguo xìn.

단어 提高 tígāo 향상시키다 | 体重 tǐzhòng 체중 | 增加 zēngjiā 증가하다 | 练习 liànxí 연습하다 |
跑步 pǎobù 뛰다 | 开学 kāixué 개학

회화 따라잡기 1
DIALOGUE

A 一年不见了, 你的汉语进步真快。
Yì nián bújiàn le, nǐ de Hànyǔ jìnbù zhēn kuài.

B 和你差不多。
Hé nǐ chàbuduō.

A 你是怎么学习汉语的?
Nǐ shì zěnme xuéxí Hànyǔ de?

B 从到中国留学以来, 我的汉语水平提高了很多。
Cóng dào Zhōngguó liúxué yǐlái, wǒ de Hànyǔ shuǐpíng tígāole hěn duō.

> 단어 进步 jìnbù 진보하다

작문 따라잡기 2
WRITING

다음 문장을 중작하세요.

1 작년 봄春天 이래로, 나는 그와 연락을 한联络 적이 없다.

....

2 이번 달 이래로, 나는 술을 마신 적이 없다.

....

3 입원한住院 이래로, 그의 건강身体은 점점 더 나빠졌다.

....

필수문장 따라잡기 3
SENTENCE

다음 문장을 중국어로 말해보세요.

1 아이를 낳은 이래로 그녀의 체중은 많이 증가하였다.

....

2 달리기 연습을 시작한 이래로 그의 몸은 많이 좋아진다.

....

3 개학한 이래로 왕 선생님은 대단히 바쁘시다.

....

4 작년 여름 이래로 나는 그에게 편지를 쓰지 않았다.

....

028 当…的时候

当人家打电话的时候，请保持安静。
Dāng rénjia dǎ diànhuà de shíhou, qǐng bǎochí ānjìng.
다른 사람이 전화를 할 때는 조용히 해주세요.

전치사 | ～할 때

동의어 | 在…的时候 zài…de shíhou | 当…时 dāng…shí |
…的时候 …de shíhou | …时 …shí

필수 어법

当은 시간을 나타내는 부사로 항상 문장 첫머리에 위치하고 的时候, 时와 연결
되어 사용된다. '当…的时候' 사이에 구체적인 시간을 설명하는 말을 삽입한다.
'当…的时候'는 항상 주어부 앞절에 위치하며, 주로 서면어로 쓰인다.

当我回家的时候，他已经睡觉了。　　　내가 집에 갔을 때, 그는 이미 잠들었다.
当我10岁的时候，他已经是大学生了。　내가 10살 때, 그는 이미 대학생이었다.

필수 문장

1 当他酒醒的时候，天已经亮了。
Dāng tā jiǔxǐng de shíhou, tiān yǐjīng liàng le.

2 当我上幼儿园的时候，我的奶奶生病去世了。
Dāng wǒ shàng yòu'éryuán de shíhou, wǒ de nǎinai shēngbìng qùshì le.

3 当我第一次到中国时，连一句话也不会说。
Dāng wǒ dì yī cì dào Zhōngguó shí, lián yí jù huà yě bú huì shuō.

4 当我要给他打电话时，他的电话来了。
Dāng wǒ yào gěi tā dǎ diànhuà shí, tā de diànhuà lái le.

tip 醒(깨다)는 HSK 어법시험에
출제 되는데, 방향보어
过来(비정상→정상)과
过去(정상→비정상)와 함께 쓰인다.
예) 醒过来 술, 잠, 마취에서 깨다
　　晕过去 혼절, 기절하다

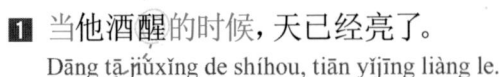

단어 人家 rénjia 다른 사람, 남 | 保持 bǎochí 유지하다 | 安静 ānjìng 조용하다, 안정하다 | 醒 xǐng 깨어나다 |
亮 liàng 날이 밝다 | 幼儿园 yòu'éryuán 유치원 | 去世 qùshì 돌아가시다

회화 따라잡기 DIALOGUE **1**

A 你为什么天天都那么开心?
　Nǐ wèishénme tiāntiān dōu nàme kāixīn?

B 高兴的事情比较多。
　Gāoxìng de shìqing bǐjiào duō.

A 那伤心的时候怎么办?
　Nà shāngxīn de shíhou zěnme bàn?

B 当伤心的时候，我就会想一些高兴的事情。
　Dāng shāngxīn de shíhou, wǒ jiù huì xiǎng yì xiē gāoxìng de shìqing.

> 단어 开心 kāixīn 즐겁다 | 伤心 shāngxīn 상심하다, 슬퍼하다

작문 따라잡기 WRITING **2**

다음 문장을 중작하세요.

1 네가 열 살일 때, 나는 대학을 졸업했다毕业.

_____

2 너는 공부할 때, 다른 일을 생각하지 말아라不要.

_____

3 내가 일어났을起床 때는 이미 9시였다.

_____

필수문장 따라잡기 SENTENCE **3**

다음 문장을 중국어로 말해보세요.

1 그가 술이 깨었을 때에는, 날이 이미 밝아 있었다.

_____

2 내가 유치원을 다닐 때, 내 할머니는 병으로 돌아 가셨다.

_____

3 내가 처음 중국에 갔을 때, 말 한마디조차도 할 줄 몰랐다.

_____

4 내가 그에게 전화를 걸려고 했을 때, 그의 전화가 왔다.

_____

029 不要紧

这病<u>不要紧</u>，吃点儿药就好了。

Zhè bìng bú yàojǐn, chī diǎnr yào jiù hǎo le.

이 병은 심하지 않아서 약을 좀 먹으면 바로 낫습니다.

형용사 | 1. 괜찮다, 문제없다 2. 심각하지 않다

동의어 无所谓 wúsuǒwèi ㅣ 没关系 méi guānxi ㅣ 不严重 bù yánzhòng

반의어 要紧 yàojǐn

필수 어법

要紧은 중요하다, 심각하다의 뜻을 가지고 있어, 앞에 부정부사 不를 붙이면 '중요치 않다, 괜찮다'와 '심각하지 않다'의 의미가 된다. 일반적으로 '어떤 상황이 발생해도 그리 문제 되지 않는다'는 뜻과 '병이 그다지 심각하지 않다'는 의미로 쓰인다.

❶ 괜찮다, 문제없다

条件差也<u>不要紧</u>。 조건이 좀 나빠도 상관없어.

今天完不成也<u>不要紧</u>。 오늘 완성 못해도 괜찮아.

❷ 심각하지 않다

你的病<u>不要紧</u>。 당신의 병은 심각하지 않아요.

我只不过得了感冒，<u>不要紧</u>。 나는 단지 감기에 걸렸을 뿐이야. 심각하지 않아.

필수 문장

1 <u>不要紧</u>，休息两天就好了。

Bú yàojǐn , xiūxi liǎngtiān jiù hǎo le.

2 他丢了很多钱，可是他说<u>不要紧</u>。

Tā diūle hěn duō qián, kěshì tā shuō bú yàojǐn.

3 条件差也<u>不要紧</u>，对我合适就行。

Tiáojiàn chà yě bú yàojǐn, duì wǒ héshì jiù xíng.

4 工资不多也<u>不要紧</u>，有前途就行。

Gōngzī bù duō yě bú yàojǐn, yǒu qiántú jiù xíng.

단어 丢 diū 잃어버리다 ㅣ 差 chà 나쁘다 ㅣ 合适 héshì 적합하다 ㅣ 工资 gōngzī 월급 ㅣ 前途 qiántú 전도, 비전

회화 따라잡기
DIALOGUE

1

A 这次考试我没及格，真郁闷。
　　Zhè cì kǎoshì wǒ méi jígé, zhēn yùmèn.

B **不要紧**，下次努力吧。
　　Bú yàojǐn, xiàcì nǔlì ba.

A 谢谢妈妈理解我。
　　Xièxie māma lǐjiě wǒ.

B 有志者事竟成嘛！
　　Yǒu zhì zhě shì jìng chéng ma!

> 단어 郁闷 yùmèn 마음이 답답하고 괴롭다 |
> 有志者事竟成 yǒu zhì zhě shì jìng chéng 뜻이 있는 곳에 길이 있다

작문 따라잡기
WRITING

2

다음 문장을 중작하세요.

1 단지 감기感冒에 좀 걸렸을 뿐이야, 괜찮아.

_____

2 설령 길이 멀다路远 해도 괜찮아, 비행기를 타고 갈 수 있어.

_____

3 돈이 많지 않아도 괜찮다.

_____

필수문장 따라잡기
SENTENCE

3

다음 문장을 중국어로 말해보세요.

1 괜찮아요, 이틀만 쉬면 곧 낫습니다.

_____

2 그는 많은 돈을 잃어 버렸지만, 그는 괜찮다고 말합니다.

_____

3 조건이 나빠도 괜찮아요, 나에게 맞기만 하다면 됩니다.

_____

4 월급이 적어도 괜찮아요, 비전만 있으면 됩니다.

_____

030 不怎么样

这篇文章不怎么样, 你还想发表吗?

Zhè piān wénzhāng bù zěnmeyàng, nǐ hái xiǎng fābiǎo ma?

이 글은 그다지 좋지 않아, 너 그래도 발표 하고 싶니?

형용사 | 그저 그렇다, 별로 좋지 않다

동의어 不太好

필수 어법

보통 우리가 怎么样? 하고 물어보면, 很好(아주 좋아)처럼 긍정적인 반응을 보이거나 不怎么样(어떻지도 않아, 별로야)처럼 부정적인 반응을 보인다.

这件衣服的款式不怎么样。　이 옷은 스타일이 별로다.

他的口语能力不怎么样。　그의 회화 능력은 그리 좋지 않다.

필수 문장

1 他那个人不怎么样, 别理他。

Tā nà ge rén bù zěnmeyàng, bié lǐ tā.

2 她人品不怎么样, 又被男人甩了。

Tā rénpǐn bù zěnmeyàng, yòu bèi nánrén shuǎi le.

3 这位老师讲得不怎么样, 你别听他的课。

Zhè wèi lǎoshī jiǎng de bù zěnmeyàng, nǐ bié tīng tā de kè.

4 她唱歌唱得真不错, 就是嗓音不怎么样。

Tā chàng gē chàng de zhēn búcuò, jiùshì sǎngyīn bù zěnmeyàng.

단어 发表 fābiǎo 발표하다 | 人品 rénpǐn 인품 | 理 lǐ 상대하다, 거들떠보다 | 甩 shuǎi 떼버리다, 차다 | 嗓音 sǎngyīn 목소리

회화 따라잡기
DIALOGUE 1

A 听说你昨天去相亲了, 那个人长得怎么样?
　　Tīngshuō nǐ zuótiān qù xiāngqīn le, nà ge rén zhǎng de zěnmeyàng?

B 别提了, 他长得不怎么样。
　　Bié tí le, tā zhǎng de bù zěnmeyàng.

A 那他的性格怎么样?
　　Nà tā de xìnggé zěnmeyàng?

B 性格也不怎么样, 你别再提了。
　　Xìnggé yě bùzěnmeyàng, nǐ bié zài tí le.

> 단어 相亲 xiāngqīn 맞선보다

작문 따라잡기
WRITING 2

다음 문장을 중작하세요.

1 이 텔레비전은 품질质量이 별로다.

_____

2 그의 성격性格은 별로다.

_____

3 그의 학업 성적成绩은 별로다.

_____

필수문장 따라잡기
SENTENCE 3

다음 문장을 중국어로 말해보세요.

1 그는 사람이 별로다, 그에게 신경 쓰지 마라.

_____

2 그녀는 인품이 별로여서 또 남자에게 채였다.

_____

3 이 선생님은 수업이 별로야, 너 그 분 수업 듣지마.

_____

4 그녀는 노래를 참 잘 불러, 다만 목소리가 별로야.

_____

031 串门儿

有时间到我家来串门儿。

Yǒu shíjiān dào wǒ jiā lái chuànménr.

시간이 나면 우리 집에 놀러 오세요.

관용어 | 이웃 집에 놀러가다, 이집 저집 돌아다니다

필수 어법

'串(실로 꿰다, 남의 집에 드나들다) + 门儿(문, 출입구, 집)'이 조합된 관용어로, 이집 저집을 돌아다니는 모습을 표현하였다.

❶ (양사) 꾸러미

一串钥匙 열쇠 한 꾸러미 | 一串葡萄 포도 한 송이 | 一串香蕉 바나나 한 송이

❷ (동사) 꿰다, 돌아다니다

串胡同 골목을 돌아다니다 | 串亲戚 친척집을 돌아다니다 | 串街 거리를 돌아다니다

❸ (명사) 꼬치

羊肉串 양고기 꼬치 | 鸡肉串 닭고기 꼬치

필수 문장

1 我不喜欢串门儿。

Wǒ bù xǐhuan chuànménr.

2 没事在家呆着，别整天出去串门儿。

Méi shì zài jiā dāizhe, bié zhěngtiān chūqu chuànménr.

> tip 整天은 '하루 종일'이라는 뜻으로 동의어로는 成天이 있다.

3 奶奶喜欢大家来串门儿。

Nǎinai xǐhuan dàjiā lái chuànménr.

> tip 呆는 '머무르다, 머물다'의 뜻으로, 동사 待(dāi)와 같은 의미이다.

4 爸爸去邻居家串门儿了。

Bàba qù línjū jiā chuànménr le.

단어 呆 dāi 머무르다 | 整天 zhěngtiān 종일, 항상 | 邻居 línjū 이웃

회화 따라잡기 1
DIALOGUE

A 孩子们都出门上学去了，家里清静了许多吧！
　　Háizimen dōu chūmén shàngxué qù le, jiāli qīngjìngle xǔduō ba!

B 是啊，就剩老公和我，显得冷清了。
　　Shì a, jiù shèng lǎogōng hé wǒ, xiǎn de lěngqīng le.

A 有空去我家串串门儿。
　　Yǒu kòng qù wǒ jiā chuànchuan ménr.

B 有时间吧！
　　Yǒu shíjiān ba!

> 단어 清静 qīngjìng 편안하다, 홀가분하다 | 冷清 lěngqīng 적막하다, 썰렁하다

작문 따라잡기 2
WRITING

다음 문장을 중작하세요.

1 저녁을 먹고 그는 자주 마실 간다.

_____

2 다음에改天 우리 집에 놀러와.

_____

3 할머니는 비교적 마실 가기를 좋아한다.

_____

필수문장 따라잡기 3
SENTENCE

다음 문장을 중국어로 말해보세요.

1 난 마실 가는 걸 좋아하지 않는다.

_____

2 일이 없으면 집에나 있어라, 하루 종일 마실 다니지 말고.

_____

3 할머니는 사람들이 놀러 오는 것을 좋아하신다.

_____

4 아빠는 이웃 집에 놀러 가셨다.

_____

戴高帽子

一般来说，人们都喜欢别人给自己戴高帽子。

Yìbān lái shuō, rénmen dōu xǐhuan biérén gěi zìjǐ dài gāo màozi.

일반적으로 말해서 사람들은 모두 다른 사람들이 자기를 치켜세워 주는 것을 좋아한다.

관용어 | 남을 치켜세우다, 비행기 태우다

필수 어법

우리나라에서는 남을 치켜세우면 '비행기 태우다'라고 하는데, 중국에서는 '높은 모자를 씌워 준다'고 말한다. 반대로 자신을 그만 치켜세우라고 말할 때, 우리나라에서는 '그만 비행기 태워, 어지러워, 혹은 나 떨어지겠다'라고 말하지만, 중국에서는 '(높은 모자를 자꾸 씌워주니) 납작해 지겠다'라고 말한다.

他给我戴了几顶高帽子。　　　그는 나를 몇 번 치켜세웠다.

别给我戴高帽子，快把我压扁了。　비행기 태우지 마, 나 어지러워(납작해 지겠다).

필수 문장

1 他先给我戴了高帽子，然后才提出来自己的要求。
Tā xiān gěi wǒ dàile gāo màozi, ránhòu cái tíchūlai zìjǐ de yāoqiú.

2 我不喜欢给人家戴高帽子。
Wǒ bù xǐhuan gěi rénjia dài gāo màozi.

3 你别以为我喜欢别人给我戴高帽子。
Nǐ bié yǐwéi wǒ xǐhuan biérén gěi wǒ dài gāo màozi.

4 你得小心给你戴高帽子的人。
Nǐ děi xiǎoxīn gěi nǐ dài gāo màozi de rén.

tip 帽子의 양사는 顶(정수리 정)으로, 나를 여러 번 치켜세웠다는 '给我戴了几顶高帽子'라고 표현한다.

단어 要求 yāoqiú 요구 | 小心 xiǎoxīn 조심하다

회화 따라잡기 DIALOGUE 1

A 丽丽, 你今天特别好看, 也很性感。
Lìli, nǐ jīntiān tèbié hǎokàn, yě hěn xìnggǎn.

B 算了, 别给我 戴高帽子 了, 快把我压扁了。
Suàn le, bié gěi wǒ dài gāo màozi le, kuài bǎ wǒ yābiǎn le.

A 你能不能帮我办这件事? 可以吗? 没问题吧!
Nǐ néng bu néng bāng wǒ bàn zhè jiàn shì? Kěyǐ ma? Méi wèntí ba!

B 真拿你没办法, 放这儿吧, 我想想办法。
Zhēn ná nǐ méi bànfǎ, fàng zhèr ba, wǒ xiǎngxiang bànfǎ.

> 단어 性感 xìnggǎn 섹시하다 | 压扁 yābiǎn 눌려서 납작해지다 | 办法 bànfǎ 방법

작문 따라잡기 WRITING 2

다음 문장을 중작하세요.

1 됐어 됐어好了, 더 이상 나 비행기 태우지 마别再.

_____

2 그는 어떤 물건이 필요할想要 때 나를 치켜세우려고 한다.

_____

3 한韩 선생님은 학생들이 비행기 태우는 것을 좋아한다.

_____

필수문장 따라잡기 SENTENCE 3

다음 문장을 중국어로 말해보세요.

1 그는 먼저 나를 치켜세워 주고는, 그제야 자기의 요구를 얘기했다.

_____

2 나는 다른 사람을 치켜세워 주는 것을 좋아하지 않는다.

_____

3 너는 내가 남이 나를 치켜세워 주는 것을 좋아한다고 생각하지 마.

_____

4 너는 너를 높이 치켜세워 주는 사람을 조심해야 한다.

_____

연습문제

다음 뜻과 어울리는 관용어를 연결해 보세요.

❶ 별로이다, 그다지 좋지 않다 ・ ・ 串门儿

❷ 마실가다 ・ ・ 不要紧

❸ 치켜세우다 ・ ・ 戴高帽子

❹ 심각하지 않다, 괜찮다 ・ ・ 不怎么样

다음 상용어를 사용하여 빈칸을 채워 보세요.

| 当 | 从 | 出来 | 以来 | 除了 | 否则 | 而是 | 就是 |

❶ 我想他可能不是去图书馆，＿＿＿＿＿＿去阅览室。

❷ 我这么做不是为了我自己好，＿＿＿＿＿＿为你好。

❸ 除非咱们一起动手，＿＿＿＿＿不能按时完成工作。

❹ 这是rain的歌声，我听＿＿＿＿＿了。

❺ ＿＿＿＿＿韩国人以外，文章中还提到了几名中国球员的情况。

❻ ＿＿＿＿＿开始认识他的那天开始到现在，我心里一直都爱慕着他。

❼ ＿＿＿＿＿老师一进来的时候，教室里一下子安静下来。

❽ 自从出生＿＿＿＿＿，我还从来没有吃过这么好吃的菜呢！

다음 문장을 중작하세요.

❶ 당신의 병은 심각하지 않아요. 며칠 쉬면 됩니다.

＿＿＿＿＿＿＿＿＿＿＿＿＿＿＿＿＿＿＿＿＿＿＿＿＿

❷ 나는 하마터면 대학에 떨어질 뻔 했다(결국 붙었다).

＿＿＿＿＿＿＿＿＿＿＿＿＿＿＿＿＿＿＿＿＿＿＿＿＿

❸ 다음 주부터 나는 술을 마시지 않겠다.

＿＿＿＿＿＿＿＿＿＿＿＿＿＿＿＿＿＿＿＿＿＿＿＿＿

对牛弹琴

duì niú tán qín

소 앞에서 거문고를 켜다

소 귀에 경 읽기

전국시대 때, '공명의'라는 아주 유명한 음악가가 있었는데, 그는 거문고를 아주 잘 연주했다. 날씨 좋은 날에는 거문고를 들고 밖으로 나가서 연주하곤 했다.

어느 날, 그는 소 한 마리가 풀을 뜯어먹고 있는 걸 보고 "내가 거문고 몇 곡조를 타서 저 소를 기쁘게 해 주리라"라며 진지하게 거문고를 타기 시작했다. 그의 연주는 한 곡조 한 곡조 타는 곡마다 모두 우아하고 아름다웠지만, 소는 머리를 숙이고 풀만 뜯고 있을 뿐 조금도 반응을 보이지 않았다. 그는 크게 실망스럽고 화까지 났다.

사람들은 그에게 "화내지 마시오, 당신이 연주한 곡이 안 좋아서 그런 게 아니고, 소한테는 그 음악이 안 들리는 거라오"라고 말해 주었다.

'对牛弹琴'는 도리를 알지 못하는 상대방을 비웃을 때 쓰기도 하고, 상대방의 수준을 고려하지 않고 어려운 도리를 말하는 사람을 가리켜 이 말을 쓰기도 한다. 중국에서 소는 무식한 동물의 대명사이다. 이 고사성어에서 말귀를 못알아 듣는 동물로 등장하였다. 중국에서는 '放牛班(소를 풀어 놓은 반)'을 '열등반'이라고 한다.

참고!

우리나라에서는 '소 귀에 경을 읽는다'라고 표현하지만, 중국어에서는 '경전' 대신에 거문고가 등장한답니다. 고사성어는 중국에서 유래한 것인데 우리나라에 들어오면서 약간씩, 단어가 바뀌는 경우가 있어요. 때로는 의미가 바뀌는 경우도 있답니다.

HSK에 꼭 나오는

WEEK 3

필수**상용어** 128句

JRC

033 到底

这本没有名字的书到底是谁的?

Zhè běn méiyǒu míngzi de shū dàodǐ shì shéi de?

이 이름이 없는 책은 도대체 누구 것이니?

부사 | 도대체, 대관절

동의어 究竟 jiūjìng

필수 어법

到底는 화자가 정말 궁금하고 알고 싶은 내용을 물을 때 사용되는데, 일반적으로 의문문에 쓰여 사실을 규명하고, 추궁할 때 쓰인다. 到底는 정반, 선택, 의문대명사 의문문에서 쓰이고, 吗의문문과는 함께 쓰일 수 없다.

정반	到底来不来? (O)	도대체 올꺼야, 안 올꺼야?
선택	到底你来还是他来? (O)	도대체 네가 오는거야, 아니면 그가 오는거야?
의문대명사	到底谁来? (O)	도대체 누가 오는거야?
잘못된 표현	到底来吗? (X)	

★ 到底는 부사이므로 술어(동사) 앞에 나오는 것이 일반적이지만, 주어가 의문대명사일 경우에는 주어 앞에도 올 수 있다.

到底谁来?

필수 문장

1 讲了半天价, 你到底买不买?

Jiǎngle bàntiān jià, nǐ dàodǐ mǎi bu mǎi?

2 有个学生把录音机忘在教室里了, 到底是谁的?

Yǒu ge xuésheng bǎ lùyīnjī wàng zài jiàoshìlǐ le, dàodǐ shì shéi de?

3 爸爸到底什么时候才能回来?

Bàba dàodǐ shénme shíhou cái néng huílai?

4 我不知道她到底怎么记住那么多生词的。

Wǒ bù zhīdào tā dàodǐ zěnme jìzhu nàme duō shēngcí de.

tip 가격을 흥정하다 讲价는
讨价还价 표현되기도 한다.
이때, 讨价(tǎojià)는 파는
사람이 부르는 가격을 말하며,
还价(huánjià)는 사는 사람이
가격을 흥정한다는 의미이다.

단어 讲价 jiǎngjià 가격을 흥정하다 | 录音机 lùyīnjī 녹음기 | 记住 jìzhu 기억하다

회화 따라잡기 DIALOGUE **1**

A 周末一起去登山怎么样?
Zhōumò yìqǐ qù dēngshān zěnmeyàng?

B 上午要去学习,下午要去购物。
Shàngwǔ yào qù xuéxí, xiàwǔ yào qù gòuwù.

A 你到底去不去?
Nǐ dàodǐ qù bu qù?

B 下次一起去吧。
Xiàcì yìqǐ qù ba.

> 단어 登山 dēngshān 등산 | 购物 gòuwù 쇼핑하다

작문 따라잡기 WRITING **2**

다음 문장을 중작하세요.

1 당신 도대체 나를 사랑하나요? 사랑하지 않나요?

_____

2 도대체 갈거니? 안 갈거니?

_____

3 너희 둘은 도대체 무슨 상관关系이 있니?

_____

필수문장 따라잡기 SENTENCE **3**

다음 문장을 중국어로 말해보세요.

1 가격을 한참 동안 흥정해 놓고 너는 도대체 살거니, 안 살거니?

_____

2 어떤 학생이 녹음기를 교실에 두고 갔는데, 도대체 누구거니?

_____

3 아빠는 도대체 언제쯤에야 비로소 돌아올 수 있는 거야?

_____

4 나는 그녀가 도대체 어떻게 그렇게 많은 단어를 기억하는지 모르겠다.

_____

034 对…来说

tip 可하면 떠오르는 의미가 可是(그러나)를 떠올리겠지만, 여기서는 '정말'이라는 뜻으로 강조부사로 쓰였다.

翻译这篇文章，对你来说很容易，对我来说可太难了。

Fānyì zhè piān wénzhāng, duì nǐ lái shuō hěn róngyì, duì wǒ lái shuō kě tài nán le.

이 글을 번역하는 것은 너에게는 매우 쉽지만, 나에게는 정말 어렵다.

~의 입장에서 말하면, ~을 놓고 말할 때

동의어 在…角度上看 zài…jiǎodùshang kàn ┃ 对于…来说 duìyú…láishuō ┃
就…而言 jiù…éryán

필수 어법

对는 来说와 결합하여 '~의 입장에서'라는 의미로 쓰이며, 이때, 对를 对于로 바꿔도 무방하나 关于로 바꿔 쓸 수는 없다.

★ 对는 그 밖에도 대상을 끌고 오거나, 사람에 대한 태도를 나타낼 때 쓰인다.

我对中国很感兴趣。　　나는 중국에 흥미를 느껴. (대상)
对我很好。　　　　　　나에게 참 잘해줘. (사람에 대한 태도)
对人很热情。　　　　　다른 사람에게 참 친절하셔. (사람에 대한 태도)

필수 문장

1 对我来说，最希望的是学好汉语。
Duì wǒ lái shuō, zuì xīwàng de shì xuéhǎo Hànyǔ.

2 对他来说，最重要的是心情轻松。
Duì tā lái shuō, zuì zhòngyào de shì xīnqíng qīngsōng.

3 对父母来说，孩子永远是孩子。
Duì fùmǔ lái shuō, háizi yǒngyuǎn shì háizi.

tip 春节는 중국의 구정설로 중국인들이 가장 중시하는 명절이다. 그 다음으로 중요한 명절은 노동절(5월1일)과 국경절(10월1일)로 이 날은 약 7일정도의 휴가가 있어, 이를 黄金周(황금휴가)라고 한다.

4 对中国人来说，春节是最重要的节日。
Duì Zhōngguórén lái shuō, Chūnjié shì zuì zhòngyào de jiérì.

단어 希望 xīwàng 희망하다, 바라다 ┃ 心情 xīnqíng 마음, 기분 ┃ 轻松 qīngsōng 수월하다, 가뿐하다 ┃
永远 yǒngyuǎn 영원하다, 영원히 ┃ 春节 Chūnjié 춘절 (중국의 음력설)

회화 따라잡기 DIALOGUE **1**

A 听说你和妈妈吵架了?
　Tīngshuō nǐ hé māma chǎojià le?

B 我出门之前她总要叮嘱我同样的话。
　Wǒ chūmén zhīqián tā zǒng yào dīngzhǔ wǒ tóngyàng de huà.

A 对妈妈来说，孩子永远是孩子。关心你才说的。
　Duì māma lái shuō, háizi yǒngyuǎn shì háizi. Guānxīn nǐ cái shuō de.

B 我明白了。我会好好和妈妈相处的。
　Wǒ míngbai le. Wǒ huì hǎohāo hé māma xiāngchǔ de.

> 단어 叮嘱 dīngzhǔ 부탁하다 ┃ 相处 xiāngchǔ 함께 살다, 함께 지내다

작문 따라잡기 WRITING **2**

다음 문장을 중작하세요.

1 나에게 있어, 이 문제问题는 너무 힘들다.

_____

2 외국인에게 있어, 김치泡菜는 너무 맵다.

_____

3 이 문제는 너에게 있어서는 중요하지 않겠지만, 나에게는 너무 중요하다太…了.

_____

필수문장 따라잡기 SENTENCE **3**

다음 문장을 중국어로 말해보세요.

1 나에게 있어서, 가장 바라는 일은 중국어를 마스터하는 것이다.

_____

2 그에게 있어, 가장 중요한 것은 마음을 편안하게 하는 것이다.

_____

3 부모에게 있어, 아이는 영원히 아이이다.

_____

4 중국인에게 있어, 춘절은 가장 중요한 명절이다.

_____

035

非…不可

> **tip** 学好는 学完와 비슷하게 동작의 완성하거나 이루고자 하는 일에 도달했음을 의미한다. 하지만, 결과보어 好를 사용하여 완성도가 높음을 의미하기도 한다.

要学好一种语言，非下苦功不可。

Yào xuéhǎo yì zhǒng yǔyán, fēi xià kǔgōng bùkě.

한가지 언어를 마스터하려면 각고의 노력을 기울이지 않으면 안 된다.

반드시 ～하지 않으면 안 된다, 꼭 ～해야 한다

동의어 一定要 yídìng yào ｜ 一定会 yídìng huì ｜ 非 fēi

필수 어법

반드시 그러할 수 밖에 없다는 필연적 상황을 나타내거나 강한 결심과 강렬한 희망을 의미한다. 부정부사 非와 不가 연속해서 나오면서 이중부정 즉, 강한 긍정의 의미를 지니게 된다. 해석 할 때는 不可를 생략하고 非만으로도 一定(반드시)라는 의미를 가질 수 있다.

형식 非 + 동사 / 대명사 / 동사구 + 不可(不行 / 不成)

非努力不可　노력하지 않으면 안 된다 (동사)
非你不可　너 아니면 안 된다 (대명사)
非他来不可　그가 오지 않으면 안 된다 (동사구)

필수 문장

1 小李想说什么就非说不可。
Xiǎo Lǐ xiǎng shuō shénme jiù fēi shuō bùkě.

2 你非帮助我学习汉语不可。
Nǐ fēi bāngzhù wǒ xuéxí Hànyǔ bùkě.

3 这种病非马上动手术不可。
Zhè zhǒng bìng fēi mǎshàng dòng shǒushù bùkě.

4 在中国买东西，你非讲价不可。
Zài Zhōngguó mǎi dōngxi, nǐ fēi jiǎngjià bùkě.

단어 语言 yǔyán 언어 ｜ 下苦功 xià kǔgōng 각고의 노력을 기울이다 ｜ 动手术 dòng shǒushù 수술하다

회화 따라잡기
DIALOGUE

1

A 这是谁写的书?
　Zhè shì shéi xiě de shū?

B 是我写的。
　Shì wǒ xiě de.

A 那我非看看不可。
　Nà wǒ fēi kànkan bùkě.

B 我送你一本，请多提意见。
　Wǒ sòng nǐ yì běn, qǐng duō tí yìjiàn.

A 多谢!
　Duō xiè!

작문 따라잡기
WRITING

2

다음 문장을 중작하세요.

1 나는 내 눈으로 직접 보지亲眼 않으면 안 된다.

_____

2 내일 회의会议에, 나는 참가하지 않으면 안 된다.

_____

3 한국 사람은 밥을 먹을 때, 김치泡菜를 먹지 않으면 안 된다.

_____

필수문장 따라잡기
SENTENCE

3

다음 문장을 중국어로 말해보세요.

1 샤오리는 무얼 말하고 싶은 게 있으면 반드시 말하지 않으면 안 된다.

_____

2 당신은 내가 중국어 공부하는 것을 도와주지 않으면 안 된다.

_____

3 이 병은 당장 수술하지 않으면 안 된다.

_____

4 중국에서 물건을 살 때 너는 흥정을 하지 않으면 안 된다.

_____

036

刚(刚)…就…

刚吃完饭，妈妈就洗起碗来了。

Gāng chīwán fàn, māma jiù xǐ qǐ wǎn lai le.

막 밥을 먹고 나자, 엄마는 설거지를 하기 시작하셨다.

막 ~하자마자 ~하다, ~하기가 무섭게 바로 ~하다

유의어 一…就 yī…jiù | 刚…不久 gāng…bùjiǔ

필수 어법

첫 번째 동작이나 상황에 뒤이어 바로 또 다른 상황이 발생했음을 의미한다. 刚대신 刚刚을 쓸 수도 있는데, 刚보다는 그 간격이 짧고 긴밀한 느낌을 준다. 뒤에는 부사 就를 끌고 나오는데, 만약 뒷절에 주어가 있다면 주어 바로 뒤에 위치해야 한다.

刚下完雨，太阳就出来了。　　　비가 그치자마자, 해가 바로 나왔다.

我刚到上海，就给朋友打了个电话。　나는 상하이에 도착하자마자, 친구들에게 전화를 했다.

刚过立春，天气就暖和起来了。　　입춘이 지나자마자, 날씨가 따뜻해졌다.

필수 문장

① 我刚开口，他就拒绝了。
Wǒ gāng kāikǒu, tā jiù jùjué le.

> tip 원래 打了一个电话에서 숫자 一는
> 생략이 가능하다. 목적어가 지금처럼
> '수사 + 양사 + 명사(一个电话)'로 복잡해지면
> 동태조사 了는 동사 뒤에 놓인다.

② 我刚到北京，就给父母打了个电话。
Wǒ gāng dào Běijīng, jiù gěi fùmǔ dǎle ge diànhuà.

③ 刚放暑假，他就去旅行了。
Gāng fàng shǔjià, tā jiù qù lǚxíng le.

④ 我刚想给他打电话，他就来了。
Wǒ gāng xiǎng gěi tā dǎ diànhuà, tā jiù lái le.

단어 洗碗 xǐwǎn 설거지 하다 | 开口 kāikǒu 입을 열다 | 拒绝 jùjué 거절하다 | 暑假 shǔjià 여름방학

회화 따라잡기 1
DIALOGUE

A 早上吃什么了？
　　Zǎoshang chī shénme le?

B 刚起床就吃了一个苹果，然后肚子很疼。
　　Gāng qǐchuáng jiù chīle yí ge píngguǒ, ránhòu dùzi hěn téng.

A 就是肚子着凉了，吃点药就会好的。
　　Jiùshì dùzi zháoliáng le, chī diǎn yào jiù huì hǎo de.

B 谢谢医生。
　　Xièxie yīshēng.

> 단어 着凉 zháoliáng 감기에 걸리다, 찬 기운을 받다

작문 따라잡기 2
WRITING

다음 문장을 중작하세요.

1 내가 막 교실教室로 들어오자마자, 선생님도 곧 들어오셨다.

_____

2 막 12월이 되자마자到, 날씨가 곧 추워졌다.

_____

3 방학放假을 막 하자마자, 그는 여행을 갔다.

_____

필수문장 따라잡기 3
SENTENCE

다음 문장을 중국어로 말해보세요.

1 내가 막 입을 열자마자, 그가 바로 거절했다.

_____

2 나는 막 베이징에 도착하자마자, 부모님께 전화를 드렸다.

_____

3 막 여름방학을 하자마자, 그는 곧 여행을 갔다.

_____

4 내가 그에게 막 전화를 걸고 싶었는데, 그가 바로 왔다.

_____

037 怪不得

tip 双胞胎는 '双(쌍 쌍)+胞(세포 포)+胎(아이 밸 태)'의 조합으로 '쌍둥이'를 의미한다.
连体双胞胎는 신체의 일부가 기형적으로 붙어서 태어난 샴 쌍둥이를 일컫는 표현이다.

怪不得他们两个人很像，原来是双胞胎。

Guàibude tāmen liǎng ge rén hěn xiàng, yuánlái shì shuāngbāotāi.

어쩐지 그들 둘이 너무 닮았던데, 알고 보니 쌍둥이구나.

부사 | 과연, 어쩐지

동의어 怪不着 guàibuzháo | 难怪 nánguài | 原来如此 yuánlái rúcǐ

필수 어법

怪不得(어쩐지)는 일반적으로 原来(알고 보니)와 함께 호응하여 쓰인다. 원인이나 이유를 깨닫거나 밝혀서 더 이상 이상하게 여기지 않게 되었다는 의미를 나타낸다.

형식 怪不得 + 이상하게 여긴 점(결과), **原来** + 새롭게 깨달은 점(원인)

★ 怪不得는 부사이지만 어기부사로 문장 맨 앞에서 전체문장을 수식할 수 있다. HSK 시험문제에서 위치를 묻는 문제가 자주 등장한다.

怪不得这么凉快, 原来你开着空调呢。

어쩐지 시원하더라니, 알고보니 네가 에어콘을 켜 두었구나.

필수 문장

1. **怪不得**他说菜不好吃，原来你没放盐。
   Guàibude tā shuō cài bù hǎochī, yuánlái nǐ méi fàng yán.

2. **怪不得**这几天没见着他，原来他住院了。
   Guàibude zhè jǐ tiān méi jiànzháo tā, yuánlái tā zhùyuàn le.

3. **怪不得**这么冷，原来窗户开着呢。
   Guàibude zhème lěng, yuánlái chuānghu kāizhe ne.

4. **怪不得**他的汉语那么好，原来他在中国住过五年。
   Guàibude tā de Hànyǔ nàme hǎo, yuánlái tā zài Zhōngguó zhùguo wǔ nián.

단어 像 xiàng 닮다 | 双胞胎 shuāngbāotāi 쌍둥이 | 盐 yán 소금 | 住院 zhùyuàn 입원하다 | 窗户 chuānghu 창문

회화 따라잡기
DIALOGUE 1

A 郑老师，你认识那边穿蓝衣服的男孩吗？
　　Zhèng lǎoshī, nǐ rènshi nà biān chuān lán yīfu de nánhái ma?

B 好像在哪里见过。
　　Hǎoxiàng zài nǎli jiànguo.

A 那不是李博士家的老么么？
　　Nà búshì Lǐ bóshì jiā de Lǎo yāo ma?

B 怪不得看起来这么眼熟，一眨眼都长这么大了啊！
　　Guàibude kànqǐlái zhème yǎnshú, yìzhǎyǎn dōu zhǎng zhème dà le a!

| 단어 眼熟 yǎnshú 익다, 눈에 익숙하다 | 一眨眼 yìzhǎyǎn 눈 깜짝할 사이 |

작문 따라잡기
WRITING 2

다음 문장을 중작하세요.

1 어쩐지 그가 안 보인다见到 했더니, 알고 보니 그는 유학留学을 갔다.

....

2 어쩐지 그가 안 왔다 했는데, 알고 보니 병이 났었구나生病.

....

3 왜 이렇게 비싼가贵 했더니, 알고 보니 외제품进口的이로군요.

....

필수문장 따라잡기
SENTENCE 3

다음 문장을 중국어로 말해보세요.

1 어쩐지 그가 음식이 맛이 없다고 하더니, 알고 보니 네가 소금을 안 넣었더구나.

....

2 어쩐지 요 며칠 그를 보지 못했다 했더니, 알고 보니 그는 입원을 했다.

....

3 어쩐지 이렇게 춥더라니, 알고 보니 창문이 열려있었구나.

....

4 어쩐지 그의 중국어가 그렇게 훌륭하더라니, 알고 보니 중국에서 5년이나 살았구나.

....

day 1
day 2
day 3
day 4
day 5
day 6
day 7
day 8
day 9
day 10
day 11
day 12
day 13
day 14
day 15
day 16
day 17
day 18
day 19
day 20

038

过来

他是我们叫过来的。

Tā shì wǒmen jiàoguòlai de.

그는 우리가 불러온 것이다.

방향보어 | 방향을 틀다, 되돌아 오다, 다 해내지 못하다

필수 어법

방향보어 过来는 동사 뒤에 쓰여 여러가지 뜻을 지닌다.

❶ 방향이 자신 쪽으로 다가오거나 정면을 향하는 것

走过来 다가오다 | 跑过来 뛰어오다 | 看过来 보다

❷ 비정상의 상태에서 정상적인 상태로 돌아옴

醒过来 깨어나다 | 活过来 살아나다 | 改过来 고치다

❸ 시간, 능력, 수량이 만족스럽지 않음 (거의 부정형태로만 쓰임)

做不过来 해낼 수 없다 | 忙不过来 바빠서 어쩔 줄 모르다 | 跑不过来 다 돌아볼 수 없다

★ HSK 문제에서는 '동사+방향보어 过来' 사이에 得, 不를 넣어 가능보어가 삽입된 형태가 자주 등장한다.

醒不过来 깨어날 수 없다 | 醒得过来 깨어날 수 있다

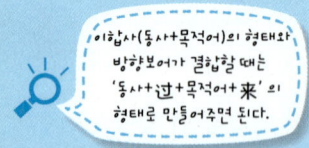

이합사(동사+목적어)의 형태화 방향보어가 결합할 때는 '동사+过+목적어+来'의 형태로 만들어주면 된다.

필수 문장

1 他转过脸来，我才认出来他是老王。

Tā zhuǎnguò liǎn lai, wǒ cái rènchūlai tā shì Lǎo Wáng.

2 你把这件衣服翻过来穿更好看。

Nǐ bǎ zhè jiàn yīfu fānguòlai chuān gèng hǎokàn.

3 这个箱子，千万别翻过来。

Zhè ge xiāngzi, qiānwàn bié fānguòlai.

4 这么多地方，一天跑不过来。

Zhème duō dìfang, yì tiān pǎo bu guòlai.

단어 转脸 zhuǎnliǎn 얼굴을 돌리다 | 翻 fān 뒤집다 | 箱子 xiāngzi 상자 | 千万 qiānwàn 제발, 절대로

회화 따라잡기
DIALOGUE 1

A 喂, 你好。
　Wèi, nǐ hǎo.

B 你好, 小李, 我的CD是不是在你那里?
　Nǐ hǎo, Xiǎo Lǐ, wǒ de CD shì bu shì zài nǐ nàli?

A 是的。
　Shì de.

B 你来我家的时候带过来吧。
　Nǐ lái wǒ jiā de shíhou dàiguòlai ba.

> 단어 带过来 dàiguòlai 가져 오다, 가져다 주다

작문 따라잡기
WRITING 2

다음 문장을 중작하세요.

1 손님客人이 너무 많아서, 나는 바빠서 감당할 수 없다.

_____

2 숙제가 너무 많아서, 나 혼자서는 다 하지 못한다.

_____

3 너 돌아 봐转, 나한테 보여 줘.

_____

필수문장 따라잡기
SENTENCE 3

다음 문장을 중국어로 말해보세요.

1 그가 얼굴을 돌리자, 나는 그제야 그가 라오왕이라는 것을 알았다.

_____

2 너는 이 옷을 뒤집어 입으니까 더욱 예쁘다.

_____

3 이 상자는 절대로 뒤집지 마라.

_____

4 이렇게 많은 곳을 하루에 다 돌아다닐 수 없다.

_____

039

好₁

简体字比繁体字好写。

Jiǎntǐzì bǐ fántǐzì hǎo xiě.

간체자는 번체자보다 쓰기 쉽다.

~하기 쉽다

동의어 容易 róngyì

반의어 难 nán | 不好 bù hǎo

필수 어법

好는 여러가지 뜻과 용법으로 쓰이지만, 여기서는 어떤 동작하기 쉽다는 의미로 쓰인다. 반드시 동사 앞에서만 쓰인다. HSK 독해 1부분에서는 好의 동의어로 容易가 출제된다.

형식 好 + 동사

好找 찾기 쉽다
好办 처리하기 쉽다
好走 걷기 좋다
好懂 이해하기 쉽다
好学 배우기 쉽다

필수 문장

1 那首歌很好学，才五分钟我就学会了。
Nà shǒu gē hěn hǎo xué, cái wǔ fēnzhōng wǒ jiù xuéhuì le.

> tip 首는 노래(歌儿)나 시(诗)를 세는 양사이다.

2 你去王府井，这条路好走，那条路车太多，不好走。
Nǐ qù Wángfǔjǐng, zhè tiáo lù hǎo zǒu, nà tiáo lù chē tài duō, bù hǎo zǒu.

3 这篇文章虽然长，可是好懂。
Zhè piān wénzhāng suīrán cháng, kěshì hǎo dǒng.

4 这么多东西不好带走。
Zhème duō dōngxi bù hǎo dàizǒu.

> tip 王府井은 중국 베이징에서 가장 번화한 거리 중 하나로, 우리나라에 명동에 해당하며, 밤에 열리는 야시장에서는 많은 小吃(간식)을 맛볼 수 있다.

단어 简体字 jiǎntǐzì 간체자 | 繁体字 fántǐzì 번체자 | 王府井 Wángfǔjǐng 왕푸징

회화 따라잡기
DIALOGUE **1**

A 你帮我把这件东西送给李明好吗? 我最近一直见不着他。
　Nǐ bāng wǒ bǎ zhè jiàn dōngxi sòng gěi Lǐ Míng hǎo ma? Wǒ zuìjìn yìzhí jiàn bu zháo tā.

B 这事好办, 他就和我住隔壁, 别担心, 包在我身上。
　Zhè shì hǎo bàn, tā jiù hé wǒ zhù gébì, bié dānxīn, bāo zài wǒ shēnshang.

A 真是谢谢你啊!
　Zhēn shì xièxie nǐ a!

B 你看你, 见外了吧!
　Nǐ kàn nǐ, jiànwài le ba!

> 단어 隔壁 gébì 이웃

작문 따라잡기
WRITING **2**

다음 문장을 중작하세요.

1 이 일은 처리하기 쉽다. (일을 세는 양사 件)

_____

2 우리 집은 바로 지하철역地铁站 근처附近에 있어서, 매우 찾기 쉽다.

_____

3 이 노래首는 배우기 매우 어려워서, 선생님조차도 부르지 못한다不会.

_____

필수문장 따라잡기
SENTENCE **3**

다음 문장을 중국어로 말해보세요.

1 그 노래는 아주 배우기가 쉬워서, 겨우 5분 만에 나는 배워서 할 수 있게 되었다.

_____

2 네가 왕푸징에 가려면 이 길이 가기가 좋다, 그 길은 차가 너무 많아서 가기 나쁘다.

_____

3 이 글은 비록 길지만, 이해하기 쉽다.

_____

4 이렇게 많은 물건은 가지고 가기 힘들다.

_____

day 1
day 2
day 3
day 4
day 5
day 6
day 7
day 8
day 9
day 10
day 11
day 12
day 13
day 14
day 15
day 16
day 17
day 18
day 19
day 20

O4O 好₂

今天早点儿睡，明天好早点儿起来。

Jīntiān zǎo diǎnr shuì, míngtiān hǎo zǎo diǎnr qǐlai.
오늘 좀 일찍 자라, 내일 일찍 일어날 수 있도록.

~하기 편리하다, ~할 수 있다

동의어 为了 wèile | 以 yǐ | 以便 yǐbiàn

필수 어법

好의 여러가지 용법 중에서 **목적을 나타내는 조동사 역할**을 하는 것으로, 便于(~하기 편리하다), 为了(~하기 위해서)의 의미를 지닌다. 앞절에는 일반적으로 '~을 해라'라는 지시, 건의, 청유 등의 말이 나오고, 뒷절에는 왜 그러한 행동을 해야하는 목적이 등장한다. HSK 어법 문제에서 为了는 앞절에 등장하고, 好, 以, 以便은 뒷절에 쓰여 목적을 나타낸다.

형식 해야할 행동, 好 + 목적
为了 + 목적, 해야할 행동

告诉我爸爸在哪儿，我好找他。　내가 찾아갈 수 있게 아빠가 어디 계신지 알려 주렴.
你早点睡，明天一大早好去见你。　내일 아침 일찍 너를 보러 갈 수 있게 일찍 자거라.
请你给我一张名片，有事好联系。　일이 있으면 연락하기 쉽게 제게 명함 한 장만 주세요.

필수 문장

1 你到中国以后马上来个电话，好让家里人放心。
Nǐ dào Zhōngguó yǐhòu mǎshàng lái ge diànhuà, hǎo ràng jiālirén fàngxīn.

2 你带雨伞去吧，下雨了好用。
Nǐ dài yǔsǎn qù ba, xià yǔ le hǎo yòng.

3 快点儿准备一下，我们好早点儿出发。
Kuài diǎnr zhǔnbèi yíxià, wǒmen hǎo zǎo diǎnr chūfā.

4 你告诉我小李的电话号码，我好打电话告诉她。
Nǐ gàosu wǒ Xiǎo Lǐ de diànhuà hàomǎ, wǒ hǎo dǎ diànhuà gàosu tā.

단어 出发 chūfā 출발하다 | 放心 fàngxīn 마음을 놓다 | 雨伞 yǔsǎn 우산

A 听说你长跑是第一名，恭喜你!
　Tīngshuō nǐ chángpǎo shì dì yī míng, gōngxǐ nǐ!

B 累死我了。
　Lèi sǐ wǒ le.

A 有没有什么技巧?
　Yǒu méiyǒu shénme jìqiǎo?

B 开始要跟跑，不能太累，好后来居上。
　Kāishǐ yào gēnpǎo, bùnéng tài lèi, hǎo hòuláijūshàng.

> 단어 恭喜 gōngxǐ 축하하다 ｜ 技巧 jìqiǎo 기교, 수법 ｜
> 后来居上 hòuláijūshàng 뒤떨어졌던 사람이 앞선 사람을 따라잡다

작문 따라잡기
WRITING
2

다음 문장을 중작하세요.

1 네가 도착하면, 곧 나에게 편지를 써라, 내가 안심할放心 수 있도록.

_____

2 선생님이 어디 계신지 알려줘, 내가 그녀를 찾을 수 있도록.

_____

3 다 쓴 물건은 원래 위치位置에 갖다 두어야放回 해, 다음에 찾기 쉽도록.

_____

필수문장 따라잡기
SENTENCE
3

다음 문장을 중국어로 말해보세요.

1 중국에 도착한 다음에 바로 전화해라, 집안 식구들이 안심 할 수 있도록.

_____

2 우산을 가져 가거라, 비가 오면 사용할 수 있도록.

_____

3 빨리 좀 준비해라, 우리가 좀 더 일찍 출발할 수 있도록.

_____

4 내게 샤오리의 전화번호를 알려 줘, 내가 전화를 걸어 그녀에게 알려줄 수 있도록.

_____

day 1
day 2
day 3
day 4
day 5
day 6
day 7
day 8
day 9
day 10
day 11
day 12
day 13
day 14
day 15
day 16
day 17
day 18
day 19
day 20

041

…就…

丢就丢了，别总想着了。

Dīu jiù dīu le, bié zǒng xiǎngzhe le.

잃어버린 건 잃어버린 거지, 계속 생각하지 마라.

1. ~하자면 ~한다　2. ~하면 ~한대로

부정형 不…就… bù…jiù…

필수 어법

형식 동사 / 형용사 + 就 + 동사 / 형용사

❶ 就의 앞뒤에 같은 성분을 놓아 '어떤 동작을 하기로 했으면 ~한다'의 의미로, 그 행위나 동작이 별로 두려울 게 없다는 태도를 나타낸다.

说就说 말한다면 한다 ┃ 比就比 겨룬다면 겨룬다

不干就不干 안 한다면 안 한다 ┃ 不说就不说 말 안 하다면 안 한다

❷ 주어진 상황이나 조건이 불만족스러운 점이 없지 않지만, 마지못해 인정하거나 용납, 용인의 의미를 가지고 있어 아무래도 상관없다는 뜻을 나타낸다. 때로는 뒤에 어기조사 吧를 동반하기도 한다.

大就大吧 크면 큰대로 ┃ 贵就贵吧 비싸면 비싸라지 ┃ 少就少吧 적으면 적은대로

필수 문장

1 比就比，反正你赢不了我。

Bǐ jiù bǐ, fǎnzhèng nǐ yíngbuliǎo wǒ.

2 贵点儿就贵点儿吧，只要好看就行。

Guì diǎnr jiù guì diǎnr ba, zhǐyào hǎokàn jiù xíng.

3 干就干，你以为我不敢干吗？

Gàn jiù gàn, nǐ yǐwèi wǒ bùgǎn gàn ma?

4 少点儿就少点儿，反正少一两个也没关系。

Shǎo diǎnr jiù shǎo diǎnr, fǎnzhèng shǎo yì liǎng ge yě méi guānxi.

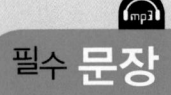

tip 赢(이기다)은 글씨 외우기가 참 어렵다. 이럴 때는 한자를 해부하여 '망구헐패범'이라고 외우면 쉽게 외워진다.
亡(망)口(구)月(헐)贝(패)凡(범)
=赢

단어 反正 fǎnzhèng 어쨌든 ┃ 赢 yíng 이기다 ┃ 敢 gǎn 감히 ~하다

회화 따라잡기 1
DIALOGUE

A 你敢跟我打篮球吗?
  Nǐ gǎn gēn wǒ dǎ lánqiú ma?

B 打就打，谁输了谁请客。
  Dǎ jiù dǎ, shéi shūle shéi qǐngkè.

  (打篮球后)

A 怎么样，你输了吧，今天你得请客。
  Zěnmeyàng, nǐ shūle ba, jīntiān nǐ děi qǐngkè.

B 请就请，咱们吃涮羊肉吧。
  Qǐng jiù qǐng, zánmen chī shuànyángròu ba.

> 단어 篮球 lánqiú 농구 ┃ 请客 qǐngkè 한턱 내다 ┃ 输 shū 지다 ┃ 涮羊肉 shuànyángròu 양고기 샤브샤브

작문 따라잡기 2
WRITING

다음 문장을 중작하세요.

1 크면 큰 대로, 대충凑合着 입어라.

_____

2 나는 안 한다면 안 한다干.

_____

3 비싸면 비싼 거지, 네가 좋아하면 그만이다就行.

_____

필수문장 따라잡기 3
SENTENCE

다음 문장을 중국어로 말해보세요.

1 겨루려면 겨뤄보자, 어쨌든 너는 나를 이길 수 없어.

_____

2 좀 비싸면 좀 비싸라지, 단지 예쁘기만 하면 돼.

_____

3 하면 하는 거지, 넌 내가 감히 못할 거라고 여기니?

_____

4 좀 적으면 적은 거죠 뭐, 어쨌든 한두 개 적어도 상관없어요.

_____

看样子

看样子他是一位有经验的老师。

Kànyàngzi tā shì yí wèi yǒu jīngyàn de lǎoshī.
보아하니 그는 경험이 있는 선생님이다.

삽의어 | 보아하니, 아마 ～일 것이다

동의어 看起来 kànqǐlai | 看上去 kànshàngqu | 看来 kànlai

필수 어법

상황을 근거로 사물에 대해서 추측을 할 때 사용되며, 삽입어로 쓰여, 주어 앞뒤에 모두 쓸 수 있다. 看起来(보아하니)와 같은 뜻이다.

看样子, 这位老师很有名。　보아하니. 이 선생님은 매우 유명하신 거 같다.
看样子, 这个人很有钱。　보아하니. 이 사람은 돈이 많은 거 같다.
这件事看样子能顺利办成。　이 일은 보아하니 순조롭게 해낼 수 있을 거 같다.
这位老人看样子很难应付。　이 노인은 대응하기 어려울 거 같다.

필수 문장

1 看样子快要下雨了, 我们赶快走吧。
Kànyàngzi kuài yào xià yǔ le, wǒmen gǎn kuài zǒu ba.

2 看样子他好像这几天没吃饭似的。
Kànyàngzi tā hǎoxiàng zhè jǐ tiān méi chī fàn shìde.

3 这么晚了, 看样子他不会来了, 咱们别等了。
Zhème wǎn le, kànyàngzi tā bú huì lái le, zánmen bié děng le.

4 看样子, 他没听懂我的话。
Kànyàngzi, tā méi tīngdǒng wǒ de huà.

> **tip** '快要…了(곧 ～하려 한다)'는 아직 발생하지 않았지만, 곧 일어날 일이므로 일어난 것과 진배없다 하여 了를 사용하였다.

단어 经验 jīngyàn 경험 | 赶快 gǎnkuài 재빨리

회화 따라잡기 DIALOGUE 1

A 他来了吗?
　　Tā lái le ma?

B 已经来了, 可是看样子他在外面有什么事。
　　Yǐjīng lái le, kěshì kàn yàngzi tā zài wàimiàn yǒu shénme shì.

A 有什么事?
　　Yǒu shénme shì?

B 我也不清楚, 反正他的脸色很难看。
　　Wǒ yě bù qīngchu, fǎnzhèng tā de liǎnsè hěn nánkàn.

> 단어 清楚 qīngchu 분명하다 | 脸色 liǎnsè 안색 | 难看 nánkàn (안색이) 좋지 않다

작문 따라잡기 WRITING 2

다음 문장을 중작하세요.

1 보아하니, 그는 내 말을 못 알아듣는 것 같다好像.

_____

2 보아하니, 그녀의 이 옷은 새로 산 것 같다. (옷 세는 양사 件)

_____

3 보아하니, 그는 대학생이 아니다.

_____

필수문장 따라잡기 SENTENCE 3

다음 문장을 중국어로 말해보세요.

1 보아하니 곧 비가 올 것 같다, 우리 얼른 가자.

_____

2 보아하니 그는 마치 요 며칠 밥을 안 먹은 것 같다.

_____

3 이렇게 늦었는데, 보아하니 그는 안 올 것 같다, 우리 그만 기다리자.

_____

4 보아하니 그는 나의 말을 못 알아들었다.

_____

day 1
day 2
day 3
day 4
day 5
day 6
day 7
day 8
day 9
day 10
day 11
day 12
day 13
day 14
day 15
day 16
day 17
day 18
day 19
day 20

HSK에 꼭 나오는 **필수상용어 128句** 101

043

还是…好

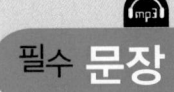

tip 挑는 '고르다'라는 뜻이며, HSK 독해 1부분에서는 选择(xuǎnzé 선택하다)와 동의어로 출제된다.

我挑了半天，还是觉得韩国的最好。

Wǒ tiāole bàntiān, háishi juéde Hánguó de zuì hǎo.

내가 한참을 골랐지만, 그래도 한국 것이 가장 좋은 것 같다.

부사 | 아무래도 ~하는 게 낫겠다

역시 ~하는 것이 더 낫다

필수 어법

여기서 还是는 여러가지 선택 가능한 상황에서 비교를 거쳐 더 나은 것을 선택하였다는 뜻인 '아무래도 ~하는게 좋겠다'라는 의미이다. 还是이하에 나오는 내용이 선택한 결과가 된다. 문미에 好를 쓰거나, 권유, 제의를 나타내는 어기조사 吧를 사용해도 된다.

还是我去好。　　　　아무래도 내가 가는게 낫겠다.

还是坐地铁吧。　　　아무래도 지하철 타는게 낫겠다.

还是早点儿出发吧。　아무래도 일찍 출발하는게 좋겠다.

★ 还是는 부사로 '여전히, 아직도'라는 뜻과, 선택 의문문에서 'A 아니면 B?'라는 선택의 의미를 가지고 있다.

几年没见面，你还是老样子。　　몇 년 동안 못 만났는데, 너 아직도 옛 모습 그대로구나. (부사)

先有鸡还是先有蛋?　　　　　　　닭이 먼저예요? 아니면 달걀이 먼저예요? (선택의문문)

필수 문장

1 公共汽车太挤了，还是坐出租汽车好。

Gōnggòngqìchē tài jǐ le, háishi zuò chūzūqìchē hǎo.

2 我们下星期去香山还是去故宫? -还是去香山好吧。

Wǒmen xià xīngqī qù Xiāngshān háishi qù Gùgōng? - Háishi qù Xiāngshān hǎo ba.

3 我不喜欢流行歌曲，还是听古典音乐好。

Wǒ bù xǐhuan liúxíng gēqǔ, háishi tīng gǔdiǎn yīnyuè hǎo.

tip 마음이나 성격이 잘 맞으면 合得来라고 하고, 대화가 잘 통하면 谈得来라고 한다.

4 你和爱人合不来，还是离婚好。

Nǐ hé àiren hébulái, háishi líhūn hǎo.

단어 挑 tiāo 고르다 | 挤 jǐ 붐비다 | 流行歌曲 liúxíng gēqǔ 유행가 | 古典音乐 gǔdiǎn yīnyuè 클래식음악 | 合不来 hébulái 마음이 맞지 않다 | 离婚 líhūn 이혼

회화 따라잡기
DIALOGUE 1

A 几年没看到你了，难道是出国了？
　　Jǐ nián méi kàndao nǐ le, nándào shì chūguó le?

B 是的。去留学了。
　　Shì de. Qù liúxué le.

A 感觉怎么样？
　　Gǎnjué zěnmeyàng?

B 走来走去还是自己国家好。
　　Zǒu lái zǒu qù háishi zìjǐ guójiā hǎo.

> 단어 出国 chūguó 출국하다 | 感觉 gǎnjué ～라고 느끼다

작문 따라잡기
WRITING 2

다음 문장을 중작하세요.

1 아무래도 네가 한번一趟 갔다 오는 게 좋겠다.

_____

2 날이 흐려졌어阴, 아무래도 우산雨伞을 가져가는带 게 좋겠어.

_____

3 비록 좀 비싸지만, 그래도 한국 것이 좋다.

_____

필수문장 따라잡기
SENTENCE 3

다음 문장을 중국어로 말해보세요.

1 버스는 너무 붐벼, 아무래도 택시를 타는 게 낫겠어.

_____

2 우리 다음 주에 샹산에 갈까? 고궁에 갈까? -아무래도 샹산에 가는 게
좋겠어.

_____

3 나는 유행가를 좋아하지 않는다, 역시 클래식 음악을 듣는 게 낫다.

_____

4 당신과 부인의 성격이 안 맞는다면, 이혼하는 게 낫습니다.

_____

044 好不容易(好容易)

好不容易找到一个工作, 钱多钱少都不在乎。

Hǎoburóngyi zhǎodào yí ge gōngzuò, qián duō qián shǎo dōu bú zàihu.

어렵사리 직업을 구해서, 돈이 많고 적고는 개의치 않는다.

부사 | 아주 어렵사리, 겨우, 간신히

동의어 好容易 hǎoróngyì | 很难 hěn nán

필수 어법

어떤 일을 이루어 내는데 매우 힘들고 어려웠음을 나타내거나, 어떤 상황이 아주 어렵게 출현 했다는 뜻을 나타내며, 일반적으로 뒤에 才와 연용해서 쓴다. 이 표현은 HSK 청취 시험에서 자주 등장하는데, 동의어로는 好容易(어렵사리)가 있다. '매우 쉽게'라는 표현은 很容易라고 하면 된다.

好容易才买到去北京的机票。　베이징 가는 비행기표를 어렵사리 샀다.

好容易才听明白他的意思。　그의 말뜻을 겨우 알아 들었다.

好不容易才找到这份工作。　이 일자리는 아주 힘들게 구했다.

★ 好不는 부사로 이음절 형용사 앞에 쓰여 그 정도가 높음을 의미하며, 감탄의 어투도 함께 가지고 있다. 긍정과 부정의 뜻이 동일하다.

好不热闹=好热闹　매우 시끌벅적하다

필수 문장

1. 大家好不容易聚在一起, 好好儿喝几杯。
Dàjiā hǎoburóngyi jù zài yìqǐ, hǎohāor hē jǐ bēi.

2. 我好不容易修好了录音机, 又被他弄坏了。
Wǒ hǎoburóngyi xiūhǎole lùyīnjī, yòu bèi tā nònghuài le.

3. 哥哥好不容易考上了大学。
Gēge hǎoburóngyi kǎoshàngle dàxué.

4. 今天考试的题太多了, 我好不容易才做完。
Jīntiān kǎoshì de tí tài duō le, wǒ hǎoburóngyi cái zuòwán.

tip 피동문 被는 화자가 원치 않은 일 또는 자신이 주도적으로 한 일이 아니고 다른 누군가에 의해서 어떻게 처치되었을 때 사용하는 전치사이다. 被 앞에는 피해를 당한 대상이 나오고, 뒤에는 가해자가 나온다.

단어 聚 jù 모이다 | 修 xiū 고치다 | 弄坏 nònghuài 망가뜨리다

회화 따라잡기
DIALOGUE 1

A 妈妈，我的汽车模型哪儿去了？
Māma, wǒ de qìchē móxíng nǎr qù le?

B 让我扔到垃圾桶了。
Ràng wǒ rēngdào lājītǒng le.

A 你怎么给我扔了，那是我 好不容易 才组装起来的。
Nǐ zěnme gěi wǒ rēng le, nà shì wǒ hǎoburóngyi cái zǔzhuāng qǐlai de.

B 你不好好学习，整天捣鼓那些汽车模型有什么用呢？
Nǐ bù hǎohāo xuéxí, zhěngtiān dǎogu nà xiē qìchē móxíng yǒu shénme yòng ne?

> 단어 模型 móxíng 모형 | 扔 rēng 버리다 | 垃圾桶 lājītǒng 쓰레기통 | 捣鼓 dǎogu 만지작거리다

작문 따라잡기
WRITING 2

다음 문장을 중작하세요.

1 어렵사리 축구 표足球票를 샀다.

_____

2 나는 어렵사리 컴퓨터电脑를 고쳤다修好.

_____

3 나는 졸업毕业한 지 3년이 되어서야 어렵사리 겨우才 일자리를 찾았다.

_____

필수문장 따라잡기
SENTENCE 3

다음 문장을 중국어로 말해보세요.

1 모두들 어렵사리 함께 모였으니, 술 한번 실컷 마셔보자.

_____

2 내가 어렵사리 녹음기를 고쳐 놓았는데, 또 그 때문에 망가졌다.

_____

3 오빠가 어렵사리 대학시험에 붙었다.

_____

4 오늘 시험문제가 너무 많았다, 나는 어렵사리 겨우 풀었다.

_____

045 凑合

这个房间比较小，你凑合着住吧。

Zhè ge fángjiān bǐjiào xiǎo, nǐ còuhezhe zhù ba.

이 방은 비교적 작지만, 당신 그런대로 묵으세요.

관용어 | 임시변통하다, 아쉬운 대로 지내다, 대충대충 넘기다

유의어 马马虎虎 mǎmahūhū 그럭저럭 괜찮다
基本可以 jīběn kěyǐ | 别要求太高 bié yàoqiú tài gāo |
这就不错了 zhè jiù búcuò le 대충 때우다

필수 어법

凑合는 크게 두 가지 뜻으로 나눈다. '어떤 상태나 조건이 흡족치 않아도 다른 선택의 여지가 없으니 어쩔 수 없다, 아쉬운 대로 견디자'라는 뜻과 '어떤 일을 할 때 진지하거나 열심히 하지 않고 대충대충 한다'는 뜻이 있다.

凑合着就行了。　대충하면 되지 뭐.
一辈子只有一次的婚礼决不能凑合。
평생에 한 번 있는 결혼식인데, 절대 대충 할 수는 없지.

她本来想离婚，但为了孩子，她决定凑合着过。
그는 원래 이혼하려고 했으나, 아이를 위해 그냥 살기로 했다.

필수 문장

1 饭馆还没开门，我这儿有方便面，大家凑合着吃吧。
Fànguǎn hái méi kāimén, wǒ zhèr yǒu fāngbiànmiàn, dàjiā còuhezhe chī ba.

2 那次旅行，没找到宾馆，我们在野外凑合着住了一夜。
Nà cì lǚxíng, méi zhǎodào bīnguǎn, wǒmen zài yěwài còuhezhe zhùle yí yè.

3 这辆车比较旧，你凑合着开吧。
Zhè liàng chē bǐjiào jiù, nǐ còuhezhe kāi ba.

4 大就大点儿，先凑合着穿吧。
Dà jiù dà diǎnr, xiān còuhezhe chuān ba.

tip 方便面은 말 그대로 편리(方便)한 면이다. 사발면뿐만 아니라 끓여먹는 라면도 모두 方便面에 속한다.
예) 煮的 끓여 먹는 라면
泡的 물을 부어 먹는 사발면
碗面 용기가 사발같이 생긴 사발면

단어 方便面 fāngbiànmiàn 라면 | 宾馆 bīnguǎn 호텔 | 野外 yěwài 야외 | 辆 liàng 대(차를 세는 양사) |
旧 jiù 낡다, 오래되다 | 厚 hòu 두껍다

회화 따라잡기 DIALOGUE 1

A 家里寄的厚衣服收到了吗?
　Jiāli jì de hòu yīfu shōudào le ma?

B 还没有。
　Hái méiyǒu.

A 这是我哥哥的衣服，虽然大点儿，不过还很干净，你先
　凑合着穿，好不好?
　Zhè shì wǒ gēge de yīfu, suīrán dà diǎnr, búguò hái hěn gānjìng, nǐ xiān
　còuhezhe chuān, hǎo bu hǎo?

B 那我就不客气了，谢谢你。
　Nà wǒ jiù bú kèqi le, xièxie nǐ.

> 단어 干净 gānjìng 깨끗하다

작문 따라잡기 WRITING 2

다음 문장을 중작하세요.

1 이 옷은 좀 유행이 지났어过时, 우선 아쉬운 대로 입어라.

_____

2 나는 보통一般 점심을 안 먹는데, 기왕既然 샀으니 아쉬운 대로 조금 먹을게.

_____

3 다른 펜笔이 없으니 아쉬운 대로 사용해라.

_____

필수문장 따라잡기 SENTENCE 3

다음 문장을 중국어로 말해보세요.

1 식당이 아직 문을 안 열었어요. 저한테 라면이 있으니,
　모두들 그럭저럭 때우지요.

_____

2 지난번 여행에서 여관을 찾지 못해, 우리들은 야외에서 대충 하룻밤을 묵었다.

_____

3 이 자동차가 비교적 낡았지만, 너는 아쉬운 대로 몰아라.

_____

4 크면 좀 큰 대로, 우선 대충 입으세요.

_____

046 管闲事

他什么事都爱管，所以大家给他起个外号叫
"管闲事先生"。

Tā shénme shì dōu ài guǎn, suǒyǐ dàjiā gěi tā qǐ ge wàihào jià
'guǎn xiánshì xiānsheng'.

그는 무슨 일이든지 참견하기를 좋아한다, 그래서 사람들은 그에게
'참견 선생'이라는 별명을 지어주었다.

관용어 | 남의 일에 쓸데없이 참견하다

필수 어법

'管(상관하다)＋闲(한가하다)＋事(일)'로 조합된 管闲事은 한가롭게 남의 일에 상관
하고, 참견하는 것을 의미한다.

爱管闲事　　남의 일에 상관하는 것을 좋아한다
少管闲事。　쓸데없이 남의 일에 간섭하지 마라.
居委会的大妈尤其喜欢管大家的闲事。
주민회의 아주머니들은 특히 남의 일에 신경쓰기를 좋아한다.

我最讨厌随便管闲事的人。나는 함부로 남의 일에 참견하는 사람을 제일 싫어한다.

필수 문장

1 他们夫妻吵架，你不要管闲事。
Tāmen fūqī chǎojià, nǐ bú yào guǎn xiánshì.

2 这事跟你没有关系，你少管闲事。
Zhè shì gēn nǐ méiyǒu guānxi, nǐ shǎo guǎn xiánshì.

3 他(就)喜欢管闲事。
Tā (jiù) xǐhuan guǎn xiánshì.

4 这位老大爷真爱管闲事。
Zhè wèi lǎodàye zhēn ài guǎn xiánshì.

tip 吵架에서 吵의 부수가
입구(口)이므로 '입으로 말다툼
하다'의 뜻으로 쓰이고, 打架에서
打는 '때리다'의 뜻이 있으므로
몸으로 치고 박고 싸운다는
의미이다.

단어 起外号 qǐ wàihào 별명을 붙이다 | 老大爷 lǎodàye 어르신

회화 따라잡기 DIALOGUE **1**

A 我劝过你好几次了，还那么爱管闲事!
　Wǒ quànguo nǐ hǎo jǐ cì le, hái nàme ài guǎn xiánshì!

B 虽然和我关系不大，可这些事儿没人管也不行啊!
　Suīrán hé wǒ guānxi bú dà, kě zhè xiē shìr méi rén guǎn yě bùxíng a!

A 你又不是他的父母，不要管他。
　Nǐ yòu búshì tā de fùmǔ, búyào guǎn tā.

B 话不能这么说。只要对他有好处，我就应该做。
　Huà bùnéng zhème shuō. Zhǐyào duì tā yǒu hǎochù, wǒ jiù yīnggāi zuò.

> 단어 关系 guānxi 관계, 상관 ｜ 好处 hǎochù 장점

작문 따라잡기 WRITING **2**

다음 문장을 중작하세요.

1 쓸데없는 일에 참견하지 마, 알겠어 모르겠어?

　_____

2 나는 쓸데없이 참견하는 사람을 가장 싫어한다.讨厌

　_____

3 다른 사람이 어떻게 하든 넌 참견하지 말아라.

　_____

필수문장 따라잡기 SENTENCE **3**

다음 문장을 중국어로 말해보세요.

1 그들 부부는 말다툼을 하니까, 너는 참견하지 마라.

　_____

2 이 일은 너와 관계 없으니, 너는 참견하지 마라.

　_____

3 그는 남 일에 상관하는 것을 좋아한다.

　_____

4 이 어르신은 남의 일에 상관하는 것을 정말 좋아한다.

　_____

耳根软

他这个人耳根软, 叫他做什么他就做什么。

Tā zhè ge rén ěrgēn ruǎn, jiào tā zuò shénme tā jiù zuò shénme.

그 녀석은 귀가 너무 얇아서 시키는 대로 다 한다.

관용어 | 귀가 얇다, 남의 말을 잘 믿는다

반대어 有主见 yǒu zhǔjiàn 자기 주관이 있다

필수 어법

남의 말을 쉽게 믿거나, 남의 말을 듣고 자신의 생각을 쉽게 바꾸는 사람을 보고 우리는 '귀가 얇다'고 한다. 중국사람들은 이 말을 耳根软이라고 한다.

耳根软的人常常没有主见. 귀가 얇은 사람은 종종 자기 주관이 없다.

能不能说服他, 就看他耳根软不软了.

그를 설득시킬 수 있느냐 없느냐는 그의 귀가 얇은지를 봐야 한다.

필수 문장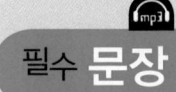

1 哥哥耳根软, 嫂子说什么他就信什么。

Gēge ěrgēn ruǎn, sǎozi shuō shénme tā jiù xìn shénme.

2 耳根软的人当不了老板。

Ěrgēn ruǎn de rén dāngbuliǎo lǎobǎn.

3 你是班长, 可不能耳根软。

Nǐ shì bānzhǎng, kě bù néng ěrgēn ruǎn.

4 你的耳根太软了, 女朋友叫你干什么你就干什么。

Nǐ de ěrgēn tài ruǎn le, nǚpéngyou jiào nǐ gàn shénme nǐ jiù gàn shénme.

> tip 什么를 두 번 사용하여 임의의 것을 지칭한다. 형수가 무엇을 말할지 모르니 의문대명사 什么를 써서 나타내고, 또한 어떤 말인지 아직 결정되어지지 않았으니, 무엇을 믿어야 하는지도 아직 불명확하기 때문에 또 다시 의문대명사 什么를 써서 나타낸다.

단어 耳根 ěrgēn 귀뿌리 | 软 ruǎn 연하다 | 嫂子 sǎozi 형수 | 当 dāng ~이 되다 | 老板 lǎobǎn 사장 | 班长 bānzhǎng 반장

A 你觉得谁当班长最好呢?
　Nǐ juéde shéi dāng bānzhǎng zuì hǎo ne?

B 我觉得丽丽当班长最合适。
　Wǒ juéde Lìli dāng bānzhǎng zuì héshì.

A 我想她的耳根太软，耳根软的人当不了班长。
　Wǒ xiǎng tā de ěrgēn tài ruǎn, ěrgēn ruǎn de rén dāngbuliǎo bānzhǎng.

B 听你这么一说，你说的是对的。
　Tīng nǐ zhème yì shuō, nǐ shuō de shì duì de.

작문 **따라잡기**
WRITING

2

다음 문장을 중작하세요.

1 그는 귀가 얇아서 다른 사람의 말을 쉽게 믿는다相信.

_____

2 귀가 얇은 사람은 어떤 큰 일을 할 수 없다做不了.

_____

3 나는 귀 얇은 남자를 제일 싫어한다.

_____

필수문장 **따라잡기**
SENTENCE

3

다음 문장을 중국어로 말해보세요.

1 형은 귀가 너무 얇아서 형수가 뭐라고 하면 다 믿는다.

_____

2 귀가 얇은 사람은 사장이 될 수 없다.

_____

3 너는 반장이니, 귀가 얇아서는 안 된다.

_____

4 넌 귀가 너무 얇아, 여자친구가 너에게 뭐를 하라고 시키면 넌 뭐든지 다 한다.

_____

048 开夜车

经常开夜车，对身体不好。

Jīngcháng kāi yèchē, duì shēntǐ bù hǎo.

자주 밤을 새우면 몸에 안 좋다.

밤을 새워 일하다, 공부하다

동의어 熬夜 áoyè | 通宵 tōngxiāo

필수 어법

开夜车가 HSK 청취 문제에 나오면 초보 학습자들은 자기 나름대로 생각하길 '밤에 나가서 운전을 하나?'라고 상상의 나래를 펴기도 한다. 하지만, 开夜车는 관용적 표현으로 밤을 새워가며 일을 하거나 공부하는 것을 지칭한다. 하지만, 밤을 새워 놀 때는 开夜车라고 하지 않고 熬夜라는 표현을 쓰는 것을 잊지 말자.

开了两天夜车 이틀 동안 밤을 새다
开夜车学习　밤 새워 공부하다
我开不了夜车 나는 밤을 새지 못한다

★ 熬夜 : 밤 새워 공부하거나, 일 할 때, 밤 새워 놀 때도 쓴다.

熬夜工作 밤 새워 일하다 | 熬夜喝酒 밤 새워 술 마시다 | 熬夜打牌 밤 새워 카드놀이 하다

필수 문장

1 因为昨天开夜车，他的眼睛都红了。
Yīnwèi zuótiān kāi yèchē, tā de yǎnjing dōu hóng le.

2 他已经养成了开夜车的习惯。
Tā yǐjīng yǎngchéngle kāi yèchē de xíguàn.

3 我得开夜车，才能把作业做完。
Wǒ děi kāi yèchē, cái néng bǎ zuòyè zuòwán.

tip 동사 养成은 목적어 习惯과 자주 함께 나오며, HSK 종합 부분에 출제된다.

4 妈妈陪我开了好几天夜车。
Māma péi wǒ kāile hǎo jǐ tiān yèchē.

tip 开夜车는 붙고 떨어짐이 가능한 이합사(동빈구조)이므로, 동태조사 了와 시량보어 几天은 开夜车 사이에 넣어준다. 여기서 好는 불특정한 수량사 앞에 쓰여 수량이 많음을 의미한다.

단어 经常 jīngcháng 자주 | 养成 yǎngchéng 양성하다, 기르다 | 习惯 xíguàn 습관 | 陪 péi 모시다, 함께 해주다

day 1
day 2
day 3
day 4
day 5
day 6
day 7
day 8
day 9
day 10
day 11
day 12
day 13
day 14
day 15
day 16
day 17
day 18
day 19
day 20

회화 따라잡기
DIALOGUE 1

A 你的报告准备好了吗?
　Nǐ de bàogào zhǔnbèi hǎo le ma?

B 准备好了。昨天我开了夜车才做完。
　Zhǔnbèi hǎo le. Zuótiān wǒ kāile yèchē cái zuòwán.

A 辛苦了。
　Xīnkǔ le.

B 没事儿。
　Méi shìr.

> 단어 辛苦 xīnkǔ 수고하다

작문 따라잡기
WRITING 2

다음 문장을 중작하세요.

1 오늘 밤은 밤을 새우지 말고, 일찍 쉬어라休息.

_____

2 만약 자주 밤을 새우면, 피부皮肤에 안 좋다.

_____

3 나는 만약 밤을 새우면, 몸이 견딜 수 없다受不了.

_____

필수문장 따라잡기
SENTENCE 3

다음 문장을 중국어로 말해보세요.

1 어제 밤을 샜기 때문에, 그의 눈이 다 빨개졌다.

_____

2 그는 이미 밤을 새우는 것이 습관이 되었다.

_____

3 나는 밤을 새워야만, 비로소 숙제를 다 할 수 있다.

_____

4 엄마가 나와 함께 며칠 밤을 새어 주셨다.

_____

연습문제

다음 뜻과 어울리는 관용어를 연결해 보세요.

❶ 남의 일에 상관하다　•　　　　　•　凑合

❷ 밤을 새다　　　　　•　　　　　•　管闲事

❸ 귀가 얇다　　　　　•　　　　　•　耳根软

❹ 아쉬운 대로 ~하다　•　　　　　•　开夜车

다음 상용어를 사용하여 빈칸을 채워 보세요.

刚	非	好	过来	到底	凑合	还是	怪不得

❶ 事情到了这个地步, 这 ＿＿＿＿＿ 是谁的责任?

❷ 虽然父母反对, 但我 ＿＿＿＿＿ 要嫁给他不可。

❸ 家里没什么可吃的, 你先 ＿＿＿＿＿ 着吃吧。

❹ 我 ＿＿＿＿＿ 到韩国的时候什么都不习惯, 特别是饮食方面。

❺ ＿＿＿＿＿ 找不到钥匙, 原来是你拿走了啊!

❻ 这个字写得不对, 你赶快把它改 ＿＿＿＿＿ !

❼ 只希望快点结束这一切, ＿＿＿＿＿ 让我开始过新的生活。

❽ 你脸色那么不好, 我看你 ＿＿＿＿＿ 先回家吧。

다음 문장을 중작하세요.

❶ 선생님에게 있어서, 너는 영원한 학생이야.

＿＿＿＿＿＿＿＿＿＿＿＿＿＿＿＿＿＿＿＿＿＿＿＿＿＿

❷ 보아하니, 그는 정신병 있는 것 같다.

＿＿＿＿＿＿＿＿＿＿＿＿＿＿＿＿＿＿＿＿＿＿＿＿＿＿

❸ 나는 어렵사리 축구표를 샀다.

＿＿＿＿＿＿＿＿＿＿＿＿＿＿＿＿＿＿＿＿＿＿＿＿＿＿

亡羊补牢

wáng yáng bǔ láo

소 잃고 외양간 고친다

옛날에 양을 많이 기르는 사람이 있었다. 어느 날 아침, 그는 양을 풀어줬는데 양 한 마리가 없어진 걸 발견했다. 도대체 양이 어디로 간 걸까? 알고 보니 양 우리에 구멍이 하나 나 있었다. 밤에 늑대가 이 구멍으로 들어와 양 한 마리를 먹은 것이었다.

이웃이 그에게 충고하며, "빨리 양 우리를 고치세요!"라고 했다. 하지만 그는, "양을 이미 잃어버렸는데, 지금 양 우리를 고치면 무슨 소용이 있어요!"라며, 이웃의 충고를 받아들이지 않았다.

이튿날 아침, 그는 또 양이 없어진 걸 발견했다. 늑대가 또 그 구멍으로 들어와 양을 먹어버린 것이었다. 그제서야 그는 이웃의 말이 맞았다는 것을 깨닫고, 당장 양 우리를 고쳤다. 그리고 난 후에, 그의 양은 다시는 늑대에게 잡아 먹히지 않았다.

고대한어를 보면 '亡'은 '잃어버리다(丢失)'의 뜻이고, '牢'는 소와 양을 키우는 우리를 말한다. 이 고사성어의 뜻은 '일을 하면서 잘못을 했을 때는 곧바로 고쳐도 늦지 않는다'이다.

참고!

우리나라에서는 '소 잃고 외양간 고친다'고 하여, 이미 잃어버린 소의 외양간을 고쳐 봤자 소용없다'라는 의미로 쓰이지만, 중국에서는 떼를 지어 다니는 것이 특징인 양을 사용한 고사성어로 의미가 우리나라와 다릅니다. 양은 여러 마리가 있으니 한 마리를 잃어버렸더라도 그때라도 고치면 때는 늦지 않다는 의미를 지니고 있습니다.

HSK에 꼭 나오는

WEEK 4

필수**상용어** 128句

JRC

O49

好像…似的

这个故事好像在书上看过似的。

Zhè ge gùshi hǎoxiàng zài shūshang kànguo shìde.

이 이야기는 내가 책에서 본 적이 있는 것 같다.

동사, 부사 | 1. 마치 ~인 것 같다   2. ~하는 것 같다

동의어 好像…一样 hǎoxiàng…yíyàng | 好像…一般 hǎoxiàng…yìbān

仿佛…似的 fǎngfú…shìde | 如同 rútóng

필수 어법

好像은 '흡사 ~인거 같다'는 비유적 의미와 '~인거 같다'라는 추측의 느낌을 나타낸다. 뒤에 似的, 一样 등과 호응할 수 있다. 주관적인 견해를 나타내는 표현이므로, 문장 맨 앞이나 문장 중간에 看起来, 看样子, 看上去 등을 쓰기도 한다.

비유   好像春天一样暖和。   마치 봄처럼 따뜻하다.
　　　好像中国人一样说得好。   마치 중국인처럼 말을 잘한다.

추측   好像很困似的。   매우 졸린 거 같다.
　　　好像快要下雨了。   곧 비가 올 거 같다.

필수 문장

1 这里电灯亮得好像白天似的。
Zhèli diàndēng liàng de hǎoxiàng báitiān shìde.

2 他们俩好像很熟悉似的。
Tāmen liǎ hǎoxiàng hěn shúxī shìde.

 어떤 사람과 안면이 있는 것은 아니지만, 그 사람의 존재를 알고 있을 경우에는 知道를 쓴다. 서로 통성명을 했으며 안면이 있으면 认识라고 하며, 좀 더 발전되어 서로에 대해 비교적 잘 안다면 熟悉를 사용한다.

3 我看他好像有什么心事似的。
Wǒ kàn tā hǎoxiàng yǒu shénme xīnshì shìde.

4 她长得很漂亮，好像电影演员似的。
Tā zhǎng de hěn piàoliang, hǎoxiàng diànyǐng yǎnyuán shìde.

단어 故事 gùshi 이야기 | 电灯 diàndēng 전등 | 白天 báitiān 대낮 | 熟悉 shúxī 익숙하다 | 心事 xīnshì 걱정거리 | 演员 yǎnyuán 연기자

A 注意刚才路过的人了吗？

　　Zhùyì gāngcái lùguò de rén le ma?

B 看到了，好像在哪里见过似的。

　　Kàndao le, hǎoxiàng zài nǎli jiànguo shì de.

A 没错，不正是韩国明星宋慧乔嘛。

　　Méi cuò, bú zhèngshì Hánguó míngxīng Sòng Huìqiáo ma.

B 等我一会儿，我要去和她合个影。

　　Děng wǒ yíhuìr, wǒ yào qù hé tā hé ge yǐng.

> 단어 明星 míngxīng 스타, 연예인 ｜ 合影 héyǐng 함께 사진을 찍다, 단체사진

다음 문장을 중작하세요.

1 그는 지금 마치 아주 피곤한困 것 같다.

_____

2 그는 마치 무슨 급한 일急事이 있는 것 같다.

_____

3 그는 마치 요 며칠 동안 세수洗脸를 안 한 것 같다.

_____

다음 문장을 중국어로 말해보세요.

1 이곳의 전등은 마치 대낮처럼 밝다.

_____

2 그들 둘은 마치 매우 잘 아는 것 같다.

_____

3 내가 보기에 그는 마치 무슨 걱정거리가 있는 것 같다.

_____

4 그녀는 아주 예쁘게 생긴 게, 마치 영화배우 같다.

_____

050 何必

不过是一件小事罢了, 何必大惊小怪呢!

Búguò shì yí jiàn xiǎoshì bà le, hébì dàjīngxiǎoguài ne!

단지 하나의 작은 일일 뿐인데, 어찌 그렇게 놀라십니까?

부사 | 구태여 ~할 필요가 있는가

동의어 不必 búbì 그럴 필요 없다

유사어 何苦 hékǔ

필수 어법

何必(굳이 ~할 필요가 있겠는가)는 '~할 필요가 없다'는 반어문의 어기로 쓰이며, 문미에 呢가 온다. 何必는 단독으로 쓰일 수도 있고, 동사, 형용사, 명사와 함께 쓰일 수도 있다.

何必呢? 굳이 그럴 필요가 있니? (단독사용)

何必坐车呢? 굳이 차타고 갈 필요 있니? (동사와 결합)

何必这么客气呢? 굳이 이렇게 체면 차릴 필요 있니? (형용사와 결합)

为了别人牺牲那么多, 何必呢? 다른 사람을 위해 그렇게 많은 희생을 할 필요가 있니?

你何必为那种人卖命呢? 그런 사람을 위해서 그렇게 고생할 필요가 있니?

필수 문장

1 天都这么黑了, 何必还要出去呢?

Tiān dōu zhème hēi le, hébì hái yào chūqu ne?

2 他还是个孩子, 何必生这么大的气?

Tā háishi ge háizi, hébì shēng zhème dà de qì?

3 咱们是老朋友嘛, 你何必这么客气呢?

Zánmen shì lǎo péngyou ma, nǐ hébì zhème kèqi ne?

4 为这种小事, 何必这么认真呢?

Wèi zhè zhǒng xiǎoshì, hébì zhème rènzhēn ne?

tip 어기조사 嘛는 의문의 어기조사 吗와 발음은 같지만, 나타내는 의미는 다르다. 嘛는 이치, 도리, 사실 등이 명백함을 표시하며, 일이 마땅히 이러해야 함을 나타낸다.

예) 不会就学嘛。
모르면 배워야 되잖니.
你去问他嘛。
그에게 물어보면 되잖아.

단어 大惊小怪 dàjīngxiǎoguài 별것 아닌 일에 크게 놀라다 | 老朋友 lǎo péngyou 오랜 친구

회화 따라잡기
DIALOGUE 1

A 你是不是喜欢那个女孩儿?
　　Nǐ shì bu shì xǐhuan nà ge nǚháir?

B 没错，我喜欢她。
　　Méi cuò, wǒ xǐhuan tā.

A 何必单相思呢，大胆地表白吧!
　　Hébì dānxiāngsī ne, dàdǎn de biǎobái ba!

B 她已经有男朋友了。
　　Tā yǐjīng yǒu nánpéngyou le.

단어 单相思 dānxiāngsī 짝사랑하다 | 表白 biǎobái 고백하다

작문 따라잡기
WRITING 2

다음 문장을 중작하세요.

1 우리는 친구인데, 굳이 이렇게 까지 사양할客气 필요가 뭐 있어?

_____

2 오늘 비가 오지 않을 텐데, 굳이 우산雨伞을 가지고 갈 필요 있어요?

_____

3 이렇게 작은 일 때문에 화내다니, 굳이 그럴 필요가 있어요?

_____

필수문장 따라잡기
SENTENCE 3

다음 문장을 중국어로 말해보세요.

1 날이 이렇게 저물었는데, 어찌 또 나가려고 하니?

_____

2 그는 아직 어린아이인데, 어떻게 이렇게 화를 많이 내니?

_____

3 우린 오랜 친구잖아, 너 굳이 이렇게까지 예의 차릴 필요 있니?

_____

4 이런 작은 일 때문에, 굳이 그렇게까지 진지할 필요 있겠어요?

_____

051 看中

看中的东西最好当时就买。

Kànzhòng de dōngxi zuì hǎo dāngshí jiù mǎi.

맘에 드는 물건은 당시에 바로 사는 것이 가장 좋다.

동사 | 마음에 들다, 눈에 들다

필수 어법

看은 '보다'의 뜻이며, 中은 4성으로 '맞히다, 명중하다, 들어맞다'의 의미로 주로 보어에 많이 쓰인다. 그렇다면 看中은 '눈에 들었다, 눈에 꽂혔다' 정도로 해석할 수 있겠다.

★ 中이 보어로 쓰인 경우

打中了	총을 쏘아 적중했다 (적중했다)
猜中了	추측해서 들어 맞다 (알아 맞췄다)
投中了	던져 명중했다 (골인 시켰다)
相中了	맞선을 봐서 맘에 들다
选中了	마음에 든 걸 선택하다
挑中了	마음에 드는 걸 고르다

필수 문장

1 他看中了丽丽，可不好意思开口。

Tā kànzhòngle Lìli, kě bùhǎoyìsi kāikǒu.

2 这些东西都过时了，哪个也看不中。

Zhè xiē dōngxi dōu guòshí le, nǎ ge yě kàn bu zhòng.

3 挑了半天，还没有看中的。

Tiāole bàntiān, hái méiyǒu kànzhòng de.

4 他看中了这件衣服。

Tā kànzhòngle zhè jiàn yīfu.

tip 过时는 '시기가 지나다, 유행이 지나다'는 뜻이며, 过期는 '유통기간이 지나다'는 뜻이다.

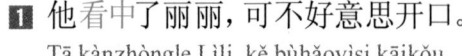
단어 当时 dāngshí 당시 | 不好意思 bùhǎoyìsi 부끄럽다, 쑥스럽다 | 过时 guòshí 유행이 지나다

회화 따라잡기
DIALOGUE 1

A 今天我看中了一款新出的套装, 有时间的话去买吧!
　Jīntiān wǒ kànzhòngle yì kuǎn xīnchū de tàozhuāng, yǒu shíjiān de huà qù mǎi ba!

B 你怎么整天都买衣服啊, 你都快成卖衣服的了。
　Nǐ zěnme zhěngtiān dōu mǎi yīfu a, nǐ dōu kuài chéng mài yīfu de le.

A 我不是就看中这一款嘛。
　Wǒ búshì jiù kànzhòng zhè yì kuǎn ma.

B 看中就非得要买下来吗?
　Kànzhòng jiù fēiděi yào mǎixiàlai ma?

> 단어 套装 tàozhuāng 슈트

작문 따라잡기
WRITING 2

다음 문장을 중작하세요.

1 내 마음에 든 물건은 나는 반드시 사고야 만다.

_____

2 한참 동안이나 돌아다녔는데逛, 여전히 마음에 드는 게 없다.

_____

3 어제 산 치마가裙子 마음에 들었는데, 너무 비쌌다. (치마의 양사 条)

_____

필수문장 따라잡기
SENTENCE 3

다음 문장을 중국어로 말해보세요.

1 그는 리리한테 반했지만, 입을 열기가 쑥스럽다.

_____

2 이런 물건들은 모두 한 물 갔다, 어느 것도 맘에 들지 않는다.

_____

3 한참을 골랐는데도, 아직 맘에 드는 것을 못 찾았다.

_____

4 그는 이 옷이 맘에 들었다.

_____

052 何况…呢?

老王连电影都没时间看, 何况去旅行呢?

Lǎo Wáng lián diànyǐng dōu méi shíjiān kàn, hékuàng qù lǚxíng ne?

라오왕은 영화조차도 볼 시간이 없는데, 하물며 여행 가는 것이랴?

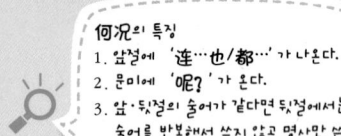

何况의 특징
1. 앞절에 '连…也/都…'가 나온다.
2. 문미에 '呢?'가 온다.
3. 앞·뒷절의 술어가 같다면 뒷절에서는 술어를 반복해서 쓰지 않고 명사만 쓴다.

접속사 | ～조차도 ～한데, 하물며 ～할 나위가 있겠는가?

필수 어법

何况은 반문의 어기를 나타내며, 두 가지 중에서 뒤쪽이 한층 더 심함을 나타낸다. 뒷절에 何况을 쓰며, 동사는 다시 중복해서 쓰지는 않는다. 앞절에는 '심지어 ～조차도 ～한데'인 连…都(也)…'가 올 수 있다.

형식 连…都…, 何况…呢?

连孩子都明白, 何况大人呢?   애들도 아는데, 하물며 어른이랴?
连老师也不清楚, 何况学生呢?   선생님도 잘 모르는데, 하물며 학생이랴?

필수 문장

1 你连走路都很累, 何况去上班呢?
Nǐ lián zǒulù dōu hěn lèi, hékuàng qù shàngbān ne?

2 留学生连电影都看不懂, 何况京剧呢?
Liúxuéshēng lián diànyǐng dōu kàn bu dǒng, hékuàng jīngjù ne?

3 连外国人都知道长城, 何况中国人呢?
Lián wàiguórén dōu zhīdao Chángchéng, hékuàng Zhōngguórén ne?

4 连老师也不知道, 何况学生呢?
Lián lǎoshī yě bù zhīdào, hékuàng xuésheng ne?

단어 京剧 jīngjù 경극 | 长城 Chángchéng 만리장성

회화 따라잡기 DIALOGUE 1

A 你一个月的工资是多少?
　　Nǐ yí ge yuè de gōngzī shì duōshao?

B 不到4,000元。
　　Búdào sìqiān yuán.

A 不会吧, 正好够你花。有点少。
　　Búhuì ba, zhènghǎo gòu nǐ huā. Yǒu diǎn shǎo.

B 我也没办法啊, 我们部门经理一个月5,000元, 何况我们职员呢。
　　Wǒ yě méi bànfǎ a, wǒmen bùmén jīnglǐ yí ge yuè wǔqiān yuán, hékuàng wǒmen zhíyuán ne.

> 단어 够 gòu 충분하다, 넉넉하다 | 部门 bùmén 부서 | 职员 zhíyuán 직원

작문 따라잡기 WRITING 2

다음 문장을 중작하세요.

1 어린 아이들조차 이 도리道理를 아는데, 하물며 어른大人이랴?

_____

2 나는 빵面包 살 돈조차도 없는데, 하물며 케이크蛋糕는?

_____

3 이 일은 아빠조차 모르는데, 하물며 남동생이랴?

_____

필수문장 따라잡기 SENTENCE 3

다음 문장을 중국어로 말해보세요.

1 너는 걷는 것조차도 피곤해 하면서, 하물며 출근하는 것이랴?

_____

2 유학생은 영화조차도 보고 이해할 수 없는데, 하물며 경극이랴?

_____

3 외국인조차도 만리장성을 아는데 하물며 중국인이랴?

_____

4 선생님조차도 모르는데 하물며 학생이랴?

_____

053 恨不得

我恨不得一下子就学会汉语。

Wǒ hènbudé yíxiàzi jiù xuéhuì Hànyǔ.
나는 단숨에 중국어를 마스터하지 못하는 게 안타깝다.

~할 수 없어 몹시 안타깝다, 간절히 ~하고 싶다

필수 어법

동사 앞에 쓰여 절실하게 어떤 일이 이루어지길 바라지만 현실적으로 실현되기 어렵다는 뜻을 지니고 있다. 언젠가 이루어질 수 있는 일에 恨不得를 사용할 수 없다. 따라서 실현 가능성이 있는 문장을 가망성이 없는 문장으로 만들어야 하는데, '지금, 당장'이라는 부사 马上, 立刻, 赶快, 就, 一下子 등을 함께 쓰면 된다.

형식 恨不得 + 실현 불가능한 일

恨不得一天有48个小时。 하루가 48시간이 아닌 게 안타깝다.
恨不得变成一只鸟。　　　 새 한 마리로 변하고 싶다.

형식 恨不得 + 马上 / 立刻 / 赶快 / 就 / 一下子 + 언젠가는 실현 가능한 일

恨不得一下子解决。　 한번에 해결하지 못한 것이 한스럽다.
恨不得马上回家。　　 집에 바로 돌아가지 못하는 것이 안타깝다.

필수 문장

1 春节快到了, 我恨不得马上回家乡去。
　 Chūnjié kuài dàole, wǒ hènbudé mǎshàng huí jiāxiāng qù.

tip 고향은 HSK 독해 1부분에 출제 되는데, 동의어로는 **故乡, 家乡, 老家**가 있다.

2 放假了, 我恨不得马上就去旅行。
　 Fàngjià le, wǒ hènbudé mǎshàng jiù qù lǚxíng.

3 我恨不得马上就能知道考试成绩。
　 Wǒ hènbudé mǎshàng jiù néng zhīdao kǎoshì chéngjì.

4 我急得要命, 恨不得马上就见到她。
　 Wǒ jí de yàomìng, hènbudé mǎshàng jiù jiàndào tā.

tip 중국의 설은 우리나라와 마찬가지로 신정설과 구정설로 나뉘는데, **春节**는 '구정 설'이고 **元旦**이 '신정 설'이다.

단어 一下子 yíxiàzi 단번에 | 家乡 jiāxiāng 고향 | 要命 yàomìng 형용사 / 동사 + 得 + 要命 매우 ~하다

회화 따라잡기 DIALOGUE 1

A 人的平均寿命是多少?
Rén de píngjūn shòumìng shì duōshao?

B 大概80吧!
Dàgài bāshí ba!

A 有点短, 恨不得自己变成一只乌龟, 能活几百年。
Yǒu diǎn duǎn, hènbudé zìjǐ biànchéng yì zhī wūguī, néng huó jǐ bǎi nián.

B 别开玩笑了。
Bié kāi wánxiào le.

> 단어 寿命 shòumìng 수명 | 乌龟 wūguī 거북이

작문 따라잡기 WRITING 2

다음 문장을 중작하세요.

1 나는 당장马上 가서 그를 만날 수 없는 게 안타깝다.

_____

2 나는 대단히 바빠서, 하루가 48시간이 아닌 게 안타깝다.

_____

3 친구들이 모두 돈이 많은 것을 보고, 언니도 갑자기 많은 돈을 벌고赚 싶어했다.

_____

필수문장 따라잡기 SENTENCE 3

다음 문장을 중국어로 말해보세요.

1 곧 춘절이다, 나는 바로 고향에 돌아가지 못하는 것이 안타깝다.

_____

2 방학을 했다, 나는 바로 여행가지 못하는 것이 안타깝다.

_____

3 나는 바로 시험성적을 즉시 알 수 없는 게 안타깝다.

_____

4 나는 급해 죽겠다, 그녀를 당장 만나지 못 하는 게 안타깝다.

_____

day 1
day 2
day 3
day 4
day 5
day 6
day 7
day 8
day 9
day 10
day 11
day 12
day 13
day 14
day 15
day 16
day 17
day 18
day 19
day 20

O54

两码事

结婚和恋爱是两码事。

Jiéhūn hé liàn'ài shì liǎngmǎshì.
결혼과 연애는 별개의 일이다.

서로 무관한 두 종류의 일(사물), 별개의 일

동의어 两回事 liǎng huí shì

반대어 一回事 yí huí shì ㅣ 不是两回事 bú shì liǎng huí shì 별개의 문제가 아니다

필수 어법

'两(둘) + 码(일의 종류, 가지) + 事(일)'의 조합으로 두 가지 종류의 일, 서로 연관성이 없고 별개의 문제라는 의미로 쓰인다.

这个问题跟那个问题是完全无关的两码事。
이 일과 그 일은 완전히 연관성이 없는 별개의 문제다.

필수 문장

1 这两个问题是两码事。
Zhè liǎng ge wèntí shì liǎngmǎshì.

2 当老师跟当教练完全是两码事。
Dāng lǎoshī gēn dāng jiàoliàn wánquán shì liǎngmǎshì.

3 幸福和成绩是两码事。
Xìngfú hé chéngjì shì liǎngmǎshì.

4 智商和情商是两码事。
Zhìshāng hé qíngshāng shì liǎngmǎshì.

 tip 商은 '몫, 수치'라는 뜻이다. 여기서 智는 '지혜'의 의미이므로 智商은 'IQ'를 나타내며, 情은 '감정'이라는 뜻이므로, 情商은 'EQ'를 의미한다.

단어 教练 jiàoliàn 코치 ㅣ 完全 wánquán 완전히 ㅣ 幸福 xìngfú 행복하다 ㅣ 智商 zhìshāng IQ ㅣ 情商 qíngshāng EQ

회화 따라잡기 DIALOGUE 1

A 你好，请问你对于自己在这次比赛中的失败有什么感受呢？

Nǐ hǎo, qǐngwèn nǐ duìyú zìjǐ zài zhè cì bǐsài zhōng de shībài yǒu shénme gǎnshòu ne?

B 我认为在这次比赛中没有获得金牌只是一次小小的失误，而不是失败。

Wǒ rènwéi zài zhè cì bǐsài zhōng méiyǒu huòdé jīnpái zhǐ shì yí cì xiǎoxiǎo de shīwù, ér búshì shībài.

A 是啊，失误和失败是两码事，希望你在下一次的比赛中取得优异的成绩。

Shì a, shīwù hé shībài shì liǎngmǎshì, xīwàng nǐ zài xià yí cì de bǐsài zhōng qǔdé yōuyì de chéngjì.

B 谢谢，我一定不会让大家失望的。

Xièxie, wǒ yídìng búhuì ràng dàjiā shīwàng de.

> 단어 获得 huòdé 얻다, 획득하다 | 优异 yōuyì 특이하다, 매우 우수하다

작문 따라잡기 WRITING 2

다음 문장을 중작하세요.

1 중국어를 배우는 것과 중국어를 가르치는 것은 별개의 일이다.

_____

2 이것은 별개의 일이다, 뒤섞지搅 말아라.

_____

3 방값房费과 수도전기세水电费는 별개의 것이다.

_____

필수문장 따라잡기 SENTENCE 3

다음 문장을 중국어로 말해보세요.

1 이 두 가지 문제는 별개의 일이다.

_____

2 선생을 하는 것과 코치를 하는 것은 완전히 별개의 일이다.

_____

3 행복과 성적은 별개의 것이다.

_____

4 IQ와 EQ는 별개의 것이다.

_____

day 1
day 2
day 3
day 4
day 5
day 6
day 7
day 8
day 9
day 10
day 11
day 12
day 13
day 14
day 15
day 16
day 17
day 18
day 19
day 20

或者…或者…

tip 随便은 '随(따르다)+便(편리함)'이 합쳐진 단어로 '마음대로, 좋을대로'라는 뜻이다. 你随便, 随你的便, 随便你 모두 사용 가능하며, 随便은 어떤 경우에는 부정적인 의미를 지니고 있다. 예) 说话太随便 말을 함부로 한다

或者上大学，或者找工作，都随你的便。

Huòzhě shàng dàxué, huòzhě zhǎo gōngzuò, dōu suí nǐ de biàn.

대학에 진학을 하든지 직장을 찾든지, 모두 네 맘대로 해라.

혹은 ～이든지, 혹은 ～이든지 (평서문)

필수 어법

선택을 나타내는 或者는 둘 중 하나를 선택하는 경우, 둘 모두를 선택하는 경우에 모두 쓰일 수 있다. 或者는 일반적으로 평서문에 쓰이나, 还是는 둘 중에서 한 가지만 선택하라는 의문문에서 쓰인다.

或者你来或者我去。 네가 오든지, 아니면 내가 가든지.

或者吃鱼或者吃肉。 생선을 먹든지 아니면 고기를 먹든지.

去长城还是去故宫? 만리장성에 갈까? 아니면 고궁에 갈까? (둘 중에 하나만 선택)

필수 문장

1 你或者今天下午来，或者明天上午来，都行。

Nǐ huòzhě jīntiān xiàwǔ lái, huòzhě míngtiān shàngwǔ lái, dōu xíng.

2 今天晚上去看电影，咱们或者坐公车去，或者打车去，都行。

Jīntiān wǎnshang qù kàn diànyǐng, zánmen huòzhě zuò gōngchē qù, huòzhě dǎ chē qù, dōu xíng.

3 或者你来，或者我去，都行。

Huòzhě nǐ lái, huòzhě wǒ qù, dōu xíng.

4 或者你自己用，或者送给别人，反正我不用。

Huòzhě nǐ zìjǐ yòng, huòzhě sòng gěi biérén, fǎnzhèng wǒ búyòng.

단어 打车 dǎ chē 택시를 타다, 잡다

회화 따라잡기 DIALOGUE 1

A 后天是女朋友的生日，不知道送什么礼物好。
　　Hòutiān shì nǚpéngyou de shēngrì, bù zhīdào sòng shénme lǐwù hǎo.

B 或者送花，或者送情侣戒指，都行。
　　Huòzhě sòng huā, huòzhě sòng qínglǚ jièzhi, dōu xíng.

A 戒指可以带很久，就送戒指吧。
　　Jièzhi kěyǐ dài hěn jiǔ, jiù sòng jièzhi ba.

B 你对女朋友真好！
　　Nǐ duì nǚpéngyou zhēn hǎo!

단어 情侣 qínglǚ 연인 | 戒指 jièzhi 반지 | 情侣戒指 커플링

작문 따라잡기 WRITING 2

다음 문장을 중작하세요.

1 나는 일요일에 집에 없다. 친구를 만나러 가든지, 쇼핑逛街을 한다.

_____

2 만약 무슨 문제가 있으면, 나에게 묻든 그에게 묻든 모두 괜찮다.

_____

3 당신이 그에게 전화를 해서 물어보든, 스스로自己 가서 물어보든 다 괜찮다.

필수문장 따라잡기 SENTENCE 3

다음 문장을 중국어로 말해보세요.

1 네가 오늘 오후에 오든지, 내일 오전에 오든지 모두 괜찮아.

_____

2 오늘 저녁에 영화를 보러 가는데, 우리 버스를 타고 가든지 택시를 타고 가든지 모두 괜찮아.

_____

3 네가 오든 아니면 내가 가든 모두 괜찮아.

_____

4 네가 직접 사용하든지 다른 사람에게 선물로 주든지, 어쨌든 난 필요 없어.

_____

既然…就…

你既然不是亲眼看的，就不能乱说。

Nǐ jìrán búshì qīnyǎn kàn de, jiù bù néng luànshuō.

당신이 직접 본 게 아닌 이상, 함부로 말해서는 안 된다.

접속사 | 기왕 ~한 이상 ~하다

필수 어법

이미 현실화 된 어떤 사실이나 상황을 확인 전제한 후, 결과나 결론을 이끌어 내는 인과 관계의 접속사이다. 뒷절은 항상 '~해라, ~하지 마라' 등의 권고나 판단을 내리는 문장이 나온다. '既然…就…'은 就대신에 那么, 那就, 也 등과 함께 호응할 수 있다.

형식 既然 + 전제사항, (那么) 주어 + 就 + 전제사항을 근거로 얻어낸 결론, 견해

既然来了，那就坐一会儿吧。　이왕 왔으니, 좀 앉았다 가라.

既然答应了，就要做到底。　승낙한 이상, 끝까지 해내야 한다.

既然事情已经发生了，就想想怎么解决吧。　이미 일은 발생했으니, 어떻게 해결할지나 생각해라.

필수 문장

1 你既然这么喜欢她，你就向她表白吧。
Nǐ jìrán zhème xǐhuan tā, nǐ jiù xiàng tā biǎobái ba.

2 他既然已经认错了，你就别怪他了。
Tā jìrán yǐjīng rèncuò le, nǐ jiù bié guài tā le.

3 你既然好不容易来了，就多坐会儿吧。
Nǐ jìrán hǎobùróngyi lái le, jiù duō zuò huìr ba.

4 他既然已经这么说了，我就不管他了。
Tā jìrán yǐjīng zhème shuō le, wǒ jiù bùguǎn tā le.

tip 认错(잘못을 인정하다)에서 认은 认识(인식하다)의 뜻이 아닌, 承认(chéngrèn 승인하다)과 错误(cuòwù 잘못)의 줄임말이다.

단어 亲眼 qīnyǎn 직접 눈으로 | 乱 luàn 함부로 | 表白 biǎobái 고백하다 | 认错 rèncuò 잘못을 인정하다 | 怪 guài 탓하다, 나무라다

1

A 真不容易，来你家用了两个小时。
Zhēn bù róngyi, lái nǐ jiā yòngle liǎng ge xiǎoshí.

B 欢迎欢迎! 有朋自远方来，不亦悦乎。
Huānyíng huānyíng! Yǒu péng zì yuǎn fāng lái, bú yì yuè hū.

A 我也很高兴见到你。
Wǒ yě hěn gāoxìng jiàndào nǐ.

B 既然从那么远的地方来，就多玩几天再走吧。
Jìrán cóng nàme yuǎn de dìfang lái, jiù duō wán jǐ tiān zài zǒu ba.

> 단어 欢迎 huānyíng 환영하다 | 不亦悦乎 bú yì yuè hū 또한 기쁘지 않겠는가

작문 **따라잡기**
WRITING

2

다음 문장을 중작하세요.

1 이것이 그의 것이라는 걸 안 이상, 마땅히 그에게 돌려 주어야还 한다.

_____

2 당신이 직접 본亲眼 게 아닌 이상, 함부로 말해서는 안 된다乱说.

_____

3 일이 이미 발생하였는데, 지금 와서 후회하면后悔 무슨 소용이 있겠니?

_____

필수문장 **따라잡기**
SENTENCE

3

다음 문장을 중국어로 말해보세요.

1 네가 이렇게 그녀를 좋아한다면, 그녀에게 고백해라.

_____

2 그가 기왕 이미 잘못을 인정했으니, 너는 그를 나무라지 말아라.

_____

3 당신 기왕 어렵게 오셨으니, 더 좀 앉아 계십시오.

_____

4 그가 기왕 이미 이렇게 말했으니, 나는 그를 간섭하지 않겠다.

_____

O57　(满)不在乎

看他那不在乎的样子，真气死人了。
Kàn tā nà búzàihu de yàngzi, zhēn qì sǐ rén le.
그의 전혀 개의치 않는 그 모습을 보니 정말 사람 열 받아 죽겠다.

동사 | 개의치 않는다, 신경쓰지 않는다

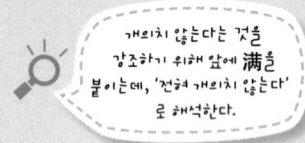

개의치 않는다는 것을 강조하기 위해 앞에 满을 붙이는데, '전혀 개의치 않는다'로 해석한다.

동의어 不在意 búzàiyì | 不介意 bújièyì | 不放在心上 bù fàng zài xīnshang

반의어 在乎 zàihū | 放在心上 fàng zài xīnshang

강조표현 根本不在乎 gēnběn búzàihu

필수 **어법**

不在乎는 동사이므로 뒤에 목적어를 취할 수 있다. 만약, 뒤에 주술구가 목적어가 되면 의문 형식을 취한다.

我不在乎别人的意见。　　나는 다른 사람의 의견은 신경 안 쓴다.
我不在乎考试的结果。　　나는 시험 결과는 신경 안 쓴다.
我不在乎别人怎么说。　　나는 다른 사람이 뭐라고 말하든 상관하지 않는다. (의문대명사 怎么 사용)
我不在乎他有没有钱。　　나는 그가 돈이 있든 없든 상관하지 않는다. (정반 의문문 형식 사용)

필수 **문장**

1 丢了钱包，别人都为他着急，他却不在乎。
Dīule qiánbāo, biérén dōu wèi tā zháojí, tā què búzàihu.

2 人家疼死了，你却不在乎？
Rénjia téng sǐ le, nǐ què búzàihu?

3 家里吃的、穿的都不够，你却不在乎。
Jiāli chī de、chuān de dōu búgòu, nǐ què búzàihu.

4 你做错事了，这样不在乎。
Nǐ zuòcuò shì le, zhèyàng búzàihu.

tip 人家(rénjia)는 我(나), 他(그), 别人(다른 사람)을 의미하는데, 이 문장에서는 我(나)의 의미로 쓰였다.

단어 着急 zháojí 조급하다 | 够 gòu 충분하다

회화 따라잡기 DIALOGUE 1

A 老张都快要被炒鱿鱼了, 怎么还天天迟到呢?
　 Lǎo Zhāng dōu kuàiyào bèi chǎo yóuyú le, zěnme hái tiāntiān chídào ne?

B 是啊, 经理都找他谈了好几次了, 可他还是一副满不在乎的样子。
　 Shì a, jīnglǐ dōu zhǎo tā tánle hǎo jǐ cì le, kě tā háishi yí fù mǎnbúzàihu de yàngzi.

A 他要真被炒了鱿鱼, 谁供他儿子上学啊, 他老婆不是也下岗了吗?
　 Tā yào zhēn bèi chǎole yóuyú, shéi gōng tā érzi shàngxué a, tā lǎopó búshì yě xiàgǎng le ma?

B 他都不在乎, 你操什么心啊!
　 Tā dōu búzàihu, nǐ cāo shénme xīn a!

> 단어　被炒鱿鱼 bèi chǎo yóuyú 해고당하다 | 老婆 lǎopó 마누라, 부인 | 下岗 xiàgǎng 실직하다 |
> 操心 cāoxīn 걱정하다, 마음쓰다

작문 따라잡기 WRITING 2

다음 문장을 중작하세요.

1 돈이 많든 적든 개의치 않아요.

---

2 사람이 넘어졌는데摔倒 넌 오히려 개의치 않니?

---

3 그는 어떤 것도 개의치 않는다.

필수문장 따라잡기 SENTENCE 3

다음 문장을 중국어로 말해보세요.

1 지갑을 잃어 버려서 다른 사람들이 모두 그 때문에 마음 졸이는데도,
　 그는 오히려 개의치 않는다.

---

2 사람이 아파 죽겠는데 너는 오히려 상관도 안 하니?

---

3 집에는 먹을 것, 입을 것 모두 부족한데 너는 오히려 신경 쓰지도 않는구나.

---

4 너는 일을 잘못해놓고도, 이렇게 태연하다니.

day 1
day 2
day 3
day 4
day 5
day 6
day 7
day 8
day 9
day 10
day 11
day 12
day 13
day 14
day 15
day 16
day 17
day 18
day 19
day 20

O58 再加上

咸，再加上油太多，这个菜没法吃了。

Xián, zài jiāshang yóu tài duō, zhè ge cài méifǎ chī le.

짠데다가 기름까지 너무 많아서, 이 음식은 먹을 수가 없다.

더하다, 보태다

동의어 增加 zēngjiā | 添加 tiānjiā | 增添 zēngtiān

반의어 减 jiǎn | 减少 jiǎnshǎo

필수 어법

再加上은 어떤 상황에 또 다른 상황이 추가된다는 뜻으로 일반적으로 뒷절 맨 앞에 놓인다. 加는 '더하다, 증가하다, (본래 없던 것을) 붙이다, 넣다, 첨가하다'의 뜻을 지닌다.

大家再加把劲儿。 모두들 조금 더 힘을 내자. | 咖啡里加一点儿糖。 커피에 설탕 좀 더 넣어.

加上은 加에 첨가, 보탬을 나타내는 결과보어 上을 붙여 '더하다, 보태다'의 뜻과 '그 위에, 게다가'의 뜻을 나타낸다.

加上你，一共8个人。 너를 포함해서, 모두 8명이다.
本来身体就差，再加上天天加班，她终于在办公室晕倒了。
원래 몸도 약한데, 거기다 매일 야근하더니, 그녀는 결국 사무실에서 쓰러졌다.

필수 문장

1 热，再加上潮湿，我很不舒服。
Rè, zài jiāshang cháoshī, wǒ hěn bù shūfu.

2 忙，再加上累，我快要生病了。
Máng, zài jiāshang lèi, wǒ kuàiyào shēngbìng le.

> **tip** '快要…了'는 '곧 머지 않아 ~하다'의 의미로 여기서는 곧 병이 날 것처럼 피곤함의 정도가 높다는 것이지 실제 병이 난 것은 아니다.

3 下大雪，再加上刮风，冷得不得了。
Xià dà xuě, zài jiāshang guāfēng, lěng de bùdéliǎo.

> **tip** 不得了는 정도보어에서 정도의 높음을 나타내주는 표현이므로, 일반적으로 형용사와 함께 사용된다.
> 예) 累得不得了 너무 피곤하다
> 饿得不得了 너무 배고프다
> 高兴得不得了 너무 기쁘다

4 这儿景色优美，再加上空气也很好。
Zhèr jǐngsè yōuměi, zài jiāshang kōngqì yě hěn hǎo.

단어 咸 xián 짜다 | 油 yóu 기름 | 潮湿 cháoshī 습하다, 축축하다 | 刮风 guāfēng 바람이 불다

회화 따라잡기 DIALOGUE 1

A 上周你不是说去登山吗?

Shàngzhōu nǐ búshì shuō qù dēngshān ma?

B 本来要去, 但是听说有暴雪, 再加上没有人陪我去, 就没去。

Běnlái yào qù, dànshì tīngshuō yǒu bàoxuě, zài jiāshang méiyǒu rén péi wǒ qù, jiù méi qù.

A 那下周我们一起去怎么样?

Nà xiàzhōu wǒmen yìqǐ qù zěnmeyàng?

B 好极了!

Hǎo jí le!

> 단어 暴雪 bàoxuě 폭설

작문 따라잡기 WRITING 2

다음 문장을 중작하세요.

1 회사公司의 일, 게다가 집안일까지 머리가 몹시 아프다头疼.

....

2 비가 많이 오고, 게다가 바람까지 분다刮风.

....

3 20명의 학우에다 나까지 전부一共 21명이다.

....

필수문장 따라잡기 SENTENCE 3

다음 문장을 중국어로 말해보세요.

1 더운데다가 습기까지 많아서, 난 정말 불편하다.

....

2 바쁜데다가 피곤하기까지 해서, 나는 곧 병이 날 것 같다.

....

3 눈이 많이 내리고 게다가 바람까지 불어서, 몹시 춥다.

....

4 이곳은 경치도 아름답고, 게다가 공기도 아주 좋다.

....

059

就好了

我特别喜欢春天，要是一年四季都是春天就好了。

Wǒ tèbié xǐhuan chūntiān, yàoshi yì nián sìjì dōu shì chūntiān jiù hǎo le.
나는 봄을 특히 좋아한다. 만약 일년 사계절이 모두 봄이라면 좋겠다.

1. ～하면 그러면 곧 좋아진다
2. 그러면 좋을텐데(소망)

필수 어법

❶ ～하면 그러면 곧 좋아진다

把药涂在伤口上就好了。　약을 환부에 바르면 금새 낫는다.
如果有什么事找我就好了。　만약 무슨 일이 생기면 나를 찾아오면 된다.

❷ 그러면 좋을텐데 (소망)

要是有机会，能见到张老师就好了。
만약 기회가 되서, 장 선생님을 만날 수 있다면 정말 좋을텐데.

如果有人给我一百万块钱就好了。　만약 누가 나에게 백만 위안만 주면 좋을텐데.

필수 문장

1 你要是早点儿来就好了。他刚走。
Nǐ yàoshi zǎo diǎnr lái jiù hǎo le. Tā gāng zǒu.

2 我要是不告诉他就好了，省得他着急。
Wǒ yàoshi bú gàosu tā jiù hǎo le, shěng de tā zháojí.

3 我要是会治病就好了。
Wǒ yàoshi huì zhìbìng jiù hǎo le.

4 我如果听爸爸的话就好了。
Wǒ rúguǒ tīng bàba de huà jiù hǎo le.

단어 四季 sìjì 사계절 | 省得 shěngde ～하지 않도록

회화 따라잡기 DIALOGUE 1

A 真羡慕那些拿到优秀奖的同学, 什么时候我也像他们那样就好了。

　Zhēn xiànmù nà xiē nádào yōuxiùjiǎng de tóngxué, shénme shíhou wǒ yě xiàng
　tāmen nàyàng jiù hǎo le.

B 不好好学习怎么拿奖啊, 你看看你的成绩。

　Bù hǎohāo xuéxí zěnme ná jiǎng a, nǐ kànkan nǐ de chéngjì.

A 是啊, 要是上个学期好好学习就好了, 唉…

　Shì a, yàoshi shàng ge xuéqī hǎohāo xuéxí jiù hǎo le, ài…

B 后悔有什么用啊, 又没有卖后悔药的, 以后努力吧!

　Hòuhuǐ yǒu shénme yòng a, yòu méiyǒu mài hòuhuǐyào de, yǐhòu nǔlì ba!

> 단어 羡慕 xiànmù 부럽다 | 优秀奖 yōuxiùjiǎng 우수상 | 学期 xuéqī 학기 | 后悔 hòuhuǐ 후회하다

작문 따라잡기 WRITING 2

다음 문장을 중작하세요.

1 만약 엄마가 이 일을 몰랐으면 좋을 텐데, 그녀가 걱정하지省得 않게省得 말야.

....

2 만약 네가 좀 일찍 왔으면 좋았을 텐데, 우리 방금 막 밥 다 먹었어.

....

3 만약 올해 남자친구를 찾을 수 있으면 좋을 텐데.

....

필수문장 따라잡기 SENTENCE 3

다음 문장을 중국어로 말해보세요.

1 네가 만약에 좀 일찍 왔더라면 좋았을 텐데, 그는 방금 갔다.

....

2 내가 만약 그에게 알려 주지 않으면 될 거야, 그가 조급해 하지 않도록.

....

3 내가 만약 병을 치료할 수만 있다면 좋을 텐데.

....

4 내가 만약 아빠 말씀을 듣는다면 좋을걸.

....

060 没完没了

孩子功课太重，每天有没完没了的作业。

Háizi gōngkè tài zhòng, měitiān yǒu méiwánméiliǎo de zuòyè.

아이들의 학과수업이 너무 힘듭니다. 매일 끝도 없는 숙제가 있습니다.

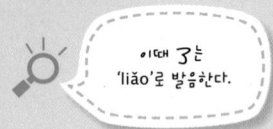
이때 了는 'liǎo'로 발음한다.

성어 | 한도 끝도 없다

동의어 不停 bù tíng

필수 어법

没完没了는 '끝이 없다'를 두 번 반복해서 쓴 표현으로, '끝내다'의 뜻을 가진 完(마칠 완)과 了(마칠 료)가 등장한다. 주로 서술어나 부사어로 쓰인다.

你不要问个没完没了。　너는 한도 끝도 없이 질문하지 좀 마라.
他没完没了地说起来了。　그는 한도 끝도 없이 이야기를 하기 시작했다.
他们俩老是没完没了地吵架。　그들은 항상 한도 끝도 없이 싸운다.

필수 문장

tip 여기서 쓰인 个는 양사가 아니라,
정도보어(得)와 비슷한 용법으로 쓰였다.
예) 玩儿个痛快 신나게 놀았다
看个仔细 자세하게 보다
雨下个不停 비가 계속 내린다

1 雨下个没完没了。
Yǔ xià ge méiwánméiliǎo.

2 你们别没完没了地喝了，已经两点多了。
Nǐmen bié méiwánméiliǎo de hē le, yǐjīng liǎng diǎn duō le.

3 他胖是因为他没完没了地吃。
Tā pàng shì yīnwèi tā méiwánméiliǎo de chī.

4 他一说起来就没完没了。
Tā yì shuōqilai jiù méiwánméiliǎo.

단어 功课 gōngkè 학과목, 학업, (숙제, 예습 등의) 공부 | 开会 kāihuì 회의하다

회화 따라잡기 DIALOGUE 1

A 琳琳, 现在都11点了, 你还在看电视干吗? 你不睡吗?
　　Línlin, xiànzài dōu shíyī diǎn le, nǐ hái zài kàn diànshì gàn má? Nǐ bú shuì ma?

B 好的, 关了, 关了。
　　Hǎo de, guān le, guān le.

A 你怎么看起来没完没了的! 给我早点睡吧!
　　Nǐ zěnme kànqǐlái méiwánméiliǎo de! Gěi wǒ zǎo diǎn shuì ba!

B 妈, 我知道了! 晚安!
　　Mā, wǒ zhīdao le! Wǎn'ān!

> 단어 关 guān 끄다

작문 따라잡기 WRITING 2

다음 문장을 중작하세요.

1 저 여자애들은 한도 끝도 없이 수다를 떤다聊得.

_____

2 할머니가 자신의 젊은年轻 시절을 얘기하기 시작하면, 한도 끝도 없다.

_____

3 너 한도 끝도 없이 먹지 말아라.

_____

필수문장 따라잡기 SENTENCE 3

다음 문장을 중국어로 말해보세요.

1 비가 끝도 없이 내린다.

_____

2 너희들 끝도 없이 술 마시지 마라. 이미 두 시가 넘었다.

_____

3 그가 뚱뚱한 것은 그가 끝도 없이 먹기 때문이다.

_____

4 그는 말만 했다면 한도 끝도 없다.

_____

061

脸皮太厚

朋友们的批评他一点儿也不在乎, 脸皮太厚了。

Péngyoumen de pīpíng tā yìdiǎnr yě búzàihu, liǎnpí tài hòu le.

친구들의 비난에도 그는 조금도 신경 쓰지 않는다. 낯도 정말 두껍다.

관용어 | 얼굴이 두껍다, 뻔뻔스럽다

필수 어법

'脸(얼굴) + 皮(가죽, 껍질) + 太(매우) + 厚(두껍다)'로 '낯가죽이 두껍다, 염치가 없다'는 뜻이다. 우리는 얼굴 두꺼운 사람을 '철면피'라고 하는데 중국어로는 厚脸皮라고 한다.

他是个厚脸皮。　그는 정말 철면피다.

필수 문장

1 我从来没见过脸皮这么厚的人。
Wǒ cónglái méi jiànguo liǎnpí zhème hòu de rén.

2 小小的姑娘说出这种话来, 脸皮太厚了。
Xiǎoxiǎo de gūniang shuōchū zhè zhǒng huà lái, liǎnpí tài hòu le.

3 你是个厚脸皮。
Nǐ shì ge hòuliǎnpí.

4 你不向我道歉, 真是厚脸皮。
Nǐ bù xiàng wǒ dàoqiàn, zhēn shì hòuliǎnpí.

tip 从来는 '여지껏, 지금껏'이라는 뜻으로 일반적으로 부정부사 不, 没를 끌고 나온다. 만약 没와 함께 쓰셨다면 뒤에 동태조사 过도 함께 나온다.
从来没有 + 동사 + 过

tip 向은 동작의 이동 방향이나 장소를 나타내는 전치사이다. 또한 사람을 대상으로 추상적인 동작을 행할 때도 쓴다.
예) 向他说明 그에게 설명하다
向他介绍 그에게 소개하다
向他打听 그에게 알아보다

단어 批评 pīpíng 비평하다, 비판하다 | 姑娘 gūniang 아가씨 | 道歉 dàoqiàn 사과하다

회화 따라잡기 DIALOGUE 1

A 我说这个李明啊, 脸皮真是太厚了, 别人的东西不吭一声就拿去用了。
Wǒ shuō zhè ge Lǐ Míng a, liǎnpí zhēn shì tài hòu le, biérén de dōngxi bù kēng yì shēng jiù ná qù yòng le.

B 可不是嘛, 我也有过好几次这样的经历了。
Kěbushì ma, wǒ yě yǒuguo hǎo jǐ cì zhèyàng de jīnglì le

A 那你怎么不说说他?
Nà nǐ zěnme bù shuōshuo tā?

B 像他这样厚脸皮的人, 我才懒得说他呢, 说了也白说。
Xiàng tā zhèyàng hòuliǎnpí de rén, wǒ cái lǎnde shuō tā ne, shuōle yě bái shuō.

> 단어 不吭一声 bù kēng yī shēng 아무런 소리도 내지 않다 | 懒得 lǎnde ~하기 귀찮다, 내키지 않다 |
> 白 bái 괜히, 헛되이

작문 따라잡기 WRITING 2

다음 문장을 중작하세요.

1 성공하고成功 싶으면 얼굴이 좀 두꺼워져야 한다.

_____

2 너 이렇게 얼굴 두꺼운 사람을 만나본 적 있어?

_____

3 여자애가 얼굴이 너무 두꺼우면 별로지?

_____

필수문장 따라잡기 SENTENCE 3

다음 문장을 중국어로 말해보세요.

1 나는 여태껏 얼굴이 이렇게 두꺼운 사람을 본 적이 없다.

_____

2 아주 조그만 아가씨가 이런 말을 하다니, 얼굴 정말 두껍다.

_____

3 너는 철면피구나.

_____

4 너는 내게 사과하지도 않는구나, 정말 철면피구나.

_____

062 了不起

盲人爬上了这么高的山，真了不起。

Mángrén páshang le zhème gāo de shān, zhēn liǎobuqǐ.

맹인이 이렇게 높은 산에 올랐다니, 정말 대단하다.

형용사 | 대단하다, 훌륭하다

동의어 厉害 lìhai

필수 어법

了不起는 상대방이 '대단하다, 훌륭하다'고 칭찬하는 말로, 주로 형용사로 앞에 부사 真과 함께 잘 쓰인다. 명사를 수식할 때는 반드시 的와 함께 쓰이며, 以为, 觉得 등의 목적어로 쓰이기도 한다.

你真了不起。	너는 정말 대단해.
这可是一件了不起的事。	이 일은 정말 대단한 일이야.
他自己以为了不起。	그는 자신이 대단할 줄 안다.
我觉得他很了不起。	나는 그가 정말 대단하다고 여긴다.

필수 문장

1 这位医生太了不起了，把快要死了的人救活了。
Zhè wèi yīshēng tài liǎobuqǐ le, bǎ kuài yào sǐle de rén jiùhuó le.

2 她会说英语，有什么了不起的？
Tā huì shuō Yīngyǔ, yǒu shénme liǎobuqǐ de?

3 外国人说汉语说得这么流利，真了不起。
Wàiguórén shuō Hànyǔ shuō de zhème liúlì, zhēn liǎobuqǐ.

4 爱迪生是一位了不起的发明家。
Àidíshēng shì yí wèi liǎobuqǐ de fāmíngjiā.

단어 盲人 mángrén 맹인 ｜ 救活 jiùhuó 목숨을 살리다 ｜ 爱迪生 Àidíshēng 에디슨 ｜ 发明家 fāmíngjiā 발명가

day 1
day 2
day 3
day 4
day 5
day 6
day 7
day 8
day 9
day 10
day 11
day 12
day 13
day 14
day 15
day 16
day 17
day 18
day 19
day 20

회화 따라잡기 DIALOGUE 1

A 听说李明这次考试考砸了, 他原来不是咱班第一吗?
Tīngshuō Lǐ Míng zhè cì kǎoshì kǎozá le, tā yuánlái búshì zán bān dì yī ma?

B 人有失手! 没什么大不了的。
Rén yǒu shī shǒu! Méi shénme dàbuliǎo de.

A 不过自从前几次他在咱班拿到第一以后, 总觉得自己很
了不起, 这次也正好教训他一下。
Búguò zì cóngqián jǐ cì tā zài zán bān nádào dì yī yǐhòu, zǒng juéde zìjǐ hěn
liǎobuqǐ, zhè cì yě zhènghǎo jiàoxùn tā yíxià.

B 是啊, 人要懂得谦虚嘛!
Shì a, rén yào dǒng de qiānxū ma!

단어 砸 zá 망치다, 떨어뜨리다 | 谦虚 qiānxū 겸허하다

작문 따라잡기 WRITING 2

다음 문장을 중작하세요.

1 듣자하니, 그가 서울首尔 대학교에 합격했다던데, 정말 대단하다.

_____

2 그는 네 가지 언어를 할 줄 안다. 정말 대단하다. (언어의 양사 门)

_____

3 겨우 배우演员가 된 것뿐이잖아, 대단할 게 뭐 있어.

_____

필수문장 따라잡기 SENTENCE 3

다음 문장을 중국어로 말해보세요.

1 이 의사 선생님은 정말 대단하시다. 곧 죽어가는 사람을 살려 내셨다.

_____

2 그녀가 영어를 할 줄 아는 게, 뭐가 그렇게 대단한데?

_____

3 외국인이 중국어를 이렇게 유창하게 하다니, 정말 대단하다.

_____

4 에디슨은 대단한 발명가이다.

_____

没戏

这次提职，他又没戏了。
Zhè cì tízhí, tā yòu méixì le.
이번 진급에서 그는 또 가망이 없어졌다.

관용어 | 희망이 없다, 가망이 없다

동의어 没有希望 méiyǒu xīwàng

필수 어법

没戏는 '희망이나 가망이 없다'의 의미로 쓰이는 관용어로 HSK 청취나 독해 1부분에서 동의어를 묻는 문제로 제시된다.

这次考试没考好，奖学金就没戏了。　이번에는 시험을 잘 못봐서, 장학금은 가망이 없다.

看来，这次升职又没戏了。　　　　　보아하니, 이번에 승진에서 또 가망이 없다.

你想让你爸爸给你买个钢琴，看样子多半没戏。

너는 아빠가 너에게 피아노를 사주셨으면 하지만, 보아하니 거의 가망이 없어 보인다.

필수 문장

1 选班长，小王没多少戏。
Xuǎn bānzhǎng, Xiǎo Wáng méi duōshao xì.

2 看样子，今年提职，老张没戏，老李可能有戏。
Kànyàngzi, jīnnián tízhí, Lǎo Zhāng méixì, Lǎo Lǐ kěnéng yǒuxì.

3 去中国旅行的计划没戏了。
Qù Zhōngguó lǚxíng de jìhuà méixì le.

4 在圣诞节之前找到女朋友，真是没戏了。
Zài Shèngdànjié zhīqián zhǎo dào nǚpéngyou, zhēn shì méixì le.

tip 看样子는 삽입어로 주어 앞이나 뒤에 모두 위치할 수 있다. 유사어로는 看上去, 看起来가 있다.

단어 提职 tízhí 승진하다 | 圣诞节 Shèngdànjié 성탄절

회화 따라잡기
DIALOGUE 1

A 你知道吗? 李明在追咱校的校花。
　　Nǐ zhīdao ma? Lǐ Míng zài zhuī zán xiào de xiàohuā.

B 不可能吧, 开什么玩笑。
　　Bù kěnéng ba, kāi shénme wánxiào.

A 真的, 不跟你闹着玩。
　　Zhēn de, bù gēn nǐ nàozhe wán.

B 不是我说, 就他那样, 准 没戏。
　　Búshì wǒ shuō, jiù tā nàyàng, zhǔn méixì.

단어 校花 xiàohuā 퀸카 | 追 zhuī 쫓다, 뒤따르다 | 闹着玩 nàozhe wán 장난하다

작문 따라잡기
WRITING 2

다음 문장을 중작하세요.

1 일등을 하려던 계획计划은 가망이 없게 되었다.

....

2 밖에 줄곧一直 비가 오고 있어서 공원에 가려던 계획计划은 가망이 없어졌다.

....

3 시험 때 너무 긴장해서紧张 통과通过하려던 목표目标가 또 사라졌다.

....

필수문장 따라잡기
SENTENCE 3

다음 문장을 중국어로 말해보세요.

1 반장으로 뽑히는 데는 샤오왕은 가망이 별로 없다.

....

2 보아하니 올해 진급에서 라오장은 가망이 없고, 라오리는 아마 가망이 있을 것 같다.

....

3 중국으로 여행 가려던 계획은 가망이 없게 되었다.

....

4 크리스마스가 되기 전에 여자친구를 구하는 건 정말 가망이 없겠다.

....

day 1
day 2
day 3
day 4
day 5
day 6
day 7
day 8
day 9
day 10
day 11
day 12
day 13
day 14
day 15
day 16
day 17
day 18
day 19
day 20

064 没影儿

我追过去，他早就跑得没影儿了。

Wǒ zhuīguoqu, tā zǎojiù pǎo de méi yǐngr le.

내가 쫓아갔지만, 그는 일찌감치 도망가고 없다.

동사 | 1. 그림자가 없다, 자취를 감추다
2. 가망이 없다, 근거가 없다, 낌새도 없다

필수 어법

影(儿)은 '그림자'란 뜻으로 没影儿은 글자 그대로 '그림자도 안 보인다, 자취를 알 수 없다'는 뜻과 '어떤 일이 발생한 기미가 보이지 않는다'는 뜻으로 쓰인다.

❶ 그림자가 없다, 자취를 감추다

他早就跑得没影儿了。　　그는 일찌감치 도망가고 모습이 사라졌다.

❷ 가망이 없다, 근거가 없다, 낌새도 없다

黄金周折扣机票没影儿了。　　황금 연휴에 비행기 티켓을 할인할 낌새가 전혀 없다.

필수 문장

1 昨天刚买的那本小说，今天怎么就没影儿了。

Zuótiān gāng mǎi de nà běn xiǎoshuō, jīntiān zěnme jiù méi yǐngr le.

2 都快毕业了，工作还没影儿呢，我真着急。

Dōu kuài biyè le, gōngzuò hái méi yǐngr ne, wǒ zhēn zháojí.

3 一转眼这孩子就没影儿了，去哪儿找啊！

Yìzhuǎnyǎn zhè háizi jiù méi yǐngr le, qù nǎr zhǎo a!

4 我刚才把我的钱包放在桌子上，一转眼就没影儿了。

Wǒ gāngcái bǎ wǒ de qiánbāo fàng zài zhuōzishang, yìzhuǎnyǎn jiù méi yǐngr le.

> tip 一转眼은 눈을 한번 돌리는 사이,
> 눈 깜짝할 사이라는 뜻으로,
> 아주 짧은 시간을 의미한다.
> 동의어로는 一眨(zhǎ)眼이 있다.

단어 追 zhuī 쫓아가다 | 一转眼 yìzhuǎnyǎn 눈 깜짝하는 사이에

회화 따라잡기 DIALOGUE **1**

A 听说你交了个女朋友，还是个外国人，真的吗？
　Tīngshuō nǐ jiāole ge nǚpéngyou, háishi ge wàiguórén, zhēn de ma?

B 听谁胡说的，那根本就是没影儿的事。
　Tīng shéi húshuō de, nà gēnběn jiùshì méi yǐngr de shì.

A 我看见你们整天在一起，还不承认？
　Wǒ kànjiàn nǐmen zhěngtiān zài yìqǐ, hái bù chéngrèn?

B 她只是要好的异性朋友，这可是两码事，别误会啊！
　Tā zhǐshì yào hǎo de yìxìng péngyou, zhè kěshì liǎngmǎshì, bié wùhuì a!

단어 胡说 húshuō 헛된 말, 엉터리의 말 ┃误会 wùhuì 오해하다 ┃异性朋友 yìxìng péngyou 이성친구

작문 따라잡기 WRITING **2**

다음 문장을 중작하세요.

1 그는 방금刚才 까지도 여기 있었는데, 어째서 그림자도 없이 사라졌지?

_____

2 남자친구가 선물해 준 반지戒指가 갑자기突然 그림자도 없이 사라졌다.

_____

3 30살이 되어가는데 배우자对象를 찾는 일은 아직 그림자도 안 보인다.

_____

필수문장 따라잡기 SENTENCE **3**

다음 문장을 중국어로 말해보세요.

1 어제 막 산 그 소설책이, 오늘은 어째서 보이지도 않지?

_____

2 이미 곧 졸업인데, 일을 찾을 기미가 보이지 않아서 난 정말 조급하다.

_____

3 눈 깜짝할 사이에 이 아이는 그림자도 없이 사라져 버렸어, 어디 가서 찾지?

_____

4 내가 방금 내 지갑을 탁자 위에 두었는데, 눈 깜짝할 사이에 사라졌다.

_____

day 1
day 2
day 3
day 4
day 5
day 6
day 7
day 8
day 9
day 10
day 11
day 12
day 13
day 14
day 15
day 16
day 17
day 18
day 19
day 20

연습문제

관용어 연결하기 TEST 1

다음 뜻과 어울리는 관용어를 연결해 보세요.

❶ 그림자도 안 보인다 ·   · 脸皮太厚
❷ 가망이 없다 ·   · 了不起
❸ 얼굴 가죽이 두껍다 ·   · 没戏
❹ 대단하다 ·   · 没影儿

빈칸 채우기 TEST 2

다음 상용어를 사용하여 빈칸을 채워 보세요.

| 好像 | 何况 | 何必 | 或者 | 既然 | 再加上 | 看不中 | 就好了 |

❶ 现在的人 ＿＿＿＿＿＿ 都喜欢结了婚就离婚, 离了婚再结婚。

❷ 我连一台mp3都还买不起, ＿＿＿＿＿＿ 电脑呢?

❸ 你给我介绍的那几个人, 哪个也 ＿＿＿＿＿＿ 。

❹ 他是跟你开玩笑, 你 ＿＿＿＿＿＿ 这么认真呢?

❺ 每天晚上都有很多人在这儿锻炼身体, ＿＿＿＿＿＿ 打羽毛球, 或者跑步。

❻ ＿＿＿＿＿＿ 你知道自己做错了, 就应该把它改过来。

❼ 他真有能力, ＿＿＿＿＿＿ 运气好。

❽ 我们的孩子就不喜欢学习, 要是他们肯学 ＿＿＿＿＿＿ 。

중작하기 TEST 3

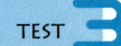

다음 문장을 중작하세요.

❶ 나는 성적이 좋고 나쁨에 신경 쓰지 않는다.

＿＿＿＿＿＿＿＿＿＿＿＿＿＿＿＿＿＿＿＿＿＿＿＿＿＿＿＿

❷ 나는 지금 바로 졸업할 수 있었으면 좋겠다(지금 졸업 할 수 없다).

＿＿＿＿＿＿＿＿＿＿＿＿＿＿＿＿＿＿＿＿＿＿＿＿＿＿＿＿

❸ 이 일은 그 일과는 별개의 일이다.

＿＿＿＿＿＿＿＿＿＿＿＿＿＿＿＿＿＿＿＿＿＿＿＿＿＿＿＿

井底之蛙

jǐng dǐ zhī wā

우물 안 개구리

세상 물정에 어둡고 견문이 매우 좁은 사람

　　우물 안에 사는 개구리가 있었다. 하루는 개구리가 우물가 주변에서 뛰면서 놀고 있었는데 바다에서 온 거북이와 만나게 되었다. 개구리는 거북이에게 "봐봐, 여기에 사는게 얼마나 재미있는데! 기쁠 때는 우물 위에서 놀다가 힘들면 다시 우물가로 와서 쉬고, 수영하고 싶으면 우물 안에서 수영도 하고, 운동하고 싶으면 진흙 위에서 걷기도 하고, 그 누굴 나와 비교하겠어? 난 여기 주인이야. 여기서 생활하는 게 너무 즐거워! 너도 여기에 와서 놀아봐!"

　　거북이는 그 말을 듣고 한번 들어가보고 싶었다. 하지만 거북이의 왼쪽 발이 들어가기도 전에 오른쪽 발이 돌 틈에 끼어버렸다. 거북이는 당장 그곳에서 나와 개구리한테 "너 바다 본 적 있어? 바다의 넓이는 몇 천리가 넘고, 깊이는 몇 천장(丈)이 넘어. 그렇게 끝도 없이 넓은 곳에서 사는 게 진정한 즐거움이지!" 하고 말했다.

　　개구리는 거북이의 말을 듣고, 너무 놀랐다. 개구리는 속으로 '아, 우물 밖에 그렇게 큰 세상이 또 있구나!' 라고 생각했다.

'우물 속에서 하늘을 보다 (坐井观天) 라는 말도 있는데 이것도 역시 '우물 안 개구리'와 같은 뜻이다.

참고!

우물 안 개구리가 바다에 대해 말할 수 없는 것은 자기가 살고 있는 곳에 구애되어 있기 때문이랍니다. 여름 벌레가 얼음에 대해 말할 수 없는 것은 여름 한 철 밖에 모르기 때문이지요. 한가지 일 밖에 모르는 사람과 무엇에 대해 말 할 수 없는 것은 자기가 배운 것에 속박되어 있기 때문입니다. 여러분은 '우물 안 개구리'가 되지 않기를 바랍니다.

HSK에 꼭 나오는

WEEK 5

필수**상용어** 128句

JRC

065 就是…也…

你就是跑到天边，我也要把你找回来。

Nǐ jiùshì pǎo dào tiānbiān, wǒ yě yào bǎ nǐ zhǎo huílai.

네가 설령 하늘 끝까지 도망간다고 해도, 나는 너를 찾아 올거야.

접속사 | 설령 ~일지라도, 그래도

동의어 哪怕…也 nǎpà…yě | 即使…也 jíshǐ…yě | 就是…也 jiùshì…yě | 就算…也 jiùsuàn…yě

필수 **어법**

'就是…也…'는 어떤 가설에 대한 양보의 뜻을 나타내는 양보절인데, 만약이라고 가정한 그 상황이 설령 진짜라고 치더라도(그렇게까지 양보한다 하더라도), 결론은 가정 상황의 영향을 받지 않겠다는 의미를 가지고 있다.

他就是不来，我也能做好这件事。
그가 설령 오지 않는다고 해도 나는 이 일을 잘 할 수 있다.

就是大家都反对，我也要做。
설령 모두가 반대한다고 해도 나는 할 것이다.

为了胜利，就是牺牲我自己都行。
승리를 위해서라면 설령 내 자신을 희생한다고 해도 괜찮아.

필수 **문장**

1 你就是总统也得买票看球赛。
Nǐ jiùshì zǒngtǒng yě děi mǎi piào kàn qiúsài.

2 你就是再忙也得吃饭啊!
Nǐ jiùshì zài máng yě děi chī fàn a!

3 你就是不相信我的话也得相信你父亲的话吧。
Nǐ jiùshì bù xiāngxìn wǒ de huà yě děi xiāngxìn nǐ fùqin de huà ba.

4 就是家里有事我也不会请假。
Jiùshì jiāli yǒu shì wǒ yě bú huì qǐngjià.

단어 天边 tiānbiān 매우 먼 곳, 아득히 먼 곳 | 总统 zǒngtǒng 대통령 | 球赛 qiúsài 경기

day 21

day 22

day 23

day 24

day 25

day 26

day 27

day 28

day 29

day 30

day 31

day 32

day 33

day 34

day 35

day 36

day 37

day 38

day 39

day 40

회화 따라잡기 **1**

A 大婶, 昨天我叫了半天门, 张奶奶也没给我开。
　　Dàshěn, zuótiān wǒ jiàole bàntiān mén, Zhāng nǎinai yě méi gěi wǒ kāi.

B 奶奶耳朵聋。
　　Nǎinai ěrduo lóng.

A 我使劲敲了半天门呢。
　　Wǒ shǐjìn qiāole bàntiān mén ne.

B 奶奶耳朵不好, 就是打雷她也听不见。
　　Nǎinai ěrduo bù hǎo, jiùshì dǎ léi tā yě tīng bu jiàn.

> **단어** 大婶 dàshěn 아주머니 | 叫门 jiàomén 문을 두드리다 | 耳朵 ěrduo 귀 |
> 聋 lóng 귀 먹은, 귀가 어두운 | 使劲 shǐjìn 힘을 쓰다 | 打雷 dǎ léi 천둥치다

작문 따라잡기 WRITING **2**

다음 문장을 중작하세요.

1 설령 그가 와서 청하더라도请, 나는 가지 않겠다.

_____

2 당신이 설사 화를 낸다生气 하더라도 아무 소용이 없다.

_____

3 내일 설사 시간이 있더라도, 나는 가지 않겠다.

_____

필수문장 따라잡기 SENTENCE **3**

다음 문장을 중국어로 말해보세요.

1 네가 설령 대통령이라 해도 표를 사서 시합을 봐야 한다.

_____

2 네가 설령 아무리 바쁘다 해도 밥은 먹어야 해.

_____

3 네가 설령 내 말은 못 믿는다 하더라도 너의 아버지 말을 믿어야 한다.

_____

4 설령 집안에 일이 있다 하더라도 나는 휴가를 신청하지 않을 것이다.

_____

据说

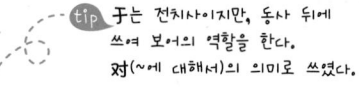

tip 于는 전치사이지만, 동사 뒤에 쓰여 보어의 역할을 한다. 对(~에 대해서)의 의미로 쓰였다.

据说, 睡前喝一杯牛奶有助于健康。

Jùshuō, shuì qián hē yì bēi niúnǎi yǒu zhùyú jiànkāng.

들자 하니, 자기 전에 우유 한 잔을 마시면 건강에 도움이 된다고 한다.

듣자하니, 듣건데

유의어 听说 tīngshuō

필수 어법

据说는 根据别人说(다른사람이 한말을 근거하여)의 줄임말이다. 听说도 마찬가지로 听别人说의 줄임말로, 들은 근원지 즉, 말한사람을 밝히고자 할 때는 중간에 넣어주면 된다. 据(妈妈)说, 据(报道)说, 听(朋友)说, 听(老师)说처럼 표현하면 된다. 据说는 주어 앞, 뒤에 모두 위치할 수 있다.

据说这家饭馆已经是30多年了。 (주어 앞에 위치)
这家饭馆据说已经是30多年了。 (주어 뒤에 위치)
듣자하니, 이 음식점은 벌써 30년이 넘었대.

필수 문장

1 据说这棵树已经400多岁了。
Jùshuō zhè kē shù yǐjīng sìbǎi duō suì le.

2 据说, 韩国人都很热情。
Jùshuō, Hánguórén dōu hěn rèqíng.

3 据说, 这次考试他得了第一名。
Jùshuō, zhè cì kǎoshì tā déle dì yī míng.

4 据说, 公司打算给职员涨工资。
Jùshuō, gōngsī dǎsuan gěi zhíyuán zhǎng gōngzī.

단어 有助于 yǒu zhùyú ~에 도움이 되다 | 棵 kē 그루 (나무를 세는 양사) | 树 shù 나무 |
热情 rèqíng 열정적이다, 친절하다 | 得第一名 dé dì yī míng 일등 하다 | 涨 zhǎng 값이 오르다

회화 따라잡기 **1**
DIALOGUE

A 那里有卖白菜的, 我们去看看。
　Nàli yǒu mài báicài de, wǒmen qù kànkan.

B 怎么涨价了, 我不想买了。
　Zěnme zhǎngjià le, Wǒ bù xiǎng mǎi le.

A 据说白菜价格还要上升, 现在快买吧。
　Jùshuō báicài jiàgé hái yào shàngshēng, xiànzài kuài mǎi ba.

B 那我就听你的!
　Nà wǒ jiù tīng nǐ de!

> 단어 上升 shàngshēng 상승하다. 향상하다

작문 따라잡기 **2**
WRITING

다음 문장을 중작하세요.

1 듣자하니, 김 선생님이 이미 결혼하셨다고結婚 한다.

_____

2 듣자하니, 이 학원补习班이 중국어를 끝내주게棒 가르친다고 한다. (학원을 세는 양사 家)

_____

3 듣자하니, 어렸을 때 우유牛奶를 먹으면 건강에 좋은 점好处이 있다고 한다.

_____

필수문장 따라잡기 **3**
SENTENCE

다음 문장을 중국어로 말해보세요.

1 듣자하니, 이 나무는 이미 400살이 넘었다고 한다.

_____

2 듣자하니, 한국 사람은 모두 열정적이라고 한다.

_____

3 듣자하니, 이번 시험에서 그가 1등을 했다고 한다.

_____

4 듣자하니, 회사가 직원에게 월급을 올려줄 계획이라고 한다.

_____

day 21
day 22
day 23
day 24
day 25
day 26
day 27
day 28
day 29
day 30
day 31
day 32
day 33
day 34
day 35
day 36
day 37
day 38
day 39
day 40

…看

他的电话号码好像是这个，你打打看。

Tā de diànhuà hàomǎ hǎoxiàng shì zhè ge, nǐ dǎda kàn.

그의 전화번호가 아마 이것인 것 같다. 너 한번 걸어봐.

~해보다, 시험해 보다

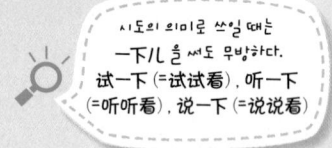

시도의 의미로 쓰일 때는
一下儿 을 써도 무방하다.
试一下 (=试试看), 听一下
(=听听看), 说一下 (=说说看)

필수 어법

'…看'은 동사 뒤에 쓰여 시도의 의미를 지닌다. 한국어에서도 '전화 걸어 봐, 한번 맛 봐 봐, 생각 좀 해 봐'라는 식의 표현과 비슷하다. 주요표현은 아래와 같다.

听听看 한번 들어 봐
说说看 한번 말해 봐
想想看 한번 생각해 봐
尝尝看 한번 맛 좀 봐
试试看 한번 시도해 봐

필수 문장

1 这种茶很香，你喝喝看。
Zhè zhǒng chá hěn xiāng, nǐ hēhe kàn.

2 这种菜很容易做，你做做看。
Zhè zhǒng cài hěn róngyì zuò, nǐ zuòzuo kàn.

3 这件衣服很合适，你穿穿看。
Zhè jiàn yīfu hěn héshì, nǐ chuānchuan kàn.

4 这附近有一个书店，你找找看。
Zhè fùjìn yǒu yí ge shūdiàn, nǐ zhǎozhao kàn.

단어 好象 hǎoxiàng 아마~인 것 같다 │ 香 xiāng 향기롭다 │ 附近 fùjìn 부근의, 근처의

회화 따라잡기 DIALOGUE 1

A 我的脚什么时候能好啊?
Wǒ de jiǎo shénme shíhou néng hǎo a?

B 医生说下个月就可以出院了。
Yīshēng shuō xià ge yuè jiù kěyǐ chūyuàn le.

A 现在我就想走走看, 感觉好多了。
Xiànzài wǒ jiù xiǎng zǒuzou kàn, gǎnjué hǎo duō le.

B 不行不行, 刚打完针。不能动。
Bùxíng bùxíng, gāng dǎwán zhēn. Bù néng dòng.

단어 打针 dǎ zhēn 주사를 맞다

day 21
day 22
day 23
day 24
day 25
day 26
day 27
day 28
day 29
day 30
day 31
day 32
day 33
day 34
day 35
day 36
day 37
day 38
day 39
day 40

작문 따라잡기 WRITING 2

다음 문장을 중작하세요.

1 이 노래歌 너무 좋아, 너 한번 들어 봐. (노래를 세는 양사 首)

_____

2 이 일事을 어떻게 처리해야处理 하는지 생각해 봐. (일을 세는 양사 件)

_____

3 이건 좋은 기회이니机会, 너는 반드시一定 시도해봐야 한다.

_____

필수문장 따라잡기 SENTENCE 3

다음 문장을 중국어로 말해보세요.

1 이 종류의 차는 매우 향이 좋아, 너 한번 마셔 봐.

_____

2 이 요리는 만들기가 정말 쉬워, 너 한번 만들어 봐.

_____

3 이 옷은 아주 잘 어울린다, 너 한번 입어 봐.

_____

4 이 근처에 서점이 하나 있어, 네가 한번 찾아 봐.

_____

068

…来

咱们再来场篮球怎么样? 我一定能赢你。

Zánmen zài lái chǎng lánqiú zěnmeyàng? Wǒ yídìng néng yíng nǐ.

우리 다시 농구 한판 하는 거 어때? 나는 반드시 널 이길 수 있어.

대동사 | (어떤 동작 행동을) 하다

필수 어법

'…来'는 어떤 구체적인 동사를 대신하여 쓰는 동사로 '대동사'라고도 한다. 예를 들어 노래방에서 再唱一首歌(노래 한곡 더해라)를 간단히 줄여 再来一个 라고 표현하거나, 让我做吧(내가 할게)를 我来吧로 표현할 수 있다. 다시 말해, 唱(노래하다), 做(하다)라는 구체적인 동사를 来가 대신하는 것이다.

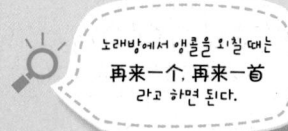

노래방에서 앵콜을 외칠 때는 **再来一个, 再来一首** 라고 하면 된다.

再来一盘!	한 접시 더요!
再来一瓶!	한 병 더요!
你来点儿什么?	뭘 드실래요? 뭘 시키실래요?

필수 문장

1 来两瓶啤酒, 再来一瓶矿泉水, 一共多少钱?
Lái liǎng píng píjiǔ, zài lái yì píng kuàngquánshuǐ, yígòng duōshao qián?

2 他会唱歌儿, 让他来一首怎么样?
Tā huì chàng gēr, ràng tā lái yì shǒu zěnmeyàng?

3 这儿有雪碧、果汁儿、红茶什么的, 你们来点儿什么?
Zhèr yǒu xuěbì, guǒzhīr, hóngchá shénme de, nǐmen lái diǎnr shénme?

tip 가정문 '如果 …的话' 에서 如果를 생략한 표현법으로 '만약 ~이라면' 이라고 해석된다.

4 不够的话, 再来一碗炸酱面。
Búgòu de huà, zài lái yì wǎn zhájiàngmiàn.

단어 赢 yíng 이기다 | 矿泉水 kuàngquánshuǐ 광천수 | 首 shǒu 곡 (노래를 세는 양사) |
雪碧 xuěbì 스프라이트(사이다) | 果汁 guǒzhī 쥬스 | 炸酱面 zhájiàngmiàn 자장면

회화 따라잡기 DIALOGUE **1**

A 咱班李明街舞很棒, 让他给大家来段怎么样?
　Zán bān Lǐ Míng jiēwǔ hěn bàng, ràng tā gěi dàjiā lái duàn zěnmeyàng?

B 不行, 不行, 很长时间不跳了。
　Bùxíng, bùxíng, hěn cháng shíjiān bú tiào le.

A 那给大家来首拿手的歌, 刘德华的怎么样?
　Nà gěi dàjiā lái shǒu náshǒu de gē, Liú Déhuá de zěnmeyàng?

B 那好吧, 献丑了。
　Nà hǎo ba, xiànchǒu le.

> **단어** 街舞 jiēwǔ 길거리댄스 | 献丑 xiànchǒu 하찮은 재주를 보이다

작문 따라잡기 WRITING **2**

다음 문장을 중작하세요.

1 내가 할게.

_____

2 너 다시 노래歌儿 한 곡 해라. (노래를 세는 양사 首)

_____

3 당신들은 무엇을 주문点하시겠어요?

_____

필수문장 따라잡기 SENTENCE **3**

다음 문장을 중국어로 말해보세요.

1 맥주 두 병 주시고, 또 생수 한 병도 주세요. 모두 얼마예요?

_____

2 그는 노래를 잘 불러요, 그에게 한 곡 부르라고 하면 어떨까요?

_____

3 이곳에는 사이다, 과일 쥬스, 홍차 등이 있어요, 무엇을 드시겠어요?

_____

4 충분하지 않으면 자장면 한 그릇 더 시키자.

_____

069

…来着

挺~的는 '매우'라는 뜻으로
뒤에 조사 '的'를 자주 붙여서 사용하나,
생략해도 무방하다.

那个演员挺有名的，叫什么来着？

Nà ge yǎnyuán tǐng yǒumíng de, jiào shénme láizhe?

그 배우는 정말 유명한데, 이름이 뭐더라?

접속사 | 1. ~뭐라더라? 뭐였지?
2. ~했었다, ~하고 있었다

필수 어법

'…来着'는 크게 두 가지 뜻으로 쓰인다. 첫 번째는 종전에 발생한 일 혹은 일시적으로 기억이 떠오르지 않아 물을 때 사용하며, 의문의 형태를 지닌다. 두 번째는 방금 전, 멀지 않은 과거에 이런 일이 발생한 적이 있었다라는 뜻으로, 일반적으로 평서문의 형태를 지니는데, 이때는 '…来着'의 유무에 따라 뜻의 차이는 별로 없다.

❶ 기억이 안날 때

他是谁来着？　쟤가 누구 였더라?
我的书放在哪儿来着？　내 책 어디에 뒀었더라?

❷ 과거 발생 강조

好像说过来着。　말한 적 있는 거 같아.
在门口站着来着。　문 앞에 서 있었어.

필수 문장

tip
'连…都…'는 '심지어 ~조차도
~하다'는 뜻의 강조용법이다.
여기서 没洗脸의 목적어 脸을
강조하기 위해 '连…都…'안에
넣어 주면 된다.

1 连脸都没洗，这一天你忙什么来着？
Lián liǎn dōu méi xǐ, zhè yì tiān nǐ máng shénme láizhe?

2 昨天老师在办公室跟你说什么来着？
Zuótiān lǎoshī zài bàngōngshì gēn nǐ shuō shéme láizhe?

3 他刚才还在这儿来着，现在不知道去哪儿了。
Tā gāngcái hái zài zhèr láizhe, xiànzài bù zhīdào qù nǎr le.

4 我的书呢？刚才还在桌子上来着。
Wǒ de shū ne? Gāngcái hái zài zhuōzishang láizhe.

단어 演员 yǎnyuán 배우 | 脸 liǎn 얼굴 | 办公室 bàngōngshì 사무실

A 刚才你问什么来着?
Gāngcái nǐ wèn shénme láizhe?

B 我想问你, 昨天是不是找我来着。
Wǒ xiǎng wèn nǐ, zuótiān shì bu shì zhǎo wǒ láizhe.

A 是, 找来着。昨天我想请教你几个问题, 你正忙着,
我就走了。现在你有时间吗?
Shì, Zhǎo láizhe. Zuótiān wǒ xiǎng qǐngjiào nǐ jǐ ge wèntí, nǐ zhèng mángzhe,
wǒ jiù zǒu le. Xiànzài nǐ yǒu shíjiān ma?

B 有, 有, 你问吧。
Yǒu, yǒu, nǐ wèn ba.

> 단어 请教 qǐngjiào 가르침을 청하다

다음 문장을 중작하세요.

1 너의 이름이 뭐였더라?

_____

2 방금刚才 네가 뭐라고 했더라?

_____

3 그때 우리가 뭘 봤더라?

_____

다음 문장을 중국어로 말해보세요.

1 얼굴조차도 씻지 않았구나. 요즘 너 뭐가 그리 바쁜거니?

_____

2 어제 선생님이 사무실에서 너한테 뭐라고 했더라?

_____

3 그는 방금까지 여기 있었는데 지금은 어디로 갔는지 모르겠다.

_____

4 내 책이 어디 있지? 방금까지 책상 위에 있었는데.

_____

day 21
day 22
day 23
day 24
day 25
day 26
day 27
day 28
day 29
day 30
day 31
day 32
day 33
day 34
day 35
day 36
day 37
day 38
day 39
day 40

070 懒得

天气太热，我懒得去参加马拉松赛跑。

Tiānqì tài rè, wǒ lǎnde qù cānjiā mǎlāsōng sàipǎo.
날씨가 너무 더워서, 나는 마라톤 경기에 참가하러 가기 귀찮다.

동사 | ~할 마음이 내키지 않는다, ~하는 것이 귀찮다

동의어 不愿意 bú yuànyì | 不想 bú xiǎng

필수 어법

懒(게으를 라)가 있어 하기 싫고, 귀찮음을 나타낸다. 懒得는 동사지만 뒤에 바로 명사 목적어를 취하는 것이 아니라, 동사나 동사구를 목적어로 취한다.

형식 懒得 + 동사(구) 목적어

懒得打电话 （○） 전화걸기 귀찮다
懒得电话 （×）

懒得吃 먹기 귀찮다 | 懒得喝 마시기 귀찮다
懒得回答 대답하기 귀찮다 | 懒得动 움직이기 귀찮다

필수 문장

1 这么麻烦的事我懒得管。
Zhème máfan de shì wǒ lǎnde guǎn.

2 这么冷的天气我懒得出去。
Zhème lěng de tiānqì wǒ lǎnde chūqu.

3 你要是懒得去就别去了。
Nǐ yàoshi lǎnde qù jiù bié qù le.

4 这几天太累了，我真懒得起床。
Zhè jǐ tiān tài lèi le, wǒ zhēn lǎnde qǐchuáng.

tip 要是는 '만약'이라는 뜻으로 如果와 동의어다. 뒷절에는 부사 就를 자주 끌고 나온다.

단어 马拉松赛跑 mǎlāsōng sàipǎo 마라톤 대회 | 管 guǎn 관여하다, 상관하다, 간섭하다

회화 따라잡기 DIALOGUE 1

A 今天刘红说的话不太好听，你别在意。
　Jīntiān Liú Hóng shuō de huà bú tài hǎotīng, nǐ bié zàiyì.

B 我才懒得跟她计较那些鸡毛蒜皮的小事儿呢！
　Wǒ cái lǎnde gēn tā jìjiào nà xiē jīmáosuànpí de xiǎo shìr ne!

A 就是啊，你大人有大量，别跟她一般见识。
　Jiùshì a, nǐ dàrén yǒu dàliàng, bié gēn tā yìbān jiànshi.

B 放心好啦！我是那么小气的人吗？
　Fàngxīn hǎo la! Wǒ shì nàme xiǎoqì de rén ma?

> 단어 计较 jìjiào 따지다, 문제삼다 | 鸡毛蒜皮 jīmáosuànpí 하찮은 것

작문 따라잡기 WRITING 2

다음 문장을 중작하세요.

1 피곤해累 죽겠다. 난 정말 출근하기가上班 싫다.

_____

2 난 영화电影 보러 가기 귀찮다. 우리 집에서 텔레비전电视 보자.

_____

3 난 정말真 움직이기가 싫어.

_____

필수문장 따라잡기 SENTENCE 3

다음 문장을 중국어로 말해보세요.

1 이렇게 번거로운 일에 나는 관여하기 싫다.

_____

2 이렇게 추운 날씨에 나는 나가기 싫다.

_____

3 네가 만약 가기 싫다면 가지 마라.

_____

4 요 며칠 너무 피곤해서 나는 정말 일어나기가 싫다.

_____

O71

···来···去

我昨天晚上躺在床上翻来翻去，一夜没睡着。

Wǒ zuótiān wǎnshang tǎng zài chuángshang fān lái fān qù, yí yè méi shuìzháo.

나는 어젯밤 침대 위에 누워서 이리저리 뒤척이고, 밤새도록 잠을 이루지 못했다.

이리저리 ～하다, 계속 ～하고 한다

유의어 左···右··· zuǒ···yòu···

필수 어법

단음절 또는 이음절 동사를 넣어 동작이 반복 진행된다는 것을 나타낸다.

❶ 동작의 방향 : 이 방향, 저 방향 반복함을 의미한다.

走来走去　왔다갔다 한다
跑来跑去　이리저리 뛰어다닌다

❷ 동작 반복, 지속 : 뒤에 나오는 동작이 반복된 동작의 결과를 설명해 준다.

搬来搬去把椅子扳坏了。　이리저리 옮기다가 의자를 망가뜨렸다.
想来想去也不知道怎么回答。　아무리 생각해도 어떻게 대답해야 할지 모르겠다.
看来看去也没找到什么毛病。　계속 봤지만 어떤 결함을 찾을 수 없었다.

필수 문장

1 在街上，人太多，汽车开来开去的，你们可要小心哪！
Zài jiēshang, rén tài duō, qìchē kāi lái kāi qù de, nǐmen kě yào xiǎoxīn na!

2 我想来想去也没想出好办法。
Wǒ xiǎng lái xiǎng qù yě méi xiǎngchu hǎo bànfǎ.

3 你走来走去干什么？
Nǐ zǒu lái zǒu qù gàn shénme?

4 这本小说他看来看去，不知道看了几遍。
Zhè běn xiǎoshuō tā kàn lái kàn qù, bù zhīdào kànle jǐ biàn.

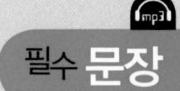

tip 想出来에서 방향보어 出来는
'무(无)'에서 '유(有)'를 창조한다는
의미를 갖는다.
따라서, 想出来는 '아이디어나
좋은방법이 떠오르다'로 해석하고,
想起来는 '회상하여 기억이
나다'라고 해석하면 된다.

단어 躺 tǎng 눕다 | 翻 fān 뒤집다 | 小心 xiǎoxīn 조심하다 |
遍 biàn 번, 회 (한 동작의 시작부터 끝까지 전체를 세는 데 쓰임)

회화 따라잡기 DIALOGUE 1

A 怎么了? 在这里走来走去的。
　Zěnme le? Zài zhèli zǒu lái zǒu qù de.

B 等小张快一个小时了, 可是到现在还没影儿。
　Děng Xiǎo Zhāng kuài yí ge xiǎoshí le, kěshì dào xiànzài hái méi yǐngr.

A 刚才我在教室里看到他了。
　Gāngcái wǒ zài jiàoshìli kàndao tā le.

B 这就去找他, 再见。
　Zhè jiù qù zhǎo tā, zàijiàn.

> **단어** 没影儿 méiyǐngr 그림자가 없다, 자취를 감추다

작문 따라잡기 WRITING 2

다음 문장을 중작하세요.

1 나는 이리저리 생각해 보았지만, 그에게 어떻게 답해야回答 할지 모르겠다.

_____

2 이 문제를, 너희는 연구研究를 거듭했는데, 무슨 결과结果가 있나요?

_____

3 한 마리 새鸟가 왔다 갔다 날고 있다. (새를 세는 양사 只)

_____

필수문장 따라잡기 SENTENCE 3

다음 문장을 중국어로 말해보세요.

1 길에 사람이 너무 많고 차도 왔다 갔다 하는데, 너희들은 정말 조심해야 해.

_____

2 내가 이리저리 생각해도 좋은 방법이 생각나지 않는다.

_____

3 당신은 왔다 갔다 걸어 다니며 뭐 하는 겁니까?

_____

4 이 소설을 그는 보고 또 보고, 몇 차례나 보았는지 모른다.

_____

O72 来不及

我看开夜车做也来不及。

Wǒ kàn kāi yèchē zuò yě láibují.

내가 보기에는 밤을 새워 해도 시간 내에 안 될 것 같다.

> tip 开夜车는 관용어로 표면적인 단어들로
> 그 뜻을 쉽게 알기 어렵다.
> '밤에 차를 몰다'가 아니라,
> '밤을 새우며 공부하거나, 일을 한다'는 뜻이다.

늦다, 시간에 댈 수 없다, 손 쓸 틈이 없다, ~할 시간이 없다

반의어 | 来得及 láidejí 늦지 않다, 시간이 충분하다

필수 어법

来不及는 시간이 너무 촉박하여 늦거나, 어떤 일을 할 수 없다는 의미를 지닌다. 来不及는 동사이지만 명사목적어를 가지고 나올 수 없다. 반드시 동사나 동사구를 끌고 와야 한다. 경우에 따라 단독으로 쓰이기도 한다.

형식 来不及 + 동사(구)

来不及吃饭	밥 먹기에 시간이 촉박하다
来不及见他	그를 만나기에는 이미 늦었다
来不及坐末班车	막차를 타기에는 늦었다
恐怕来不及了。	아마도 늦을 거 같다. (단독 사용)

필수 문장

1 现在再后悔也来不及了。
Xiànzài zài hòuhuǐ yě láibují le.

2 马上就动身，还来得及。
Mǎshàng jiù dòngshēn, hái láidejí.

> tip 动身은 '출발하다'의 의미로
> 出发와 같은 뜻이다.

3 这些事情今天来不及做了，明天再做吧。
Zhè xiē shìqing jīntiān láibují zuò le, míngtiān zài zuò ba.

4 别着急，还来得及买票。
Bié zháojí, hái láidejí mǎi piào.

단어 动身 dòngshēn 출발하다 | 着急 zháojí 조급해하다

회화 따라잡기 DIALOGUE 1

A 怎么办，明天有英语考试。
Zěnme bàn, míngtiān yǒu Yīngyǔ kǎoshì.

B 现在着急也来不及了。
Xiànzài zháojí yě láibují le.

（考完以后）

A 真糟糕，今天考砸了。
Zhēn zāogāo, jīntiān kǎozá le.

B 现在后悔也来不及了。
Xiànzài hòuhuǐ yě láibují le.

> 단어 糟糕 zāogāo 큰일이다 ｜ 考砸 kǎozá 시험을 망치다

작문 따라잡기 WRITING 2

다음 문장을 중작하세요.

1 빨리 좀 준비해라准备. 그렇지 않으면要不然 시간에 맞춰갈 수 없겠어.

2 기차가 곧 떠나니, 밥 먹기엔 시간이 촉박해요.

3 내가 보기에, 지금 출발해도出发 이미 늦었다.

필수문장 따라잡기 SENTENCE 3

다음 문장을 중국어로 말해보세요.

1 지금 아무리 후회해도 늦었다.

2 즉시 바로 출발하면, 아직은 늦지 않아.

3 이 일들은 오늘 하기에 늦었으니, 내일 다시 합시다.

4 조급해하지 마세요, 아직 표를 살 시간적 여유는 있어요.

073

连…都(也)…

tip 편지를 세는 양사는 **封**이다.
예) 写一封信 편지 한 통을 쓰다
寄一封信 편지 한 통을 부치다

他忙得连封信都没给我写。

Tā máng de lián fēngxìn dōu méi gěi wǒ xiě.
그는 바빠서 편지 한 통 조차도 나에게 쓰지 않았다.

심지어 ~조차도, ~마저도 ~하다

필수 어법

'连…都…'는 '连…也…'로 바꾸어 쓸 수 있으며, 중간에 강조하는 내용을 넣어주면 된다. 주어, 목적어, 수량사, 동사를 강조할 수 있다. 이때, 连은 생략할 수 있음을 꼭 기억하자.

连老师也看不懂。　　선생님도 보고 이해하지 못한다. (주어 강조)
连名字都忘了。　　　이름조차도 잊었다. (목적어 강조)
连一个也没有。　　　하나도 없다. (수량사 강조)
连听也没听过。　　　들어본 적도 없다. (동사 강조)

필수 문장

1 这个菜连一点儿味道都没有。
Zhè ge cài lián yìdiǎnr wèidao dōu méiyǒu.

tip '连…都…' 강조용법에서 수량을 강조할때는 一点儿, 一个, 一次처럼 최소한의 수량을 사용해야 한다. 两个, 三个 등은 사용할 수 없다.

2 没有胃口，连饭也不想吃。
Méiyǒu wèikǒu, lián fàn yě bù xiǎng chī.

3 现在我忙得连吃饭的时间也没有。
Xiànzài wǒ máng de lián chī fàn de shíjiān yě méiyǒu.

4 那件事很有名，连小孩子都知道。
Nà jiàn shì hěn yǒumíng, lián xiǎoháizi dōu zhīdao.

단어 味道 wèidao 맛 | 胃口 wèikǒu 입맛, 식욕

회화 따라잡기 1
DIALOGUE

A (在唱歌) 我爱你, 爱着你, 就像老鼠爱大米······
　　 Wǒ ài nǐ, àizhe nǐ, jiù xiàng lǎoshǔ ài dàmǐ······

B 很少听到你唱歌, 是不是有高兴的事情?
　　 Hěn shǎo tīngdào nǐ chàng gē, shì bu shì yǒu gāoxìng de shìqing?

A 我 连 作梦 都 没想到中奖了, 中了5万!
　　 Wǒ lián zuòmèng dōu méi xiǎngdào zhòngjiǎng le, zhòngle wǔwàn!

B 真的? 那请我吃饭吧! 哈哈。
　　 Zhēn de? Nà qǐng wǒ chī fàn ba! Hāha

> 단어 老鼠 lǎoshǔ 쥐 | 中奖 zhòngjiǎng 당첨되다

작문 따라잡기 2
WRITING

다음 문장을 중작하세요.

1 당신까지도 나를 믿지 않아요相信?

_____

2 너는 이렇게 간단한简单 것도 모르니?

_____

3 그는 자기 이름名字조차도 쓸 줄 모른다.

_____

필수문장 따라잡기 3
SENTENCE

다음 문장을 중국어로 말해보세요.

1 이 요리는 조금의 맛도 없다.

_____

2 입맛이 없어서, 밥조차도 먹고 싶지 않다.

_____

3 지금 나는 바빠서 심지어 밥 먹을 시간조차도 없다.

_____

4 그 일은 아주 유명해서, 아이들까지도 안다.

_____

O74 没想到

我做梦也没想到，他成了电视演员了。

Wǒ zuòmèng yě méi xiǎngdào, tā chéngle diànshì yǎnyuán le.

나는 꿈에서조차도 생각지도 못했는데, 그가 텔레비전 배우가 되었구나.

~하리라고 예상치 못했다, 미처 생각하지 못했다

동의어 想不到 xiǎngbudào | 竟 jìng | 竟然 jìngrán | 居然 jūrán |
出乎预料 chūhūyùliào | 出乎意料 chūhūyìliào |
在…的意料之外 zài…de yìliào zhīwài

필수 어법

'没(못했다) + 想(생각하다) + 到(생각이 미치다)'가 조합되어 '생각지도 못했다'라는 의미가 되었다.

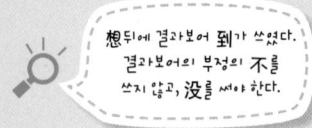

想뒤에 결과보어 到가 쓰였다.
결과보어의 부정의 不를
쓰지 않고, 没를 써야 한다.

根本没想到。	전혀 예상치 못했다.
做梦也没想到。	꿈에서조차도 생각 못했다.
谁也没想到。	그 누구도 예상치 못했다.
连想都没想到。	생각조차도 못했다.

필수 문장

1 我根本没想到他成功得这么早。
Wǒ gēnběn méi xiǎngdào tā chénggōng de zhème zǎo.

2 我没想到你喜欢打扑克。
Wǒ méi xiǎngdào nǐ xǐhuan dǎ pūkè.

3 谁也没想到这些问题。
Shéi yě méi xiǎngdào zhè xiē wèntí.

4 我真没想到在这儿遇见你们。
Wǒ zhēn méi xiǎngdào zài zhèr yùjiàn nǐmen.

tip 부사 根本은 '근본'이라는 뜻도 있지만, 부사로 '전혀, 아예'라는 뜻으로 부정부사(不, 没)와 함께 나온다.

단어 做梦 zuòmèng 꿈 꾸다 | 根本 gēnběn 아예, 전혀 | 成功 chénggōng 성공하다 | 扑克 pūkè 카드, 트럼프 |
遇见 yùjiàn 만나다

회화 따라잡기
DIALOGUE **1**

A 你为什么要哭? 发生什么事情了?
　Nǐ wèishénme yào kū? Fāshēng shénme shìqing le?

B 我和男朋友分手了。
　Wǒ hé nánpéngyou fēnshǒu le.

A 昨天我还看到你们有说有笑的。
　Zuótiān wǒ hái kàndao nǐmen yǒu shuō yǒu xiào de.

B 没想到他心里早就没有我了。
　Méi xiǎngdào tā xīnli zǎojiù méiyǒu wǒ le.

> 단어 分手 fēnshǒu 헤어지다, 이별하다

작문 따라잡기
WRITING **2**

다음 문장을 중작하세요.

1 나는 오늘 비가 오리라고는 생각지도 못했다.

_____

2 나는 그가 그런那样 사람일 줄은 생각지도 못했다.

_____

3 그건 내가 꿈에도做梦 생각 못했던 일이었다.

_____

필수문장 따라잡기
SENTENCE **3**

다음 문장을 중국어로 말해보세요.

1 나는 그가 이렇게 일찍 성공 하리라고는 전혀 생각지도 못했다.

_____

2 나는 네가 포커 치는 걸 좋아하리라고는 생각지도 못했다.

_____

3 누구도 이 문제들은 생각하지 못했다.

_____

4 나는 여기에서 너희들을 만나리라고는 정말 생각지도 못했다.

_____

O75 难道···吗?

tip '기회를 놓치다'는 错过机会(cuòguò jīhuì)라 하고,
'기회를 잡는다'는 抓住机会(zhuāzhù jīhuì)라고 한다.

这样好的机会，你难道想错过吗？

Zhèyàng hǎo de jīhuì, nǐ nándào xiǎng cuòguò ma?

이렇게 좋은 기회를 너 설마 놓치고 싶은 거니?

설마 ~하겠는가? ~일리는 없겠지?

동의어 难道…不成 nándào…bùchéng | 莫非…不成 mòfēi…bùchéng

필수 어법

难道(설마)는 화자의 반문하는 뉘앙스를 더 강하게 나타내 주는 어기부사로 술어 앞에 쓰이며, 주어 앞에 나올 수도 있다. '难道…吗?'의 형식에서 吗를 생략할 수 있으나, 그때는 말의 끝머리를 올려주어 의문의 느낌을 살려 주어야 한다.

你难道还不满意吗? (주어 뒤) 설마 만족하지 못하는 거니?
难道你还不满意吗? (주어 앞)
难道你还不满意?↗ (吗 생략)

필수 문장

1 你难道以为我开玩笑吗?
Nǐ nándào yǐwéi wǒ kāi wánxiào ma?

2 他怎么还不来，难道是迷路了吗?
Tā zěnme hái bù lái, nándào shì mílù le ma?

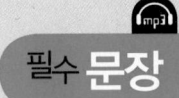

tip 以为는 주관적 견해를 나타내며 일반적으로 '잘못 착각하다'의 의미로 쓰인다.

3 难道你一杯啤酒也不能喝吗?
Nándào nǐ yì bēi píjiǔ yě bù néng hē ma?

4 怎么这么便宜? 难道这是假的吗?
Zěnme zhème piányi? Nándào zhè shì jiǎ de ma?

단어 机会 jīhuì 기회 | 错过 cuòguò 놓치다 | 以为 yǐwéi ~라고 (잘못) 생각하다 | 迷路 mílù 길을 잃다 |
假 jiǎ 가짜의, 거짓의

회화 따라잡기
DIALOGUE 1

A 你妈很伤心，你知道为什么吗?
　　Nǐ mā hěn shāngxīn, nǐ zhīdao wèishénme ma?

B 她说了我一顿，我就顶嘴了。
　　Tā shuōle wǒ yí dùn, wǒ jiù dǐngzuǐ le.

A 难道你还不知道你的错误吗?
　　Nándào nǐ hái bù zhīdào nǐ de cuòwù ma?

B 哼! 我没错。
　　Hēng! Wǒ méi cuò.

> 단어 顶嘴 dǐngzuǐ 말대답하다, 말대꾸하다 | 错误 cuòwù 실수, 잘못

작문 따라잡기
WRITING 2

다음 문장을 중작하세요.

1 설마 내가 잘못 본 건看错 아니겠지?

_____

2 이 일은 모두들 다 아는데, 설마 당신이 아직还 모르지는 않겠죠?

_____

3 설마 너희들 그 영화电影를 아직 안 본 건 아니겠지?

_____

필수문장 따라잡기
SENTENCE 3

다음 문장을 중국어로 말해보세요.

1 너 설마 내가 농담하는 거라고 여기는 건 아니겠지?

_____

2 그가 어째서 아직 오지 않는 거지? 설마 길을 잃은 건 아니겠지?

_____

3 설마 너 맥주 한 잔조차도 못 마시는 건 아니겠지?

_____

4 어쩜 이렇게 싸니! 설마 이것이 가짜는 아니겠지?

_____

076 弄

这把锁我用了各种办法，弄了半天，可是打不开。

Zhè bǎ suǒ wǒ yòngle gèzhǒng bànfǎ, nòngle bàntiān, kěshì dǎbukāi.

이 자물쇠는 내가 각종 방법을 다 써서 한참이나 해보았는데도, 열리지 않는다.

tip 把는 손잡이가 달리거나, 손으로 쥐는 물건에 쓰는 양사이다. 주로 뒤에 명사 雨伞(우산), 椅子(의자), 刀子(칼), 钥匙(yàoshi 열쇠) 등이 나온다.

1. 수리하다
2. (어떻게든) 손에 넣다, 장만하다
3. ~하다, 행하다, 만들다

필수 어법

弄은 정말 많은 뜻을 지니고 있다. 그 중에 가장 대표적 뜻은 원래 쓰여야 할 동사의 구체적 설명이 불필요하거나 곤란한 경우에 그 동사를 대신해서 쓴다.

❶ 수리하다

弄自行车 자전거를 고치다 | 弄电脑 컴퓨터를 고치다

❷ 손에 넣다

弄到手 손에 넣었다 구했다 | 弄点儿吃的 먹을 것을 구하다

❸ ~하다

弄坏 망가뜨렸다 | 弄丢 잃어버렸다 | 弄脏 더러워졌다 | 弄明白 알았다

필수 문장

1 我没把这个问题弄清楚。
Wǒ méi bǎ zhè ge wèntí nòngqīngchu.

2 她的新衣服被弄脏了。
Tā de xīn yīfu bèi nòngzāng le.

3 别把我的电话号码弄丢。
Bié bǎ wǒ de diànhuà hàomǎ nòngdiū.

4 客人都来了，菜都弄好了吗?
Kèrén dōu lái le, cài dōu nònghǎo le ma?

tip 명사를 수식할 때 일반적으로 구조조사 的의 도움을 받지만, 단음절 형용사일 때는 구조조사 的를 사용하지 않는다.

예) 新同学 새 급우
好朋友 좋은 친구
老朋友 오랜 친구

단어 锁 suǒ 자물쇠 | 各种 gèzhǒng 각종 | 脏 zāng 더럽다

회화 따라잡기 DIALOGUE 1

A 你参加昨天的假面舞会了吗？
Nǐ cānjiā zuótiān de jiǎmiàn wǔhuì le ma?

B 参加了，我还看到小王扮成僵尸。
Cānjiā le, wǒ hái kàndao Xiǎo Wáng bànchéng jiāngshī.

A 可不是嘛，还和我弄鬼脸，吓了一跳。
Kěbushì ma, hái hé wǒ nòng guǐliǎn, xiàle yí tiào.

B 不会吧，胆子真小。
Búhuì ba, dǎnzi zhēn xiǎo.

> **단어** 假面舞会 jiǎmiàn wǔhuì 가면무도회 | 僵尸 jiāngshī 강시 | 鬼脸 guǐliǎn 이상한 표정, 괴상한 표정

작문 따라잡기 WRITING 2

다음 문장을 중작하세요.

1 여권护照을 잃어버리지 마라.

_____

2 방房间을 더럽히지 마라.

_____

3 엄마가 많은 음식을 하셔서 모두 즐거워했다高兴.

_____

필수문장 따라잡기 SENTENCE 3

다음 문장을 중국어로 말해보세요.

1 나는 이 문제를 정확히 이해하지 못했다.

_____

2 그녀의 새 옷이 더럽혀졌다.

_____

3 내 전화번호를 잃어버리지 마.

_____

4 손님이 다 오셨는데, 음식은 모두 다 된 거니?

_____

day 21
day 22
day 23
day 24
day 25
day 26
day 27
day 28
day 29
day 30
day 31
day 32
day 33
day 34
day 35
day 36
day 37
day 38
day 39
day 40

O77

两下子

tip 就는 '바로, 곧'이라는 뜻인 부사로 일반적으로 술어 앞에 위치하지만, '단지, 겨우'라는 의미로 쓰일 때는 주어 앞에도 올 수 있다. 여기서는 주어 '그 실력'을 제한하기 위해 주어 앞으로 왔다.

就你那 两下子, 还想考名牌大学?

Jiù nǐ nà liǎngxiàzi, hái xiǎng kǎo míngpái dàxué?

겨우 너의 그런 실력으로 여전히 명문대학 시험을 보려고 하니?

상당한 능력, 대단한 솜씨

동의어 本领 běnlǐng | 本事 běnshi

필수 어법

有两下子는 능력이 뛰어난 사람을 일컫는다. HSK 독해 1부분에 동의어를 묻는 문제로 종종 출현하니 꼭 암기해 두길 바란다.

你有人家那两下子吗?   너는 그애 같은 능력 있어?

没有这两下子就别说自己是个玩家。   이 능력이 없으면 자신이 프로게이머라고 말하지 마.

필수 문장

1 他真有两下子, 把这件事办得很完美。

Tā zhēn yǒu liǎngxiàzi, bǎ zhè jiàn shì bàn de hěn wánměi.

2 真没想到, 你有这两下子。

Zhēn méi xiǎngdào, nǐ yǒu zhè liǎngxiàzi.

tip 别看은 보통 '~라고 보지 마라'라고 해석하지만 여기서는 '작지만, 그러나~'라고 해석한다.
别看은 접속사 虽然(비록)과 바꿔 생각해도 무방하다.

3 别看他个子矮, 干活儿可真有两下子。

Bié kàn tā gèzi ǎi, gàn huór kě zhēn yǒu liǎngxiàzi.

4 他真有两下子, 什么都会做。

Tā zhēn yǒu liǎngxiàzi, shénme dōu huì zuò.

단어 名牌 míngpái 명품, 명문 | 完美 wánměi 완전하다, 매우 훌륭하다 | 个子 gèzi 키, 몸집, 체격 |
矮 ǎi (키가) 작다, (높이가) 낮다 | 干活儿 gànhuór 일하다

회화 따라잡기 1
DIALOGUE

A 你知道吗? 小李在演讲比赛中拿了第一名。
　　Nǐ zhīdao ma? Xiǎo Lǐ zài yǎnjiǎng bǐsài zhōng nále dì yī míng.

B 我不相信。他平时很少说话。
　　Wǒ bù xiāngxìn. Tā píngshí hěn shǎo shuōhuà.

A 真的。人不可貌相。
　　Zhēn de. Rén bù kě màoxiàng.

B 他还真有两下子。
　　Tā hái zhēn yǒu liǎngxiàzi.

> 단어 演讲 yǎnjiǎng 말하다, 연설하다 ┃ 貌相 màoxiàng 용모, 외모로 사람을 판단하다

작문 따라잡기 2
WRITING

다음 문장을 중작하세요.

1 이 아이는 과연果然 실력이 있다.

2 만약 실력이 없으면, 그도 대회比赛 참가에 접수하지报名 않을 것이다.

3 정말 생각지 못했다, 너에게 이런 능력이 있는지.

필수문장 따라잡기 3
SENTENCE

다음 문장을 중국어로 말해보세요.

1 그는 정말 능력이 있다. 이 일을 훌륭하게 해냈다.

2 정말 생각하지 못했다, 너에게 이런 재주가 있는지.

3 비록 그의 키가 작지만, 일하는데 정말 능력이 있다.

4 그는 정말 능력이 있다, 뭐든 다 할 줄 안다.

O78 没法

> tip 动不动은 '걸핏하면'이라는 뜻으로 常常, 经常과 동의어이지만, 일반적으로 부정적인 내용과 함께 쓰인다.
> 예) 动不动喝酒 걸핏하면 술 마신다
> 动不动吵架 걸핏하면 싸운다
> 动不动迟到 걸핏하면 지각한다

小孩子动不动闹事，全家人都拿他没法。

Xiǎoháizi dòngbudòng nào shì, quán jiārén dōu ná tā méifǎ.

어린아이가 걸핏하면 일을 저지른다. 온 가족이 모두 그에겐 어쩔 수 없다.

관용어 | 어쩔 수 없다, 방법이 없다

동의어 没有办法 méiyǒu bànfǎ | 拿…没法 ná…méifǎ

필수 어법

没法는 没有办法의 줄임말로 어떤 사람이나 사물에게 불만족한 점이 있는데, 그를 변화시킬 방법도 생각나지 않아 어찌할 도리가 없다라는 뜻으로 쓰인다. 일반적으로 비교적 가까운 사람에게 쓸 수 있는 말이다. '拿…没法'의 형식으로도 쓰이기도 한다. 이때, 拿는 把(~을, ~를)의 변형 형태이다.

这台复印机刚修好了就又坏了，真拿它没法。
이 복사기는 방금 수리했는데 또 고장 나다니, 진짜 어찌할 방법이 없다. (사물)

哥哥整天玩电脑，父母也拿他没法。
형은 하루종일 컴퓨터만 하는데, 부모도 어찌할 도리가 없다. (사람)

필수 문장

1 再有能耐的人，遇到这种麻烦的事，也没法。
Zài yǒu néngnai de rén, yùdào zhè zhǒng máfan de shì, yě méifǎ.

2 这样慢慢地走，什么时候才能走到呢。真拿他没法。
Zhè yàng mànmān de zǒu, shénme shíhou cái néng zǒu dào ne. Zhēn ná tā méifǎ.

> tip 遇到는 '우연히 만나다'의 의미로 碰到와 동의어이다. 약속하지 않고 우연히 만나거나, 번거롭거나 위험한 일, 긴급상황 등 뜻밖에 일어나는 일에 사용된다.
> 예) 遇到困难 어려움이 닥치다
> 遇到紧急情况 긴급상황을 만나다
> 在街上遇到老朋友.
> 길에서 오랜 친구를 만났다.

3 我真拿他没法。怎么说也不听话。
Wǒ zhēn ná tā méifǎ. Zěnme shuō yě bù tīnghuà.

4 我不上学，我妈拿我也没法。
Wǒ bú shàngxué, wǒ mā ná wǒ yě méifǎ.

단어 动不动 dòngbudòng 걸핏하면 | 能耐 néngnai 솜씨, 수완 | 遇到 yùdào 만나다

회화 따라잡기 1
DIALOGUE

A 他怎么还不来呀?
　Tā zěnme hái bù lái ya?

B 我临走时还一再叮嘱他, 千万别迟到。
　Wǒ lín zǒu shí hái yízài dīngzhǔ tā, qiānwàn bié chídào.

A 再等他一会儿。
　Zài děng tā yíhuìr.

B 他这个人就是慢性子, 火上房他都不着急, 没法!
　Tā zhè ge rén jiùshì mànxìngzi, huǒ shàng fáng tā dōu bù zháojí, méi fǎ!

단어 临 lín 막 ~하려고 하다 | 叮嘱 dīngzhǔ 신신당부하다 | 慢性子 mànxìngzi 굼벵이

작문 따라잡기 2
WRITING

다음 문장을 중작하세요.

1 그 둘은 날마다天天 다툰다吵架, 나도 어찌할 방법이 없다.

　_____

2 아이가 공부하지 않는 것을, 부모도 어찌할 방법이 없다.

　_____

3 그가 일자리를 찾지 않는 것은, 나도 어찌할 방법이 없다.

　_____

필수문장 따라잡기 3
SENTENCE

다음 문장을 중국어로 말해보세요.

1 아무리 수완이 있는 사람이라고 해도, 이런 번거로운 일에 부딪히면, 어쩔 수 없다.

　_____

2 이렇게 천천히 가면 언제쯤에서야 도착할 수 있겠니? 정말 그를 어쩔 수가 없다.

　_____

3 나는 정말 그를 어쩔 수가 없다, 어떻게 말해도 듣지 않는다.

　_____

4 나는 학교에 다니지 않는데, 우리 엄마도 어찌하지 못했다.

碰钉子

这几天我到处碰钉子。

Zhè jǐ tiān wǒ dàochù pèng dīngzi.
요 며칠 나는 곳곳에서 어려움을 겪는다.

거절 당하다

동의어 遭到拒绝 zāodào jùjué | 遭到挫折 zāodào cuòzhé

碰一鼻子灰 pèng yì bízi huī 코에 잿더미를 묻혔다 → 거절 당하다

필수 어법

碰钉子는 碰(부딪히다)과 钉子(못)가 합쳐진 단어이다. 다시 말해 잘 나가다가 '못(=난관)'에 부딪혔음을 의미한다. 퇴짜 맞는 것, 거절 당하는 것, 꾸지람 듣는 것을 碰钉子라고 한다. 못(=난관)에는 부드러운 软(ruǎn)钉子가 있고, 딱딱한 硬(yìng)钉子가 있다.

碰了软钉子 부드러운 못에 부딪히다 ⇒ 부드러운 표정과 공손한 말투로 당하는 거절

碰了硬钉子 딱딱한 못에 부딪히다 ⇒ 단호하고 호되게 한마디로 당하는 거절

필수 문장

1 我去找老板请假，可能又要碰钉子了。
Wǒ qù zhǎo lǎobǎn qǐngjià, kěnéng yòu yào pèng dīngzi le.

> tip 아직 발생하기 않은 일이지만, 지금껏 경험을 미루어 보아 분명 그렇게 될 것임이 예상될 때 '又要…了'를 쓴다.

2 做事都免不了碰钉子。
Zuò shì dōu miǎnbuliǎo pèng dīngzi.

3 这次又碰钉子了。
Zhè cì yòu pèng dīngzi le.

> tip 又는 동작이 이미 반복 발생한 것을 의미하므로 了와 함께 호응하고, 再는 반복 동작이 아직 발생하지 않았기 때문에 吧와 자주 호응한다.

4 我们俩准备结婚的时候，碰了很多钉子。
Wǒmen liǎ zhǔnbèi jiéhūn de shíhou, pèngle hěn duō dīngzi.

단어 到处 dàochù 도처, 곳곳 | 老板 lǎobǎn 사장 | 请假 qǐngjià 휴가를 내다 | 免不了 miǎnbuliǎo 면할 수 없다

회화 따라잡기 1 DIALOGUE

A 我看你怎么垂头丧气的啊，怎么了，发生什么事了？
Wǒ kàn nǐ zěnme chuítóusàngqì de a, zěnme le, fāshēng shénme shì le?

B 现在找个好工作实在是太难了，到处碰钉子。
Xiànzài zhǎo ge hǎo gōngzuò shízài shì tài nán le, dàochù pèng dīngzi.

A 没事的，不经历风雨怎能见彩虹呢！加油！
Méi shì de, bù jīnglì fēngyǔ zěn néng jiàn cǎihóng ne! Jiāyóu!

B 谢谢你的鼓励，我会努力的。
Xièxie nǐ de gǔlì, wǒ huì nǔlì de.

> **단어** 垂头丧气 chuítóusàngqì 의기소침하다 | 风雨 fēngyǔ 비바람 (역경) | 彩虹 cǎihóng 무지개 |
> 鼓励 gǔlì 격려

작문 따라잡기 2 WRITING

다음 문장을 중작하세요.

1 너 지금 이 일을 하기 시작하면, 분명히肯定 난관에 부딪힐 것이다.

_____

2 학교에서 사회로 들어가면步入, 난관에 부딪치는 것을 피할 수 없을难免 것이다.

_____

3 그는 성격性格이 너무 급急해서, 가는 곳마다 거절을 당한다.

_____

필수문장 따라잡기 3 SENTENCE

다음 문장을 중국어로 말해보세요.

1 나는 사장에게 찾아가 휴가를 신청 하려고 하는데, 아마 또 거절당할 것 같다.

_____

2 일을 하는 데 어려움을 겪는 것을 면할 수 없다.

_____

3 이번에도 또 거절당했다.

_____

4 우리 둘은 결혼 준비를 할 때에 많은 난관에 부딪혔다.

_____

day 21
day 22
day 23
day 24
day 25
day 26
day 27
day 28
day 29
day 30
day 31
day 32
day 33
day 34
day 35
day 36
day 37
day 38
day 39
day 40

080 泼冷水

这件事我得给你泼点儿冷水。

Zhè jiàn shì wǒ děi gěi nǐ pō diǎnr lěngshuǐ.

이 일은 내가 너에게 찬물을 좀 끼얹어야겠다.

관용어 | 찬물을 끼얹다, 분위기를 깨다

동의어 打击人的热情 dǎjī rén de rèqíng 다른 사람의 열정에 타격을 주다

扫兴 sǎoxìng 흥을 깨다

필수 어법

직역하면 '찬물을 끼얹다'로 우리나라 말의 뜻과 쓰임이 일치한다. 어떤 이의 생각이나 결정에 타격을 주는 것으로 그 사람의 흥(兴)을 깬다는 의미가 있다. 같은 뜻으로 扫兴이 있는데 扫는 '청소하다', 兴은 '흥'으로 '흥을 청소하다', 즉 '흥을 깬다'는 의미이다.

你别给我泼冷水了。　　　나에게 찬물 끼얹지 마.

怎么你也给我泼冷水啊?　어떻게 너까지 나에게 찬물을 끼얹는 거니?

필수 문장

1 大家都想去爬山，你就别给他们泼冷水了。

Dàjiā dōu xiǎng qù páshān, nǐ jiù bié gěi tāmen pō lěngshuǐ le.

2 我要去外地工作，家里支持的人不多，泼冷水的人不少。

Wǒ yào qù wàidì gōngzuò, jiāli zhīchí de rén bù duō, pō lěngshuǐ de rén bù shǎo.

3 我们做什么他都泼冷水。

Wǒmen zuò shénme tā dōu pō lěngshuǐ.

4 他的汉语已经有了进步，你别给他泼冷水了。

Tā de Hànyǔ yǐjīng yǒule jìnbù, nǐ bié gěi tā pō lěngshuǐ le.

tip '什么…都…'는 '의문대명사+都'형식으로, '모두'의 의미로 예외없는 모든 것을 지칭한다.

예) 什么都 무엇이든지
哪儿都 어디든지
谁都 누구든지

단어 爬山 páshān 등산하다 | 外地 wàidì 외지 | 支持 zhīchí 지지하다

회화 따라잡기 DIALOGUE 1

A 妈妈, 我这次考试考了班里第二, 还不错吧!
　　Māma, wǒ zhè cì kǎoshì kǎole bānli dì èr, hái búcuò ba!

B 好什么好啊, 这不没考第一嘛!
　　Hǎo shénme hǎo a, zhè bù méi kǎo dì yī ma!

A 你怎么每次都给我泼冷水呢, 我好不容易取得了好成绩。
　　Nǐ zěnme měi cì dōu gěi wǒ pō lěngshuǐ ne, wǒ hǎoburóngyi qǔdéle hǎo chéngjì.

B 对不起, 我不是那个意思。祝贺你。
　　Duìbuqǐ, wǒ búshì nà ge yìsi. Zhùhè nǐ.

작문 따라잡기 WRITING 2

다음 문장을 중작하세요.

1 샤오리는 신참新手이니까 그에게 찬물을 끼얹지 말아라不要.

_____

2 다른 사람에게 찬물을 끼얹는 것은 좋은 습관习惯이 아니다. 고쳐야改掉 한다.

_____

3 그가 나에게 몇 마디几句했는데, 나에게 찬물을 끼얹는 것 같아서, 나는 매우 상처받았다伤心.

_____

필수문장 따라잡기 SENTENCE 3

다음 문장을 중국어로 말해보세요.

1 모두들 등산을 가고 싶어하는데 너 그들에게 찬물을 끼얹지 말아라.

_____

2 나는 외지로 가서 일을 하려고 하는데, 집에서 지지해주는 사람은 많지 않고, 찬물을 끼얹는 사람은 적지 않다.

_____

3 우리가 무엇을 하든지 그는 찬물을 끼얹는다.

_____

4 그의 중국어에 이미 진보가 있는데, 너는 그에게 찬물을 끼얹지 마라.

_____

관용어 연결하기 | TEST 1

다음 뜻과 어울리는 관용어를 연결해 보세요.

① 어쩔도리가 없다　　　　　　　•　　　　　•　两下子
② 난관에 부딪히다, 거절당하다　•　　　　　•　没法
③ 상당한 능력　　　　　　　　　•　　　　　•　碰钉子
④ 찬물을 끼얹다　　　　　　　　•　　　　　•　泼冷水

빈칸 채우기 | TEST 2

다음 상용어를 사용하여 빈칸을 채워 보세요.

> 看　　来　　去　　也　　难道　　就是　　来不及　　没想到

① 这件事对我来说非常重要，＿＿＿＿＿大家都反对，我也要做。
② 你说说＿＿＿＿＿，结婚后谁的压力更大？
③ 我来收拾东西，你＿＿＿＿＿打扫房间吧。
④ 他好像在想什么问题，一直在房间里走来走＿＿＿＿＿。
⑤ 我＿＿＿＿＿跟你联系，自己就这么决定了。
⑥ 他连饭＿＿＿＿＿没吃，就去上班了。
⑦ 我做梦也＿＿＿＿＿，我得了第一。
⑧ 大家都知道，＿＿＿＿＿你没听说过这件事吗？

중작하기 | TEST 3

다음 문장을 중작하세요.
① 이렇게 번거로운 일을 나는 하기 귀찮다.

＿＿＿＿＿＿＿＿＿＿＿＿＿＿＿＿＿＿＿＿＿＿＿＿＿＿

② 내 지갑을 어디다 놓았더라?

＿＿＿＿＿＿＿＿＿＿＿＿＿＿＿＿＿＿＿＿＿＿＿＿＿＿

③ 듣자하니, 그는 외국인과 결혼하려고 한대.

＿＿＿＿＿＿＿＿＿＿＿＿＿＿＿＿＿＿＿＿＿＿＿＿＿＿

画龙点睛

huà lóng diǎn jīng

용을 그린 후에 눈동자에 점을 찍다(화룡점정)

가장 중요한 부분을 끝내어 완성시키다

예전에 '장승요'라는 화가가 벽에 4마리의 용을 그렸는데, 모든 용이 진짜 용처럼 금방이라도 하늘로 치솟아 오를 듯 생동감이 넘쳐흘러 그림을 보고 감탄하지 않는 사람이 없었다. 한가지 이상한 점은 그 화가는 용들에게 눈을 그리지 않았다는 것이다. 사람들은 왜 눈을 그리지 않냐고 물어봤다. 화가는 자신만만하게 "눈동자를 그려 넣을 수 없소. 만약에 내가 눈을 그리면 용은 당장 살아 움직여 바로 날아가 버리고 만단 말이오." 라고 말했다. 사람들은 이 말을 믿지 않고 눈을 그려 넣어 보라고 독촉 하였다. 그는 "좋소, 그럼 딱 한 마리에게만 그리겠소." 라고 한 뒤에 붓을 들고 용 한 마리에게 눈을 그리자, 큰 비가 내리고 번개가 치면서 그 눈이 있는 용은 벽을 떠나 하늘로 날아갔다. 그리고 그 눈이 없는 나머지 용들은 벽에 있었다.

'画龙点睛'은
'문장에서 한 두 마디
중요한 말을 보태거나,
가장 중요한 부분을 끌어내어
그 뜻이 더 잘 전달될 수 있다'는
의미로 쓰인다.

참고!

이 이야기는 중국 남북조 시대의 장승요라는 사람의 그림 솜씨를 과장한 이야기겠죠. 우리나라에도 이와 유사한 이야기가 있는데, 화가 장승요와 거의 동시대에 살았던 신라의 '솔거'가 벽에 그림 소나무 (노송도)를 그렸더니 지나가던 새가 와서 부딪쳐 죽었다는 설화도 유명하답니다.

WEEK 6

필수**상용어** 128句

哪怕…也…

哪怕不吃早饭，也要准时到教室上课。

Nǎpà bù chī zǎofàn, yě yào zhǔnshí dào jiàoshì shàngkè.

설령 아침밥을 먹지 않는다 해도 제 시간에 교실에 가서 수업을 해야 한다.

설령 ~일지라도

동의어 即使…也… jíshǐ…yě… | 就是…也… jiùshì…yě… | 就算…也… jiùsuàn…yě…

필수 어법

해석했을 때 '설령 ~일지라도'와 '비록 ~일지라도'는 차이점이 크게 없는 것처럼 보이지만, 중요한 차이점이 있다. 둘 다 역접의 느낌을 갖기는 하지만, 哪怕는 아직 발생하지 않은 '가설'이고, 虽然은 이미 발생한 일인 '사실'에 대해서 얘기하는 것이다.

哪怕明天下雨，我也要去。　설령 내일 비가 오더라도 나는 간다. (가설, 아직 발생하지 않음)

虽然今天下雨，但我还是去了。　비록 오늘 비가 왔지만 그러나 나는 갔다. (사실, 이미 발생함)

필수 문장

1 哪怕卖掉所有的东西，也要让孩子上学。

Nǎpà mài diào suǒyǒu de dōngxi, yě yào ràng háizi shàngxué.

2 每个人都应该遵守法律，哪怕你是总统。

Měi ge rén dōu yīnggāi zūnshǒu fǎlù, nǎpà nǐ shì zǒngtǒng.

3 哪怕不睡觉也要看完这本书。

Nǎpà bú shuìjiào yě yào kànwán zhè běn shū.

4 我很想她，哪怕看一眼也行。

Wǒ hěn xiǎng tā, nǎpà kàn yì yǎn yě xíng.

> **tip** 一眼은 동사 뒤에 쓰이는 동량사 인데, 명사에서 빌려와 사용하는 '차용동량사'라고도 한다.
> 동작 看은 눈(眼睛)으로 하는 동작이므로, 眼을 빌려와 사용한 것이다.
> 예) 看一眼 한번 보다
> 吃一口 한입 먹다
> 踢一脚 발로 한번 차다

단어 准时 zhǔnshí 제시간에 | 동사 + 掉 diào ~해 버리다(결과보어) | 所有 suǒyǒu 모든 | 遵守 zūnshǒu 준수하다

회화 따라잡기 1
DIALOGUE

A 我真佩服你哥哥,天天晨练。
　Wǒ zhēn pèifú nǐ gēge, tiāntiān chénliàn.

B 是的,哪怕下雨,也锻炼。
　Shì de, nǎpà xià yǔ, yě duànliàn.

A 真是有毅力。
　Zhēn shì yǒu yìlì.

B 所以他身体特别棒!
　Suǒyǐ tā shēntǐ tèbié bàng!

> 단어 佩服 pèifú 탄복하다, 감탄하다 | 晨练 chénliàn 아침 운동 | 锻炼 duànliàn (신체를) 단련하다 |
> 毅力 yìlì 굳센 의지, 끈기 | 棒 bàng 좋다, 훌륭하다

작문 따라잡기 2
WRITING

다음 문장을 중작하세요.

1 좀 비싸더라도, 나는 몇 개 사겠다.

_____

2 일이 바쁘다 하더라도, 당신은 베이징에 한 번一趟 다녀와야 한다.

_____

3 날씨가 좋지 않더라도 갈거야.

_____

필수문장 따라잡기 3
SENTENCE

다음 문장을 중국어로 말해보세요.

1 설령 모든 물건을 다 팔아버린다 해도, 아이는 진학을 시켜야 한다.

_____

2 사람들은 모두 법을 준수해야 한다, 설령 네가 대통령이라고 해도.

_____

3 설령 잠을 자지 않는다 하더라도 이 책을 다 봐야 한다.

_____

4 나는 그녀가 매우 그립다, 설령 한 번 보는 것이라 해도 괜찮다.

_____

拿手

tip 全聚德는 음식점 이름으로 베이징오리구이의 원조라고 할 수 있다. 베이징 천안문 근처에 가면 원조 **全聚得**뿐만 아니라, 원조를 자처하는 여러 개의 **全聚得**가 있다. 요리사가 직접 손님이 보는 앞에서 구운 오리를 얇게 썰어준다.

烤鸭是全聚德的拿手好菜。

Kǎoyā shì Quánjùdé de náshǒu hǎo cài.

오리구이는 취엔쥐더의 가장 잘하는 요리이다.

매우 잘한다, 가장 자신있다

필수 어법

拿手는 '손을 들어 올린다'는 뜻으로 무엇을 잘 했을 때, 우리가 엄지 손가락을 들어 올려 보여주면 '잘했어, 멋져'라고 칭찬하는 모습을 떠올리면 된다.

你有没有拿手歌儿?	네가 가장 잘 부르는 18번 노래가 있니?
这家饭馆的拿手菜是什么?	이 음식점의 가장 잘하는 요리는 무엇인가요?
这是他的拿手戏。	이건 그가 가장 자신 있어 하는 장기야.

拿手는 술어로 쓰이기도 한다.

足球他很拿手。	그는 축구를 잘한다.
打毛衣她很拿手。	스웨터를 짜는 건 그녀가 제일 잘한다.

필수 문장

1 哄孩子是我最拿手的事。

Hǒng háizi shì wǒ zuì náshǒu de shì.

2 泡菜炒饭是我的拿手菜。

Pàocài chǎofàn shì wǒ de náshǒu cài.

tip 泡는 '물에 담그다'의 뜻으로 비교적 오랫동안 액체에 담그거나 적시는 것을 의미한다.

泡茶 중국은 차를 끓이지 않고 우려 먹는다
泡面 사발면을 먹기 위해 물을 넣어 익기를 기다린다
泡菜 김치를 절이면 삼투압 현상에 의해 물이 자작해 진다
泡衣服 옷을 빨기 위해 물에 담가 놓는다
泡饭 국이나 물에 밥을 말다

3 各种运动他都拿手。

Gèzhǒng yùndòng tā dōu náshǒu.

4 每个人都有自己的拿手歌儿。

Měi ge rén dōu yǒu zìjǐ de náshǒu gēr.

단어 烤鸭 kǎoyá 오리구이 | 全聚德 Quánjùdé 취엔쥐더 (오리구이 집) | 哄 hǒng 달래다, 어르다 | 泡菜 pàocài 김치

회화 따라잡기 DIALOGUE 1

A 昨天我听你唱歌了!
　　Zuótiān wǒ tīng nǐ chàng gē le!

B 是吗? 真不好意思。
　　Shì ma? Zhēn bùhǎoyìsi.

A 哪里，唱的真不错。你的拿手歌是什么?
　　Nǎlǐ, chàng de zhēn búcuò. Nǐ de náshǒu gē shì shénme?

B 我的拿手歌是光良的 '童话'。
　　Wǒ de náshǒu gē shì Guāngliáng de 'Tónghuà'.

> 단어 光良 Guāngliáng 중국 가수

작문 따라잡기 WRITING 2

다음 문장을 중작하세요.

1 내가 가장 잘하는 노래는 첨밀밀甜蜜蜜이다.

_____

2 운동运动 방면은 그가 잘 한다. 농구篮球를 하고 싶다면, 그를 찾아라.

_____

3 샤오왕은 연애恋爱를 잘해서 여자친구를 여러 번 바꿨다换.

_____

필수문장 따라잡기 SENTENCE 3

다음 문장을 중국어로 말해보세요.

1 아이를 달래는 것은 내가 가장 잘하는 일이다.

_____

2 김치볶음밥은 내가 가장 잘 하는 요리이다.

_____

3 그는 각종 운동을 다 잘 한다.

_____

4 매 사람마다 모두 자기의 18번 노래가 있다.

_____

O83 怕

他怕我不知道又给我打了个电话。

Tā pà wǒ bù zhīdào yòu gěi wǒ dǎ le ge diànhuà.

그는 내가 모를까 봐 걱정이 되어 또 나에게 전화를 걸어주었다.

1. 두렵다 (害怕) 2. 걱정된다, 염려된다 (担心) 3. 못견디다 (受不了)

필수 어법

怕에는 여러가지 뜻이 있으므로 문장을 읽으면서 전후 상황에 맞게 해석하는 센스가 필요하다. 뒤에 명사가 따라나올 경우는 '두렵다'의 뜻일 경우가 많고, 뒤에 동사나 구가 따라나올 경우는 '걱정하다'의 뜻일 경우가 많다. 또한 뒤에 热, 冷, 晒 등이 나오면 '견딜 수 없다'의 의미로 해석된다.

❶ **害怕**

　　我怕狗。 나는 개가 무섭다. ｜ 我怕考试。 나는 시험이 두렵다.

❷ **担心**

　　我怕迟到。 나는 지각 할까 봐. ｜ 我怕你不知道。 네가 모를까 봐.

❸ **受不了**

　　我怕冷。 나는 추위를 탄다. ｜ 我怕热。 나는 더위를 탄다.

> **tip** '…不了'는 불가능 보어에서 가장 대표적으로 쓰이는 보어 형식 중 하나이다.
>
> 예) 去不了 갈 수 없다
> 　　吃不了 먹을 수 없다
> 　　受不了 견딜 수 없다

필수 문장

1 我怕你没带钥匙进不了屋子，就提前回来了。

　　Wǒ pà nǐ méi dài yàoshi jìnbuliǎo wūzi, jiù tíqián huílai le.

2 不怕慢，就怕站，这个工作你千万不要停，要一直干下去。

　　Bú pà màn, jiù pà zhàn, zhè ge gōngzuò nǐ qiānwàn bú yào tíng, yào yìzhí gànxiàqu.

3 我怕他病，给他带来了不少的常用药。

　　Wǒ pà tā bìng, gěi tā dàilaile bù shǎo de chángyòngyào.

4 他怕迟到，五点就起床了。

　　Tā pà chídào, wǔ diǎn jiù qǐchuáng le.

> **tip** 不怕慢，就怕站은 늦는 것은 두렵지 않으나, 멈추어 서는 것이 두렵다는 뜻이다. 많은 사람들이 자신의 좌우명으로 사용하기도 하는 말이니 외워두면 좋다.

단어 钥匙 yàoshi 열쇠 ｜ 提前 tíqián 앞당기다 ｜ 千万 qiānwàn 제발, 부디 ｜ 停 tíng 멈추다 ｜
常用药 chángyòngyào 자주 쓰는 약

회화 따라잡기 DIALOGUE 1

A 你怎么气喘吁吁的, 跑这么快干嘛?
Nǐ zěnme qì chuǎnxūxū de, pǎo zhème kuài gàn ma?

B 我怕迟到, 老师骂我, 所以……
Wǒ pà chídào, lǎoshī mà wǒ, suǒyǐ……

A 你看, 离上课还有半个小时! 你的表不准了吧!
Nǐ kàn, lí shàngkè háiyǒu bàn ge xiǎoshí! Nǐ de biǎo bùzhǔn le ba!

B 真是的。我白担心了。
Zhēnshi de. Wǒ bái dānxīn le.

> **단어** 气喘吁吁的 qì chuǎnxūxū de 숨을 헥헥거리다 |
> 骂 mà 혼내다, 꾸짖다 | 准 zhǔn 정확하다 |
> 白 bái 괜히, 공연히, 쓸데없이

작문 따라잡기 WRITING 2

다음 문장을 중작하세요.

1 나는 지각할까迟到 걱정이 되어 뛰어왔어요.

_____

2 내일 8시에 출발한다. 나는 그가 잊었을까 걱정이 된다.

_____

3 그것은 중국 영화电影이다. 나는 못 알아 들을까 봐 걱정이다.

_____

필수문장 따라잡기 SENTENCE 3

다음 문장을 중국어로 말해보세요.

1 나는 네가 열쇠를 안 가져와서 집으로 들어갈 수 없을까 걱정이 되어,
앞당겨 돌아왔다.

_____

2 느린 것을 걱정하지 말고 정체되는 것을 걱정해라, 이 일은 네가 절대로
멈춰서는 안 된다, 계속 해 나가야 한다.

_____

3 나는 그가 병이 날까 봐 걱정이 되어, 그에게 적지 않은 약을 가져다 주었다.

_____

4 그는 지각할까 봐 걱정이 되어서 다섯 시에 바로 일어났다.

_____

084 …起来

对了, 我想起来了, 钥匙放在书包里了。

Duì le, wǒ xiǎngqǐlai le, yàoshi fàng zài shūbāoli le.

맞아, 생각났다, 열쇠를 책가방 안에 두었지.

방향보어 | ~하기 시작하다 (시작), ~해보니까 (평가)

필수 어법

방향보어는 동사 뒤에 나와 동작의 방향을 나타내거나 혹은 방향과 상관없이 동작의 의미를 더 깊이 있게 전달하는 파생의 의미로 쓰인다. '起来'는 가장 대표적인 방향보어로서 다향한 의미를 갖는다.

❶ 낮은 곳⇒높은 곳　　　　　拿起来 들다 | 站起来 일어서다

❷ 시작⇒지속 (~하기 시작하다) 下起雨来 비가 내리기 시작하다 | 说起话来 말하기 시작하다

❸ 평가(~해보면, ~해보니까)　听起来 들어보니 | 看起来 보아하니

❹ 분산⇒집중　　　　　　　　包起来 포장하다 | 收拾起来 정리하다

❺ 회상　　　　　　　　　　　想起来 기억나다 | 记起来 기억하다

필수 문장

1 听了他说的话, 大家都笑起来了。
Tīngle tā shuō de huà, dàjiā dōu xiàoqǐlai le.

2 刚才有一件事儿要问你, 突然想不起来。
Gāngcái yǒu yí jiàn shìr yào wèn nǐ, tūrán xiǎng bu qǐlai.

3 他的病最近好起来了。
Tā de bìng zuìjìn hǎoqǐlai le.

4 这个生词学起来并不难, 可是写起来常常写错。
Zhè ge shēngcí xuéqǐlai bìng bù nán, kěshì xiěqǐlai chángcháng xiěcuò.

tip 刚才는 '방금'이라는 뜻으로, 술어 앞에 오는 부사 刚, 刚刚와 같지만, 刚才는 시간명사로서 주어 앞에 위치할 수 있다는 특징이 있어, HSK 어법에 자주 출현한다.

단어 书包 shūbāo 책가방 | 突然 tūrán 갑자기

회화 따라잡기 1
DIALOGUE

A 今天你的气色看起来很好。难道有喜事?
　　Jīntiān nǐ de qìsè kànqǐlai hěn hǎo. Nándào yǒu xǐshì?

B 可不是嘛! 男朋友向我求婚了!
　　Kěbúshì ma! Nánpéngyou xiàng wǒ qiúhūn le!

A 哇! 记得邀请我去喝喜酒啊。
　　Wā! Jìde yāoqǐng wǒ qù hē xǐjiǔ a.

B 那当然!
　　Nà dāngrán!

> **단어** 气色 qìsè 얼굴빛, 기색 | 喜事 xǐshì 기쁜 일, 경사, 결혼 | 求婚 qiúhūn 청혼하다, 프로포즈하다 |
> 邀请 yāoqǐng 초청하다, 초대하다 | 喜酒 xǐjiǔ 결혼 축하주

작문 따라잡기 2
WRITING

다음 문장을 중작하세요.

1 그의 병病이 최근最近에 좋아지기 시작했다.

_____

2 나는 그녀를 보기만 하면, 우리 엄마가 생각난다.

_____

3 이 글자字는 어떻게 읽는지念, 난 생각이 나지 않는다.

_____

필수문장 따라잡기 3
SENTENCE

다음 문장을 중국어로 말해보세요.

1 그가 하는 말을 듣고서, 사람들을 모두 웃기 시작했다.

_____

2 방금 어떤 한 가지 일을 너에게 물으려고 했었는데, 갑자기 생각이 나지 않는다.

_____

3 그의 병이 최근에 좋아지기 시작했다.

_____

4 이 단어는 배우기는 어렵지 않지만, 써보면 자주 틀리게 쓴다.

_____

O85 千万

O85 这些菜都是家常菜，你尝尝看味道怎么样，千万别客气。

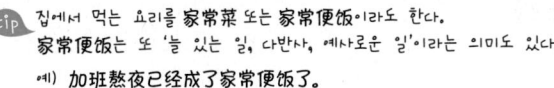

tip 집에서 먹는 요리를 家常菜 또는 家常便饭이라도 한다.
家常便饭는 또 '늘 있는 일, 다반사, 예사로운 일'이라는 의미도 있다.
예) 加班熬夜已经成了家常便饭了。
야근으로 밤 새는 것은 이미 늘상 있는 일이 되었다.

这些菜都是家常菜，你尝尝看味道怎么样，千万别客气。
Zhè xiē cài dōu shì jiāchángcài, nǐ chángchang kàn wèidao zěnmeyàng, qiānwàn bié kèqi.
이 요리들은 모두 집에서 먹는 음식들입니다. 어떤지 맛 좀 보세요. 제발 사양하지 마세요.

부사 | 부디, 제발, 절대로

동의어 一定要 yídìng yào

필수 어법

千万은 부사로서 어떠한 상황에서도 반드시 해야 한다는 뜻을 갖고 있다. 명령문에 쓰여 명령, 당부하거나, 간절하게 부탁함을 나타낸다. 금지를 나타내는 不要, 别, 不能 등과 자주 함께 쓰이나, 긍정형인 要와 함께 쓰이기도 한다.

형식 **千万别…** (부정)

千万别吵架。　　절대 싸우지 마.
千万别告诉他。　절대 그에게 알리지 마.

형식 **千万要…** (긍정)

千万要小心。　　부디 조심하세요.
千万要参加。　　부디 참석하세요.

필수 문장

1 明天的晚会你千万要来。
Míngtiān de wǎnhuì nǐ qiānwàn yào lái.

2 违法的事千万不要干。
Wéifǎ de shì qiānwàn bú yào gàn.

3 老师让你做的事，你千万别忘了。
Lǎoshī ràng nǐ zuò de shì, nǐ qiānwàn bié wàng le.

tip 비교문의 한 형태로
'A跟 B一样'의 형식으로
'A는 B와 같다'의 의미를
지닌다.

4 这儿就跟你自己家一样，千万别客气。
Zhèr jiù gēn nǐ zìjǐ jiā yíyàng, qiānwàn bié kèqi.

단어 家常菜 jiāchángcài 집에서 늘 먹는 요리 | 尝 cháng 맛보다 | 晚会 wǎnhuì 저녁모임 | 违法 wéifǎ 위법

회화 따라잡기 DIALOGUE 1

A 还在生气呢？我们和好吧。
　Hái zài shēngqì ne? Wǒmen héhǎo ba.

B 我是有点不高兴。
　Wǒ shì yǒu diǎn bù gāoxìng.

A 千万别在意，我就是有话直说的人。
　Qiānwàn bié zàiyì, wǒ jiùshì yǒu huà zhíshuō de rén.

B 好吧! 这次就原谅你!
　Hǎo ba! Zhè cì jiù yuánliàng nǐ!

> 단어 和好 héhǎo 화해하다 | 直说 zhíshuō 솔직히 말하다 | 原谅 yuánliàng 용서하다

작문 따라잡기 WRITING 2

다음 문장을 중작하세요.

1 너 제발 사양客气하지 말고, 더 먹어.

_____

2 길过路을 건널 때, 제발 조심小心해.

_____

3 너 약药 먹는 거 제발 잊지마.

_____

필수문장 따라잡기 SENTENCE 3

다음 문장을 중국어로 말해보세요.

1 내일 파티에 너 꼭 와야 해.

_____

2 법을 어기는 일은 제발 하지 마라.

_____

3 선생님이 너한테 하라고 시킨 일, 너 절대로 잊지 마라.

_____

4 여기는 너의 집과 똑같아, 제발 예의 차리지 마.

_____

086 如果…就…

做这个工作如果认真的话，就不会出错。

Zuò zhè ge gōngzuò rúguǒ rènzhēn de huà, jiù bú huì chūcuò.

이 일을 하는데 있어서 진지하게 한다면, 실수는 하지 않을 것이다.

접속사 | 만약 ~라면, ~하다

동의어 要是 yàoshì | 假如 jiǎrú | 倘若 tǎngruò | 万一 wànyī

필수 어법

如果는 접속사이며, 문장 맨 앞에 쓰여 가정의 의미를 나타낸다. 如果는 회화체와 서면어에 모두 쓰일 수 있지만, 주로 要是는 회화체에서만 사용한다.

형식 如果 + 가정, (那么) 주어 + 就 + 가정에 따른 결과

如果有什么事，就来找我。	만약 무슨 일이 생기면 나를 찾아와.
要是便宜的话，我想多买几个。	만약 싸다면, 몇 개 더 사고 싶다.
假如我是你，我肯定不会那样做的。	만약 내가 너라면, 나는 분명 그렇게 하지 않을 거야.
万一他不同意，那我怎么办？	만일 그가 동의하지 않는다면 어쩌지?

필수 문장

1 如果没有水和空气，人就活不了。

　　Rúguǒ méiyǒu shuǐ hé kōngqì, rén jiù huóbuliǎo.

2 如果有其他的意见，就随便提出来。

　　Rúguǒ yǒu qítā de yìjiàn, jiù suíbiàn tíchūlai.

3 如果你不早点儿去，可能就没有座位了。

　　Rúguǒ nǐ bù zǎo diǎnr qù, kěnéng jiù méiyǒu zuòwèi le.

4 如果你不相信，那就算了吧。

　　Rúguǒ nǐ bù xiāngxìn, nà jiù suànle ba.

단어 出错 chūcuò 실수하다 | 活不了 huóbuliǎo 살 수 없다 | 其它 qítā 기타 | 座位 zuòwèi 자리

회화 따라잡기 DIALOGUE 1

A 真想一夜之间变成富翁。
Zhēn xiǎng yí yè zhījiān biànchéng fùwēng.

B 别白日做梦了，努力学习吧。
Bié báirì zuòmèng le, nǔlì xuéxí ba.

A 小王，如果你赚到500万，你想怎么花？
Xiǎo Wáng, rúguǒ nǐ zhuàndào wǔbái wàn, nǐ xiǎng zěnme huā?

B 如果我有500万，就会移民到加拿大生活。
Rúguǒ wǒ yǒu wǔbái wàn, jiù huì yímín dào Jiānádà shēnghuó.

> 단어 富翁 fùwēng 부자, 백만장자 | 赚 zhuàn 돈을 벌다 | 移民 yímín 이민하다 |
> 加拿大 Jiānádà 캐나다

작문 따라잡기 WRITING 2

다음 문장을 중작하세요.

1 당신이 만약 올 수 없다면, 내게 전화电话를 좀 해주세요.

2 만약에 무슨 일이 있으면, 나를 찾아오세요.

3 내일 만약 비가 오면, 나는 가지 않는다.

필수문장 따라잡기 SENTENCE 3

다음 문장을 중국어로 말해보세요.

1 만약 물과 공기가 없다면, 사람은 살 수 없을 것이다.

2 만약 다른 의견이 있으면, 마음대로 제기하세요.

3 만약 네가 좀 일찍 가지 않았으면, 아마 곧 자리가 없어졌을 것이다.

4 만약 네가 믿지 않는다면, 그럼 관둬라.

087 什么…就…什么

妹妹是流行**什么**歌儿**就**喜欢**什么**歌儿。

Mèimei shì liúxíng shénme gēr jiù xǐhuan shénme gēr.

여동생은 유행하는 노래면 다 좋아한다.

필수 어법

두 개의 동일한 의문대명사를 앞·뒷절에 호응시켜 불특정한 어떤 것을 임의로 지시한다. 여기서 쓰이는 의문대명사는 사람, 사물, 장소, 시간, 방법 등을 가리킨다. 단, 반드시 앞절에 사용한 의문대명사를 뒷절에 동일하게 사용하여야 하며, 뒷절에는 종종 就를 사용하는 경우가 많다.

> **형식** 의문대명사 就 의문대명사
>
> **什么…就…什么** │ **多少…就…多少** │ **几…就…几** │ **哪…就…哪**
> **怎么…就…怎么** │ **哪儿…就…哪儿** │ **谁…就…谁**
>
> 你想去哪儿，就去哪儿。　　네가 가고 싶은 곳에 가라.
> 你喜欢谁，就给谁。　　　　네가 좋아하는 사람에게 줘라.

필수 문장

1 他想怎么办就怎么办，从来不听我们的。
Tā xiǎng zěnme bàn jiù zěnme bàn, cónglái bù tīng wǒmen de.

2 哪个商店的东西便宜，哪个商店的人就多。
Nǎ ge shāngdiàn de dōngxi piányi, nǎ ge shāngdiàn de rén jiù duō.

3 我们没有时间，什么快就来什么。
Wǒmen méiyǒu shíjiān, shénme kuài jiù lái shénme.

4 你什么时候方便，我就什么时候去找你。
Nǐ shénme shíhou fāngbiàn, wǒ jiù shénme shíhou qù zhǎo nǐ.

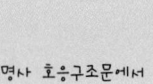 **tip** 의문대명사 호응구조문에서 초동사는 일반적으로 앞절 동사 앞에 위치한다.

단어 流行 liúxíng 유행하다 │ 商店 shāngdiàn 상점, 가게 │ 方便 fāngbiàn 편리하다

회화 따라잡기 DIALOGUE 1

A 记得我们上小学的时候，老师说什么，我们就跟着说什么。
Jìde wǒmen shàng xiǎoxué de shíhou, lǎoshī shuō shénme, wǒmen jiù gēnzhe shuō shénme.

B 我也是很听话的学生。
Wǒ yě shì hěn tīnghuà de xuésheng.

A 现在的小学生不一样，都很有好奇心。
Xiànzài de xiǎoxuéshēng bù yíyàng, dōu hěn yǒu hàoqíxīn.

B 能提出很多问题。
Néng tíchū hěn duō wèntí.

> 단어 好奇心 hàoqíxīn 호기심 | 提出 tíchū 제기하다

작문 따라잡기 WRITING 2

다음 문장을 중작하세요.

1 무엇이든 내가 말한 대로, 그는 따른다听.

_____

2 무엇이든 당신이 먹고 싶은 것을 주문하세요点.

_____

3 무엇이든 당신이 원하는要 것을 내가 사주겠다.

_____

필수문장 따라잡기 SENTENCE 3

다음 문장을 중국어로 말해보세요.

1 그는 하고 싶은 대로 한다, 이제까지 한번도 우리들의 말을 듣지 않았다.

_____

2 물건 값이 싼 상점에 사람이 많다.

_____

3 우리 시간이 없으니, 빠른 걸로 주세요.

_____

4 네가 편리한 시간에, 그때 너를 찾아갈게.

O88 (首)先…然后…

我的钱得先换成人民币，然后再存在银行里。

Wǒ de qián děi xiān huànchéng rénmínbì, ránhòu zài cún zài yínhángli.

내 돈을 먼저 인민폐로 바꾸고, 그런 다음 은행에 저금해야 한다.

접속사 | 먼저 ~하고, 그 다음에 ~하다

동의어 首先…然后再… shǒuxiān… ránhòuzài… | 先…再… xiān… zài…

필수 어법

동작의 선후를 밝히는 접속사로 한 가지 동작이나 상황이 발생한 후, 다른 하나의 동작이나 상황이 연속적으로 발생한다는 것을 나타낸다. 然后 뒤에는 再, 又, 还 등의 부사가 자주 온다. 정식적인 표현으로 '首先…然后再…'가 있지만 간단하게 줄여서 '先…再…'라고 쓰기도 한다. 이때 再는 동작의 반복을 의미하는 것이 아니라, 동작의 순서를 나타내는 것이다.

> 我想先写完作业，然后再出去玩。
> 나는 먼저 숙제를 다 하고 난 후에 밖에 나가서 놀고 싶다.
>
> 妈妈给我做好早餐，然后就去上班了。
> 어머니께서는 내게 아침을 차려 주신 후에 바로 출근하셨다.

필수 문장

1 你先试试看，然后再决定买不买。
Nǐ xiān shìshi kàn, ránhòu zài juédìng mǎi bu mǎi.

2 咱们先去喝点儿咖啡，然后再回宿舍，好吗？
Zánmen xiān qù hē diǎnr kāfēi, ránhòu zài huí sùshè, hǎo ma?

3 我先敲门，然后进房间里去。
Wǒ xiān qiāomén, ránhòu jìn fángjiānli qù.

4 今天首先听写，然后学新课。
Jīntiān shǒuxiān tīngxiě, ránhòu xué xīn kè.

> tip '목적하는 장소를 가다'일 때 去를 쓴다면, 원래 근거지를 둔 곳(家, 国, 故乡)을 가거나, 출발지점(学校, 公司)에 다시 돌아 간다고 할 때는 回를 쓴다.

단어 人民币 rénmínbì 인민폐 | 存 cún 저축하다, 보관하다 | 决定 juédìng 결정하다 | 宿舍 sùshè 기숙사 | 敲门 qiāomén 문을 두드리다, 노크하다

회화 따라잡기 1
DIALOGUE

A 圣诞节快到了, 你是怎么安排的?
　　Shèngdànjié kuài dào le, nǐ shì zěnme ānpái de?

B 平安夜那天先和朋友去教堂, 然后圣诞夜去狂欢。
　　Píng'ānyè nà tiān xiān hé péngyou qù jiàotáng, ránhòu Shèngdànyè qù kuánghuān.

A 玩得开心点!
　　Wán de kāixīn diǎn!

B 我也祝你圣诞快乐!
　　Wǒ yě zhù nǐ shèngdàn kuàilè!

> **단어** 安排 ānpái 처리하다, 배치하다 | 平安夜 Píng'ānyè 크리스마스 이브 | 狂欢 kuánghuān 기뻐 날뛰다

작문 따라잡기 2
WRITING

다음 문장을 중작하세요.

1 먼저 너가 보고 나서, 내가 볼게.

2 우리 우선 차茶나 좀 마시고 나서, 가 보도록 합시다.

3 먼저 우체국邮局에 간 다음에, 상점商店에 가서 물건을 사.

필수문장 따라잡기 3
SENTENCE

다음 문장을 중국어로 말해보세요.

1 네가 먼저 한번 입어봐. 그런 다음 다시 살건지 말건지 결정해라.

2 우리 먼저 커피를 좀 마시러 갔다가, 그리고 나서 기숙사로 돌아가자. 괜찮니?

3 나는 먼저 문을 두드리고, 그런 다음에 방 안으로 들어갔다.

4 오늘은 먼저 받아쓰기를 하고, 그 다음에 새 과를 배우겠어요.

O89 顺便

请在信里顺便替我问好。

Qǐng zài xìnli shùnbiàn tì wǒ wènhǎo.

편지에 쓰는 김에 내 대신 안부를 전해주세요.

부사 | ~하는 김에

동의어 顺手 shùnshǒu

필수 어법

顺便은 주로 회화에서 많이 사용되는 말로, 첫 번째 동작을 하는 김에 두 번째 동작을 한다는 의미이므로, 두 개의 절이 나오면 일반적으로 뒷절 주어 뒤쪽에 쓰인다.

我顺便问一下。
말 나온 김에 하나 여쭙시다.

你打扫完教室以后, 顺便把楼道打扫一下儿吧。
교실 청소가 다 끝나면 그 김에 계단도 좀 청소해 줘.

你进屋的话, 顺便帮我带点儿喝的。
집으로 들어가는 김에 나에게 마실 것 좀 갖다 줘.

필수 문장

1 他写了好几封信, 就顺便拿去邮局寄。
   Tā xiěle hǎo jǐ fēng xìn, jiù shùnbiàn ná qù yóujú jì.

2 整理房间的时候, 请顺便找我的书。
   Zhěnglǐ fángjiān de shíhou, qǐng shùnbiàn zhǎo wǒ de shū.

3 你回家的时候, 顺便来接我吧。
   Nǐ huíjiā de shíhou, shùnbiàn lái jiē wǒ ba.

4 进来的时候, 顺便把门关上。
   Jìnlai de shíhou, shùnbiàn bǎ mén guānshang.

tip 好는 수량사나 시간사 앞에 쓰여 수량이 많거나 시간이 오래됨을 강조한다. 이때 숫자는 특정(1, 20…)이 아닌 불특정(几)과 함께 쓰인다.

예) 好几次 여러 번
   好几个小时 여러 시간
   好半天 한참 동안
   好久 오래도록

단어 替 tì 대신하다 | 邮局 yóujú 우체국 | 整理 zhěnglǐ 정리하다

회화 따라잡기 **1**
DIALOGUE

A 小张，你在哪里?
　　Xiǎo Zhāng, nǐ zài nǎlǐ?

B 在超市购物呢，有什么事儿吗?
　　Zài chāoshì gòuwù ne, yǒu shénme shìr ma?

A 顺便帮我买几个橙子。谢谢!
　　Shùnbiàn bāng wǒ mǎi jǐ ge chéngzi. Xièxie!

B 不客气。但是要给我一个哦!
　　Bú kèqi. Dànshì yào gěi wǒ yí ge o!

> 단어 超市 chāoshì 슈퍼마켓 | 购物 gòuwù 쇼핑하다 | 橙子 chéngzi 오렌지

작문 따라잡기 **2**
WRITING

다음 문장을 중작하세요.

1 너 집에 갈 때 가는 김에, 날 좀 마중接 와줘.

_____

2 너 퇴근下班하는 길에, 오늘 신문报纸 좀 사와라.

_____

3 묻는 김에 좀 더 물을게요. 서울역首尔站이 어디 있나요?

_____

필수문장 따라잡기 **3**
SENTENCE

다음 문장을 중국어로 말해보세요.

1 그는 꽤 여러 통의 편지를 썼다, 그 김에 바로 우체국에 가서 부쳤다.

_____

2 방을 정리할 때, 그 김에 내 책을 찾아 주세요.

_____

3 당신이 집에 돌아갈 때, 그 김에 데리러 와 주세요.

_____

4 들어올 때, 그 김에 문을 닫아주세요.

_____

O90 说···就···

说走就走，别犹豫了，马上出发吧。

Shuō zǒu jiù zǒu, bié yóuyù le, mǎshàng chūfā ba.

가기로 했으면 가자. 망설이지 말고 바로 출발하자.

~라는 말 나온 김에 바로 ~한다, ~한다고 말하면 바로 ~한다

필수 어법

일반적으로 회화에서 많이 사용하는 표현이다. 就앞뒤에 같은 동사를 중복 사용하여, '어떤 일을 곧바로 착수하여 진행한다'는 뜻으로, 동작이 신속하게 진행된다는 것을 강조하는 표현이다. 사용되는 동사로는 来, 去, 走, 做, 干 등 몇 가지 단어에만 국한되어 사용된다.

> 就는 '곧, 바로' 라는 뜻으로 어떤 조건이나 상황 아래에서 자연히 어떻게 됨을 표시하는 부사이다. 일반적으로 앞에 원인, 가정, 조건 등을 나타내는 因为, 要是, 如果, 只要, 既然 등의 접속사가 잘 나온다. 또한 동작의 연속성을 강조한 '一···就···(~하자마자 곧 ~한다), 说···就···(~라고 말 나온 김에 바로 ~한다)' 등의 표현에 등장한다.

형식 说 + 결정 + 就 + 행동

说来就来。	온다고 하면 바로 온다.
说去就去。	간다면 바로 간다.
说不看就不看。	안 본다면 안 본다.
天气说变就变。	날씨가 변할 거 같더니 정말 바로 변해버렸다.

필수 문장

1 夏天的时候说下雨就下雨。
Xiàtiān de shíhou shuō xià yǔ jiù xià yǔ.

2 说来就来，他不到7点钟就到了。
Shuō lái jiù lái, tā bú dào qī diǎnzhōng jiù dào le.

3 我也那么想，说做就做。
Wǒ yě nàme xiǎng, shuō zuò jiù zuò.

4 我们说干就干。
Wǒmen shuō gàn jiù gàn.

단어 犹豫 yóuyù 머뭇거리다, 망설이다

회화 따라잡기 DIALOGUE **1**

A 小王，我有个好主意！
Xiǎo Wáng, wǒ yǒu ge hǎo zhǔyi!

B 说说看！
Shuōshuo kàn!

A 我想和你一起去帮助那位老奶奶搬行李。
Wǒ xiǎng hé nǐ yìqǐ qù bāngzhù nà wèi lǎo nǎinai bān xíngli.

B 当然好了，说做就做吧。走！
Dāngrán hǎo le, shuō zuò jiù zuò ba. Zǒu!

> 단어 主意 zhǔyi 의견, 생각 | 搬 bān 옮기다 | 行李 xíngli 짐

작문 따라잡기 WRITING **2**

다음 문장을 중작하세요.

1 한다면 한다.

_____

2 그는 온다고 하면 바로 온다.

_____

3 이 아이는 잔다고 하면 잔다睡.

_____

필수문장 따라잡기 SENTENCE **3**

다음 문장을 중국어로 말해보세요.

1 여름에는 비가 올 거 같다고 말하면 곧 비가 온다.

_____

2 온다고 말하면 온다, 그는 7시가 되기 전에 도착했다.

_____

3 나도 그렇게 생각해, 하기로 했으니 하자.

_____

4 우리는 한다면 한다.

_____

虽然…但是…

mp3

tip 精神(jīngshén)처럼 神을 2성으로 발음하면 '정신'이란 뜻이지만, 精神(jīngshen)처럼 경성으로 발음하면 '원기, 활력'을 의미한다.

他虽然上了年纪，但是精神还挺好。

Tā suīrán shàngle niánjì, dànshì jīngshen hái tǐng hǎo.

그는 비록 나이가 많지만 아직도 활력이 넘치신다.

접속사 | 비록 ～일지라도, 하지만 ～하다

동의어 尽管 jǐnguǎn | 倒是 dàoshì | 固然 gùrán

필수 어법

형식 虽然 (尽管 / 倒是 / 固然) + 인정할 수 있는 사실,
但是 (可是 / 却) + 사실과 상반되는 또 다른 사실

虽然没去过中国，但了解得很多。	비록 중국에 가보지 않았지만, 아주 잘 알고 있다.
虽然很好，但是太贵。	비록 좋지만, 너무 비싸다.
虽然不舒服，但是还要去上班。	비록 불편하지만, 그래도 출근 해야한다.
虽然个子矮，但是打篮球打得很好。	비록 키가 작지만, 농구를 잘 한다.

필수 문장

1 这个孩子虽然年纪小，但是很懂事。
Zhè ge háizi suīrán niánjì xiǎo, dànshì hěn dǒngshì.

2 这次的感冒，虽然不发烧，但是咳嗽得厉害。
Zhè cì de gǎnmào, suīrán bù fāshāo, dànshì késou de lìhai.

tip 感冒는 명사로 '감기'라고 해석되지만, '감기에 걸리다' 란 의미로 동사로도 쓰인다.

예) 他得了感冒. 그는 감기걸렸다. (명사)
他感冒了. 그는 감기걸렸다. (동사)

3 虽然他在中国的时间很短，但是学到了不少东西。
Suīrán tā zài Zhōngguó de shíjiān hěn duǎn, dànshì xuédàole bù shǎo dōngxi.

4 虽然时间不早了，可是你不必着急。
Suīrán shíjiān bù zǎo le, kěshì nǐ búbì zháojí.

단어 年纪 niánjì 나이 | 精神 jīngshen 원기, 기력 | 发烧 fāshāo 열이 나다 | 咳嗽 késou 기침하다 | 不必 búbì ～할 필요 없다

회화 따라잡기 1
DIALOGUE

A 你和爸爸平时的对话太少了。
　　Nǐ hé bàba píngshí de duìhuà tài shǎo le.

B 是啊，我们很少说话。
　　Shì a, wǒmen hěn shǎo shuōhuà.

A 虽然爸爸不经常说话，但是他心里面是爱着你的。
　　Suīrán bàba bù jīngcháng shuō huà, dànshì tā xīn lǐmian shì àizhe nǐ de.

B 我明白，所以我一直很尊敬爸爸。
　　Wǒ míngbai, suǒyǐ wǒ yìzhí hěn zūnjìng bàba.

단어 平时 píngshí 평소 | 尊敬 zūnjìng 존경하다

작문 따라잡기 2
WRITING

다음 문장을 중작하세요.

1 이것은 비록 매우 좋기는 하지만, 그러나 너무 비싸다.

_____

2 비록 눈雪은 내리지만, 날씨는 별로 춥지 않다.

_____

3 당신의 병病은 비록 좋아졌지만, 아직도 많이 쉬어야休息 한다.

_____

필수문장 따라잡기 3
SENTENCE

다음 문장을 중국어로 말해보세요.

1 이 아이는 비록 나이가 어리지만, 매우 철이 들었다.

_____

2 이번 감기는 비록 열은 안 나지만, 기침이 매우 심하다.

_____

3 비록 그가 중국에 있었던 시간은 매우 짧았지만, 적지 않은 것을 배웠다.

_____

4 비록 시간이 늦었지만, 너는 조급해 할 필요 없다.

_____

092 往往

他的视力不好，往往不跟我打招呼。

Tā de shìlì bù hǎo, wǎngwǎng bù gēn wǒ dǎ zhāohu.

그의 시력은 좋지 않아서, 종종 나와 아는 체를 하지 않는다.

부사 | 왕왕, 종종, 자주

필수 어법

'자주, 때때로'라는 의미로 어떤 조건 아래에서 대다수의 상황이 이와 같음을 나타내며 부정사의 수식을 받지 않는다. 往往은 일반적으로 조건을 끌고 나오는데, 조건이 없다면, '거의 항상'이라는 뜻이다.

往往	常常
현재나 과거에만 쓸 수 있다.	현재와 미래, 과거에 모두 쓸 수 있다.
규칙적으로 반복된 일에 쓰인다.	往往과 비교해서 규칙성은 없다.
조건이 나온다.	조건이 없어도 된다.

经常在电脑前工作的人们，往往会感觉眼睛疲劳。(이미 발생한 일)
항상 컴퓨터 앞에서 일을 하는 사람들은 종종 눈이 매우 피로하다는 것을 느낄 수 있다.

我到中国以后一定常常给你打电话。(아직 발생하지 않은 일)
그는 틀림없이 너에게 전화를 자주 할거야.

필수 문장

1 这个学生往往坐在最前边儿。
Zhè ge xuésheng wǎngwǎng zuò zài zuì qiánbianr.

2 他往往学习到深夜。
Tā wǎngwǎng xuéxí dào shēnyè.

3 男孩子往往比女孩子好动。
Nánháizi wǎngwǎng bǐ nǚháizi hào dòng.

tip 好를 4성으로 발음하면
'~하기를 좋아하다'란 뜻이다.

4 他下雨天往往迟到。
Tā xià yǔ tiān wǎngwǎng chídào.

단어 打招呼 dǎ zhāohu (가볍게) 인사하다 | 深夜 shēnyè 한밤중, 깊은 밤

회화 따라잡기 DIALOGUE 1

A 昨天向他借50块钱，他都不借。他家不是挺有钱的吗？
Zuótiān xiàng tā jiè wǔshí kuài qián, tā dōu bú jiè. Tā jiā búshì tǐng yǒu qián de ma?

B 越有钱的人往往越吝啬，这你都不懂？
Yuè yǒu qián de rén wǎngwǎng yuè lìnsè, zhè nǐ dōu bù dǒng?

A 怪不得大家都说他是铁公鸡呢，真是一毛不拔！
Guàibude dàjiā dōu shuō tā shì tiěgōngjī ne, zhēn shì yìmáobùbá!

B 是啊！"英雄所见略同"。
Shì a! "Yīngxióng suǒ jiàn lüètóng".

> **단어** 吝啬 lìnsè 인색하다 ㅣ铁公鸡 tiěgōngjī 구두쇠 ㅣ一毛不拔 yìmáobùbá 인색하기 그지없다
> 英雄所见略同 Yīngxióng suǒ jiàn lüètóng 영웅의 견해는 대체로 일치한다

작문 따라잡기 WRITING 2

다음 문장을 중작하세요.

1 내가 그를 찾아갔을 때, 그는 종종 집에 없었다.

2 그는 종종 12시까지 공부한다.

3 그 학생은 종종 맨 뒤后边에 앉는다.

필수문장 따라잡기 SENTENCE 3

다음 문장을 중국어로 말해보세요.

1 이 학생은 종종 맨 앞자리에 앉는다.

2 그는 종종 늦은 밤까지 공부한다.

3 남자아이는 종종 여자아이들보다 움직이길 좋아한다.

4 그는 비 오는 날이면 종종 지각한다.

093 热门儿

这是热门儿货，一会儿就全卖光了。
Zhè shì rèménr huò, yíhuìr jiù quán màiguāng le.
이것은 인기상품입니다. 좀 있으면 전부 다 팔릴 겁니다.

인기 있는 것

반의어 冷门儿 lěngménr

필수 어법

热门儿은 많은 사람들에게 인기 있는 것, 많은 사람을 끌어들이는 것이라는 의미이다.

热门话	인기 있는 말
热门人物	인기 있는 인물
热门消息	핫 이슈
热门小吃	인기 있는 간식
热门网站	인기 있는 홈페이지

필수 문장

1 随着社会需求的变化，今天热门儿的也许在明天就是冷门儿的了。
Suízhe shèhuì xūqiú de biànhuà, jīntiān rèménr de yěxǔ zài míngtiān jiùshì lěngménr de le.

2 今年报考这几种热门儿专业的学生太多了。
Jīnnián bàokǎo zhè jǐ zhǒng rèménr zhuānyè de xuésheng tài duō le.

3 我们经常讨论一些热门儿话题。
Wǒmen jīngcháng tǎolùn yì xiē rèménr huàtí.

4 现在汉语也成了热门儿的系了。
Xiànzài Hànyǔ yě chéngle rèménr de xì le.

tip 随着는 '(발전, 변화) 함에 따라서'라는 의미의 전치사이다. 가장 큰 특징은 항상 주어 앞에 쓰인다. HSK 시험에서 위치 묻는 문제가 나오면 거의 답은 맨앞 A가 되곤 한다.

단어 货 huò 상품 | 随着 suízhe ～에 따라 | 社会 shèhuì 사회 | 需求 xūqiú 수요 | 变化 biànhuà 변화 | 讨论 tǎolùn 토론하다 | 话题 huàtí 이야깃거리

회화 따라잡기 DIALOGUE 1

A 你弟弟高考怎么样?
Nǐ dìdi gāokǎo zěnmeyàng?

B 考的是不错, 不过落榜了。
Kǎo de shì búcuò, búguò luòbǎng le.

A 怎么回事儿? 难道报考的时候出问题了?
Zěnme huí shìr? Nándào bàokǎo de shíhou chū wèntí le?

B 是啊, 报了个热门儿专业, 所以……
Shì a, bàole ge rèménr zhuānyè, suǒyǐ……

> 단어 落榜 luòbǎng 낙방하다, 떨어지다

작문 따라잡기 WRITING 2

다음 문장을 중작하세요.

1 이것은 인기 있는 상품이다. 안 사면 후회할后悔 것이다.

_____

2 최근最近 몇 년 중국으로 유학留学 오는 것이 인기다.

_____

3 누구도 인기 없는 학과专业에 응시하고报 싶어하지 않는다.

_____

필수문장 따라잡기 SENTENCE 3

다음 문장을 중국어로 말해보세요.

1 사회 요구의 변화에 따라, 오늘 인기 있는 것이 어쩌면 내일의 인기 없는 것이 될 수도 있다.

_____

2 올해 이 몇 개의 인기 전공에 응시한 학생들이 너무 많다.

_____

3 우리들은 자주 이런 핫 이슈들에 대해서 토론한다.

_____

4 지금 중국어도 인기 있는 학과가 되었다.

_____

094 伤脑筋

大姐都快三十五岁了，找对象还是很挑剔，妈妈觉得很 伤脑筋。

Dàjiě dōu kuài sānshíwǔ suì le, zhǎo duìxiàng háishi hěn tiāoti, māma juéde hěn shāng nǎojīn.

큰언니는 이미 35살이 되어 가는데 배우자를 구하는데 있어 아직도 너무 까다롭다.
엄마는 아주 골치를 앓고 있다.

골머리를 앓다, 어쩔 줄을 모르다, 애를 먹다

동의어 头疼 tóuténg 머리 아프다 | 很难处理 hěn nán chǔlǐ 처리하기 어렵다

필수 어법

'伤(다칠상, 근심할 상)＋脑(머리골 뇌)＋筋(심줄 근)'으로 이루어진 단어로, 근심으로 인해 머리가 아프다는 의미를 지닌다. 앞에 很, 真 등의 정도부사를 붙여 쓸 수 있으며 '매우'의 의미를 지닌 결과보어 透(tòu)와 함께 나올 수 있다.

형식 사람/사물 ＋ 伤脑筋

伤脑筋的事情 · 골칫거리
他很 伤脑筋。　그는 이 일 때문에 매우 골머리를 앓았다.
他为这件事 伤透了 脑筋。　그는 이 일 때문에 애를 먹고 있다.
这件事令老板真 伤脑筋。　이 일은 사장의 골머리를 매우 앓게 한다.

필수 문장

1 为了出口, 我 伤透了 脑筋。
　Wèile chūkǒu, wǒ shāngtòu le nǎojīn.

> tip 透는 결과보어로 쓰여 '매우'라는 의미를 지닌다.

2 孩子都大了, 可还有很多事使她 伤脑筋。
　Háizi dōu dà le, kě háiyǒu hěn duō shì shǐ tā shāng nǎojīn.

> tip 使는 사역동사로 '~을 어떻게 하게 하다'라는 뜻이며, 让, 叫, 令 등과 동의어이다.

3 这件事真让我 伤脑筋。
　Zhè jiàn shì zhēn ràng wǒ shāng nǎojīn.

4 为了儿子高考, 妈妈很 伤脑筋。
　Wèile érzi gāokǎo, māma hěn shāng nǎojīn.

단어 对象 duìxiàng 배우자, 결혼 상대 | 挑剔 tiāoti 까다롭다, 지나치게 트집을 잡다 | 出口 chūkǒu 수출하다 |
동사 ＋ 透 tòu 철저히, 완전히(결과보어) | 使 shǐ ~로 하여금 ~하게 하다 | 高考 gāokǎo 대입

회화 따라잡기 DIALOGUE 1

A 最近孩子不爱吃饭，做作业也精力不集中，真让人伤脑筋。
Zuìjìn háizi bú ài chī fàn, zuò zuòyè yě jīnglì bù jízhōng, zhēn ràng rén shāng nǎojīn.

B 是啊，孩子是最让父母头疼的，可怜天下父母心啊！
Shì a, háizi shì zuì ràng fùmǔ tóu téng de, kělián tiānxià fùmǔ xīn a!

A 你有什么好办法吗? 这样下去可不行啊！
Nǐ yǒu shénme hǎo bànfǎ ma? Zhèyàng xiàqu kě bùxíng a!

B 带他去看看医生吧！
Dài tā qù kànkan yīshēng ba!

단어 集中 jízhōng 집중하다

작문 따라잡기 WRITING 2

다음 문장을 중작하세요.

1 문장은 만드는造句子 것은 정말 골치 아프다.

....

2 책을 쓰는 것은 골치 아픈 일인데, 하물며何况 좋은 책을 쓰는 것이랴. (책의 양사 本)

....

3 고부婆媳관계를 잘 해결하는处理 것은 정말确实 매우 골치 아프다.

....

필수문장 따라잡기 SENTENCE 3

다음 문장을 중국어로 말해보세요.

1 수출 때문에, 나는 매우 골치를 앓고 있다.

....

2 아이도 다 컸는데도, 아직도 많은 일들이 그녀는 골치 아프게 한다.

....

3 이 일은 정말 사람 골치 아프게 한다.

....

4 아들의 대입을 위해서, 엄마는 매우 골치를 썩는다.

....

095 手头紧

> tip 眼下는 '지금, 현재'라는 시간을 나타내는 명사이다. 우리가 자주 말하는 '목하 열애 중'은 '현재 열애 중' 이라는 뜻이다. 동의어로는 眼前 目前 现在 등이 있다.

我眼下手头紧，一下子拿不出这么多钱。

Wǒ yǎn xià shǒutóu jǐn, yíxiàzi ná bu chū zhème duō qián.

나는 지금 주머니 사정이 여의치 않아서 한번에 이렇게 많은 돈을 낼 수 없다.

주머니 사정이 좀 여의치 않다 (일시적인 개인의 경제상태)

동의어	缺钱 quēqián	手头儿不松 shǒutóur bù sōng
반대어	手头松 shǒutóu sōng	手头宽 shǒutóu kuān

필수 어법

手头은 '수중, 신변', 紧은 '죄다, 빡빡하다'라는 뜻이다. 여기서 手头紧이 '(경제적으로) 쪼들리다, 빠듯하다'의 의미로 확장되었다. 주어(手头)과 술어(紧)의 구조로 되어 있으므로, 부사 很, 有点儿, 就 등의 부사는 술어(紧)앞에 놓인다.

最近我手头儿太紧了。	최근에 나는 주머니 사정이 매우 빡빡하다.
最近我手头儿松一些。	요즘 내 주머니 사정이 여유가 좀 있다.
月底是我最紧的时候。	월말은 내가 가장 쪼들리는 때이다.
我家的日子是挺紧的。	우리 집의 생활이 매우 빠듯하다.
以前我没这么紧过。	예전에 나는 이렇게 쪼들린 적이 없었다.

필수 문장

1 上个月买了一件外衣，手头有点儿紧。

Shàng ge yuè mǎile yí jiàn wàiyī, shǒutóu yǒu diǎnr jǐn.

2 最近，大家手头都很紧，很难凑钱。

Zuìjìn, dàjiā shǒutóu dōu hěn jǐn, hěn nán còu qián.

3 手头紧也应该捐点儿。

Shǒutóu jǐn yě yīnggāi juān diǎnr.

> tip 花钱没计划(돈을 쓰는데 계획이 없다)는 곧 돈을 헤프게 쓴다는 의미와 일맥상통하므로 HSK 독해부분에서 관용어 大手大脚 (dà shǒu dà jiǎo)와 동의어임을 묻는 문제가 나온다.

4 他花钱总是没计划，一到月底手头就紧了。

Tā huā qián zǒngshì méi jìhuà, yí dào yuèdǐ shǒutóu jiù jǐn le.

단어 外衣 wàiyī 겉옷 | 凑钱 còuqián 돈을 걷다(모으다) | 捐 juān 기부하다, 바치다 | 月底 yuèdǐ 월말

회화 따라잡기 1
DIALOGUE

A 我的钱也该还了吧！
Wǒ de qián yě gāi huán le ba!

B 我这两天手头有点紧，能不能过两天？
Wǒ zhè liǎngtiān shǒutóu yǒudiǎn jǐn, néng bu néng guò liǎngtiān?

A 我手头也不宽裕啊。
Wǒ shǒutóu yě bù kuānyù a.

B 好吧，你先等等，明天一定还你。
Hǎo ba, nǐ xiān děngdeng, míngtiān yídìng huán nǐ.

단어 宽裕 kuānyù 여유롭다, 풍부하다

작문 따라잡기 2
WRITING

다음 문장을 중작하세요.

1 월말月底이 되면, 주머니 사정이 좋지 않다.

_____

2 지난 주上周에 많은 돈을 써서, 지금 주머니 사정이 좋지 않다.

_____

3 설령即使 주머니 사정이 안 좋더라도 교과서课本를 사야 한다.

_____

필수문장 따라잡기 3
SENTENCE

다음 문장을 중국어로 말해보세요.

1 지난 달 겉옷을 한 벌 샀더니, 주머니 사정이 좀 여의치 않다.

_____

2 최근에 모두들 주머니 사정이 매우 좋지 않아서, 돈을 모으기가 정말 어렵다.

_____

3 주머니 사정이 여의치 않다 하더라도 마땅히 돈을 지불해야 한다.

_____

4 그는 돈을 쓸 때 늘 계획이 없어서, 월말이 되기만 하면 주머니 사정이 좋지 않다.

_____

096 数

在我们家, 数小妹妹最聪明。

Zài wǒmen jiā, shǔ xiǎo mèimei zuì cōngming.

우리 집에서 막내 여동생이 제일 똑똑한 걸로 꼽는다.

동사 | (수를) 세다, 두드러진 축에 들다, ~로 손꼽힌다

필수 어법

数는 동사로 뜻은 '(비교해 보니) 두드러진 축에 들다, ~손꼽(히)다'이다. 数는 '수, 숫자'라는 의미의 명사일때는 4성으로 읽지만, '~세다'이거나 '~로 손꼽는다'처럼 동사로 쓰일때는 3성으로 읽는다는 점에 주의하자.

> **형식** 数 + 사람 / 일

我数第一。	내가 최고다.
全班数他最好。	반에서 그가 제일 잘한다.
要说技术水平他数第一。	기술 수준에 대해 말을 하자면 그가 제일 뛰어나다.

필수 문장

1 要说英语, 我们班数小韩说得流利。

Yào shuō Yīngyǔ, wǒmen bān shǔ Xiǎo Hán shuō de liúlì.

2 我认为动物中数熊猫最可爱了。

Wǒ rènwéi dòngwù zhōng shǔ xióngmāo zuì kě'ài le.

3 说到发音, 小李数第一。

Shuō dào fāyīn, Xiǎo Lǐ shǔ dìyī.

4 这几次考试数这次最难。

Zhè jǐ cì kǎoshì shǔ zhè cì zuì nán.

단어 聪明 cōngming 똑똑하다 | 动物 dòngwù 동물 | 熊猫 xióngmāo 판다 | 可爱 kě'ài 귀엽다 | 发音 fāyīn 발음

회화 따라잡기
DIALOGUE **1**

A 这里的东西怎么样? 便宜吗?
　　Zhèlǐ de dōngxi zěnmeyàng? Piányi ma?

B 还行吧, 附近的商店数这家便宜。
　　Hái xíng ba, fùjìn de shāngdiàn shǔ zhè jiā piányi.

A 真的吗? 我还不知道呢。
　　Zhēn de ma? Wǒ hái bù zhīdào ne.

B 你也真是的。
　　Nǐ yě zhēnshi de.

작문 따라잡기
WRITING **2**

다음 문장을 중작하세요.

1 영어로 말할 것 같으면要说, 반에서 그가 제일 잘한다.

....

2 나는 이 몇 명의 여자 아이 중에当中 샤오리가 가장 예쁘다고 생각한다觉得.

....

3 나는 13과课가 가장 어렵다고 생각한다.

....

필수문장 따라잡기
SENTENCE **3**

다음 문장을 중국어로 말해보세요.

1 영어로 말하자면, 우리 반에서 샤오한이 말하는 게 가장 유창한 걸로 꼽힌다.

....

2 나는 동물 중에서 팬더곰이 가장 귀엽다고 여긴다.

....

3 발음으로 말할 것 같으면, 샤오리가 제일로 꼽힌다.

....

4 요 몇 번의 시험에서 이번이 가장 어려운 걸로 꼽힌다.

....

연습문제

다음 뜻과 어울리는 관용어를 연결해 보세요.

❶ 골치를 썩다   •   • 热门儿

❷ 주머니 사정이 여의치 않다   •   • 伤脑筋

❸ ~로 손꼽힌다   •   • 手头紧

❹ 인기 있는 것   •   • 数

다음 상용어를 사용하여 빈칸을 채워 보세요.

就	往往	千万	首先	顺便	拿手	哪怕	虽然

❶ _____ 今晚不睡觉，也要看完这场球赛。

❷ 咖哩饭是我最 _____ 的菜。

❸ 他这个人说行动 _____ 行动，决不犹豫。

❹ 这里很危险， _____ 不要过来。

❺ 做宫保鸡丁的方法是， _____ 把鸡肉炸好，然后下锅，和其他材料一起炒。

❻ 今天去邮局的时候， _____ 去超市买了点儿水果。

❼ _____ 这位老师看起来严厉，但是私下里对学生们很好。

❽ 她 _____ 给丈夫孩子吃好的，自己却吃剩饭。

다음 문장을 중작하세요.

❶ 말하기에는 쉽지만, 하기는 어렵다.

_____

❷ 만약 문제가 있다면, 너는 와서 나에게 물어라.

_____

❸ 무엇이 유행하면, 그것을 입어, 네 마음대로 해.

_____

塞翁之马
sài wēng shī mǎ

변방에 사는 노인의 말(새옹지마)

인간의 길흉화복은 예측할 수 없다

'새옹'이란 '변방지역에 사는 늙은이'란 뜻이다. 북방 국경 근방에 점을 잘 치는 늙은이가 살고 있었는데 하루는 그가 기르는 말이 아무런 까닭도 없이 도망쳐 오랑캐들이 사는 국경 너머로 가버렸다. 마을 사람들이 위로하고 동정하자 늙은이는 "이것이 또 무슨 복이 될지 알겠소?"하고 조금도 낙심하지 않았다.

몇 달 후 뜻밖에도 도망갔던 말이 오랑캐의 좋은 말을 한 필 끌고 돌아오자 마을 사람들이 이것을 축하하였다. 그러자 그 늙은이는 "그것이 또 무슨 화가 될지 누가 알겠소?"하고 조금도 기뻐하지 않았다.

집에 좋은 말이 생기자 전부터 말 타기를 좋아하던 늙은이의 아들이 그 말을 타고 달리다가 말에서 떨어져 다리가 부러졌다. 마을 사람들이 위로하자 늙은이는 "그것이 또 무슨 복이 될지 누가 알겠소?" 하고 태연한 표정이었다.

1년이 지난 후 이 변방 지역에 오랑캐들이 쳐들어왔다. 장정들이 활을 들고 싸움터에 나가 모두 전사하였는데 늙은이의 아들만은 다리가 부러졌기 때문에 이 부자 (父子) 모두 무사할 수 있었다.

원(元)나라의 승려 시인 희회기(熙晦机)가 이 이야기를 소재로 시 한 편을 지었다. 이 시에 "인간만사는 새옹의 말과 같아 예측할 수 없으니(人间万事 塞翁马) 퇴침헌 가운데서 빗소리를 들으며 누워 잠이나 자련다(推枕轩中 听雨眠)" 이에서 새옹지마란 말이 비롯되었다.

참고!

'인생지사 새옹지마'는 뜻밖의 불행이나 뜻밖의 어려움에 처했을 때, "너무 상심하지 말 게, 세상만사 새옹지마라고 하시 않던가! 생각하지 않은 슬픔이 생기듯이 생각하지 못한 기쁜 일도 생기는 법이 아니겠나!"라고 위로할 때 쓰이는 말입니다.

HSK에 꼭 나오는

WEEK 7

필수**상용어** 128句

JRC

O97

幸亏

条는 길고 가느다랗고, 구부릴 수 있는 것에 쓰이는 양사이다.
1. 길이나 강(路, 河)
2. 의복 치마와 바지(裙子, 裤子)
3. 동물 뱀이나 용(蛇, 龙)
4. 추상적인 소식과 희망(消息, 希望)

幸亏他对这条路很熟悉, 所以没有迷路。
Xìngkuī tā duì zhè tiáo lù hěn shúxī, suǒyǐ méiyǒu mílù.
다행히 그가 이 길을 잘 알고 있어서, 우리는 길을 잃지 않았다.

부사 | 다행히 ~했기 때문에, ~덕분으로

동의어 幸好 xìnghǎo | 好在 hǎozài | 还好 hái hǎo

필수 어법

어떤 유리한 조건 때문에 다행히 나쁜 결과나 불행을 면하게 되었다는 뜻이며, 일반적으로 문장의 첫머리에 쓰인다. 때로는 뒤에 要不然, 要不, 否则 등을 써서 이미 모면한 불행한 결과를 끌어 내기도 한다.

형식 幸亏…才…   다행히 ~해서, 비로소
　　　 幸亏…要不然 / 否则… 　 다행히 ~했으니 망정이지, 그렇지 않으면

幸亏你叫醒我, 才没有迟到。   다행히 네가 일깨워 줘서 늦지 않았다.
幸亏你叫醒我, 要不然我就迟到了。네가 일깨워 줘서 다행이지, 그렇지 않으면 늦었을 것이다.
　　　　　　　　　　　　　　　　　　　　(⇒ 늦지 않았다)

필수 문장

1 幸亏有人翻译, 要不然就不知道他讲什么。
Xìngkuī yǒu rén fānyi, yàoburán jiù bù zhīdào tā jiǎng shénme.

2 最近的功课很忙, 幸亏我有辅导老师帮我。
Zuìjìn de gōngkè hěn máng, xìngkuī wǒ yǒu fǔdǎo lǎoshī bāng wǒ.

3 今天真是太累了, 幸亏明天是周末, 可以睡个懒觉。
Jīntiān zhēnshi tài lèi le, xìngkuī míngtiān shì zhōumò, kěyǐ shuì ge lǎn jiào.

4 我晚到了十分钟, 幸亏他也还没来。
Wǒ wǎndàole shí fēnzhōng, xìngkuī tā yě hái méi lái.

단어 熟悉 shúxī 익숙하다, 잘 알다 | 辅导 fǔdǎo (학습, 훈련 등을) 도우며 지도하다 | 周末 zhōumò 주말 |
睡懒觉 shuì lǎn jiào 늦잠을 자다

회화 따라잡기 DIALOGUE **1**

A 以后开车别开这么快了, 太危险了, 这是你的罚单。
  Yǐhòu kāichē bié kāi zhème kuài le, tài wēixiǎn le, zhè shì nǐ de fádān.

B 警察同志, 罚单就算了吧, 就这一次, 下不为例。
  Jǐngchá tóngzhì, fádān jiù suànle ba, jiù zhè yí cì, xià bù wéi lì.

A 幸亏有安全带, 否则你今天非得受伤不可。
  Xìngkuī yǒu ānquándài, fǒuzé nǐ jīntiān fēi děi shòushāng bùkě.

B 以后我一定严格遵守交通规则。
  Yǐhòu wǒ yídìng yángé zūnshǒu jiāotōng guīzé.

> **단어** 下不为例 xià bù wéi lì
> 이후로는 이와 같이 하지 않는다 |
> 安全带 ānquándài 안전벨트

작문 따라잡기 WRITING **2**

다음 문장을 중작하세요.

1 다행히 내가 지도地图가 있었으니 망정이지 그렇지 않았으면
길을 잃어버렸을迷路 것이다.

_____

2 다행히 당신이 내게 알려줬으니告诉 망정이지, 그렇지 않았으면
나는 아직도 몰랐을 것이다.

_____

3 다행히 네가 나를 도와주었기에帮助 망정이지, 그렇지 않았으면
차표车票를 살 수 없었을 것이다.

_____

필수문장 따라잡기 SENTENCE **3**

다음 문장을 중국어로 말해보세요.

1 다행히 통역해주는 사람이 있었으니 망정이지, 안 그랬으면 그가 무엇을
말하는지 몰랐을 거야.

_____

2 요즘 학과 공부가 너무 바쁘다. 다행히 나는 과외선생님이 있어서 나를 도와준다.

_____

3 오늘은 정말 너무 피곤하다. 다행히 내일이 주말이어서 늦잠을 잘 수 있다.

_____

4 내가 10분 늦게 도착했는데 다행히 그도 아직 오지 않았다.

_____

098 要不然(的话)

别看太多电视，要不然会近视。

Bié kàn tài duō diànshì, yàoburán huì jìnshì.

텔레비전 너무 많이 보지 마라. 안 그러면 근시가 될 거야.

접속사 | 그렇지 않으면

동의어 要不 yàobù | 不然 bùrán | 否则 fǒuzé

필수 어법

주로 뒷절 맨 앞에 놓여 만약 앞절에서 말한 상황이 아니었더라면 뒷절에서 말하는 결과가 출현할 수 있다는 의미를 나타낸다.

你好好准备，要不然会碰钉子。	잘 준비해 둬. 그렇지 않으면 거절당하게 될 거야.
你好好准备，要不然会出错。	잘 준비해 둬. 그렇지 않으면 실수하게 될 거야.
你好好准备，要不然会紧张。	잘 준비해 둬. 그렇지 않으면 긴장하게 될 거야.
你好好准备，要不然会后悔。	잘 준비해 둬. 그렇지 않으면 후회하게 될 거야.
你好好准备，要不然会错过好机会。	잘 준비해 둬. 그렇지 않으면 좋은 기회를 놓치게 될 거야.

필수 문장

1 最好别告诉他，要不然他会很生气。
Zuìhǎo bié gàosu tā, yàoburán tā huì hěn shēngqì.

2 别太累，要不然会生病。
Bié tài lèi, yàoburán huì shēngbìng.

> **tip** 조동사 숲의 뜻에는 '배워서 할 수 있다'와 미래 추측을 나타내는 '~일 것이다'가 있다. 여기서는 미래 추측으로 쓰였다.

3 最好早点儿去睡觉，要不然明天早上起不来。
Zuìhǎo zǎodiǎnr qù shuìjiào, yàoburán míngtiān zǎoshang qǐbulái.

4 幸亏我看了报纸，要不然就不知道这个消息了。
Xìngkuī wǒ kàn le bàozhǐ, yàoburán jiù bù zhīdào zhè ge xiāoxi le.

단어 近视 jìnshì 근시 | 最好 zuìhǎo ~하는 것이 가장 좋다, 제일 좋기로는 | 幸亏 xìngkuī 다행히 | 报纸 bàozhǐ 신문

회화 따라잡기 1
DIALOGUE

A 你怎么现在才过来，火车差点开了。
　　Nǐ zěnme xiànzài cái guòlai, huǒchē chàdiǎn kāi le.

B 我还是打车来的，要不然现在还没到呢。
　　Wǒ háishi dǎ chē lái de, yàoburán xiànzài háiméi dào ne.

A 幸亏到了。走，上车吧!
　　Xìngkuī dào le. Zǒu, shàng chē ba!

B 好的。
　　Hǎo de.

> 단어 打车 dǎ chē 택시를 타다, 잡다

작문 따라잡기 2
WRITING

다음 문장을 중작하세요.

1 당신은 잘 쉬세요休息. 그렇지 않으면 병이 날 거예요生病.

_____

2 가장 좋은 건最好 오후에 가는 거야, 그렇지 않으면 시간 내에 맬 수 없어来不及.

_____

3 잘 준비해准备. 그렇지 않으면 긴장할 거야紧张.

_____

필수문장 따라잡기 3
SENTENCE

다음 문장을 중국어로 말해보세요.

1 가장 좋은 건 그에게 알려주지 않는 거야, 그렇지 않으면 그는 매우 화를 낼 거야.

_____

2 너무 무리하지 마, 그렇지 않으면 병이 날 거야.

_____

3 가장 좋은 건 좀 일찍 가서 자는 거야, 그렇지 않으면 내일 아침에 못 일어 날 거야.

_____

4 다행히 내가 신문을 봤으니 망정이지, 안 그랬으면 이 소식을 몰랐을 거야.

_____

099

一⋯比一⋯

这几年的新年晚会, 一年比一年热闹。

Zhè jǐ nián de xīnnián wǎnhuì, yì nián bǐ yì nián rènào.

요 몇 년의 신년파티는 해가 거듭 될수록 왁자지껄하다.

필수 어법

一와 양사가 결합된 것으로, 一는 앞뒤에 중복 사용되어 어떤 정도의 상승이나 비율의 증가를 나타낸다.

형식 一 + 양사 + 比 + 一 + 양사

❶ 사용되는 양사가 일반사물과 관련된 양사(个, 件, 种, 张)이면 都, 所有的(모두)를 나타낸다.

这里的东西一个比一个贵。 이곳의 물건은 하나같이 다 비싸다. (모두, 都)

❷ 사용되는 양사가 시간과 관련된 양사(次, 天, 年)이면 '越来越(갈수록)'의 뜻을 나타낸다.

我们的生活一天比一天好。 우리들의 생활은 날이 갈수록 좋아진다. (越来越)

这几次考试一次比一次难。 요 몇 번의 시험은 갈수록 어려워졌다. (越来越)

필수 문장

1 我这几次考试, 一次比一次进步。
Wǒ zhè jǐ cì kǎoshì, yí cì bǐ yí cì jìnbù.

2 这些节目, 一个比一个精彩。
Zhè xiē jiémù, yí ge bǐ yí ge jīngcǎi.

3 这些学生, 一个比一个用功。
Zhè xiē xuésheng, yí ge bǐ yí ge yònggōng.

tip 영화를 세는 양사는 部와 场(chǎng)이 있다. '한 편의 영화'라고 해서 片을 쓰면 절대 안 된다.

4 这几部电影, 一部比一部好看。
Zhè jǐ bù diànyǐng, yí bù bǐ yí bù hǎokàn.

단어 热闹 rènào 떠들썩하다, 시끌벅적하다 | 节目 jiémù 프로그램 | 精彩 jīngcǎi 멋지다, 훌륭하다 |
用功 yònggōng 열심히 공부하다

회화 따라잡기 DIALOGUE 1

A 你看滑冰比赛吗?
　Nǐ kàn huábīng bǐsài ma?

B 看了一点。速度一年比一年快了。
　Kànle yì diǎn. Sùdù yì nián bǐ yì nián kuài le.

A 是的，比赛也一次比一次精彩。
　Shì de, bǐsài yě yí cì bǐ yí cì jīngcǎi.

B 今天我还要看。
　Jīntiān wǒ hái yào kàn.

단어 滑冰 huábīng 스케이트 타다 | 速度 sùdù 속도

작문 따라잡기 WRITING 2

다음 문장을 중작하세요.

1 우리 반班 학생은 모두 똑똑하다聪明.

_____

2 날이 갈수록 건강健康이 나빠진다.

_____

3 이 새 단어生词들은 모두 쓰기 어렵다.

_____

필수문장 따라잡기 SENTENCE 3

다음 문장을 중국어로 말해보세요.

1 요 몇 번의 시험에서, 나의 성적은 회를 거듭할수록 진보하였다.

_____

2 이 프로그램들은, 하나같이 다 근사하다.

_____

3 이 학생들은, 하나같이 다 열심히 한다.

_____

4 이 몇 편의 영화들은, 하나같이 다 볼만하다.

_____

100

一边…一边…

学生们一边听老师讲课，一边记笔记。

Xuéshengmen yìbiān tīng lǎoshī jiǎngkè, yìbiān jì bǐjì.
학생들은 선생님의 강의를 들으면서 필기를 하고 있다.

접속사 | ～하면서 ～하다(두 가지 동작의 동시 진행)

동의어 边…边… biān…biān… | 一面…一面… yímiàn…yímiàn…

필수 어법

두 개의 동사나 동사구조 혹은 절이 삽입되어, '～하면서 ～하다'라는 뜻으로, 두 동작이 동시에 진행됨을 나타낸다. 대부분 동일한 주어에 쓰인다.

她一边唱歌，一边跳舞。	그녀는 노래를 하면서 춤을 춘다.
我一边吃饭，一边看电视。	나는 밥을 먹으면서 텔레비전을 본다.
他一边去学校，一边听音乐。	그는 학교에 가면서 음악을 듣는다.

★ '一'을 생략하여 '边…边…'이라고 쓰기도 하나, '边…边…'으로 쓰일 때는 일반적으로 단음절 동사와 함께 쓰인다.

边干边学。	일하면서 배운다.
边吃边谈。	먹으면서 얘기한다.
边说边走。	말하면서 걷는다.

필수 문장

1 妈妈一边洗碗，一边唱歌。
Māma yìbiān xǐ wǎn, yìbiān chàng gē.

2 我一边帮助他学习，一边自己复习。
Wǒ yìbiān bāngzhù tā xuéxí, yìbiān zìjǐ fùxí.

3 他们一边聊天儿，一边散步。
Tāmen yìbiān liáotiānr, yìbiān sànbù.

tip 聊天儿과 散步는 이합사(离合词)로 중첩을 할때는 동사만 중첩시키므로 AAB의 형태를 지닌다.
예) 聊聊天
    散散步

4 学生们一边听，一边点头。
Xuéshengmen yìbiān tīng, yìbiān diǎntóu.

단어 讲课 jiǎngkè 강의하다 | 记笔记 jì bǐjì 필기하다 | 散步 sànbù 산책하다 | 点头 diǎntóu 고개를 끄덕이다

A 昨天我路过一家咖啡店，有一个人很像你。
　　Zuótiān wǒ lùguò yì jiā kāfēidiàn, yǒu yí ge rén hěn xiàng nǐ.

B 我喜欢一边喝咖啡一边看书，哪家咖啡店？
　　Wǒ xǐhuan yìbiān hē kāfēi yìbiān kàn shū, nǎ jiā kāfēidiàn?

A 星巴克。
　　Xīngbākè.

B 那个人就是我。
　　Nà ge rén jiùshì wǒ.

> **단어** 路过 lùguò 지나가다, 지나치다 │ 咖啡店 kāfēidiàn 카페 │ 星巴克 Xīngbākè 스타벅스

다음 문장을 중작하세요.

1 그녀는 길을 걸으면서走路, 노래를 부른다唱歌.

_____

2 그들은 차를 마시면서, 이야기를 한다聊天儿.

_____

3 밥을 먹으면서, 신문报을 보지 마세요.

_____

다음 문장을 중국어로 말해보세요.

1 엄마는 설거지를 하면서, 노래를 부르신다.

_____

2 나는 그가 공부하는 걸 도와주면서, 스스로 복습도 한다.

_____

3 그들은 수다를 떨면서, 산책을 한다.

_____

4 학생들은 들으면서, 고개를 끄덕인다.

_____

101 一⋯就⋯

我一躺下就睡着了。
Wǒ yì tǎngxià jiù shuìzháo le.
나는 눕자마자 잠이 들었다.

1. ~하자마자 곧 ~하다(시간 긴밀성 강조)
2. ~하기만 하면 ~하다(습관성 강조)

필수 어법

하나의 동작이 발생한 후, 곧바로 또 다른 동작이 발생함을 나타낸다.

❶ 시간적으로 아주 긴밀하게 연결되어 발생함을 의미한다. 이때는 뒤에 了를 자주 끌고 나온다.

一下课就回家了。 수업이 끝나자 마자 집으로 돌아갔다.

一来就走了。 오자마자 금새 가버렸다. | 一听就明白了。 듣자마자 바로 이해했다.

❷ 조건과 결과를 나타낼 경우에는 습관적으로 항상 그러함을 나타내므로 완료를 나타내는 了를 붙이지 않는다.

一下课就回家。 수업이 끝나기만 하면 집으로 간다. | 一吃饭就困。 밥만 먹으면 졸립다.

我女儿一见生人脸就红。 내 딸은 낯선 사람을 만나면 얼굴이 바로 붉어진다.

필수 문장

1 这个小孩儿一见生人就哭。
Zhè ge xiǎoháir yí jiàn shēngrén jiù kū.

tip 生人은 낯선 사람을 의미하며, 陌生人(mòshēngrén)이라고도 할 수 있다. HSK 독해 1부분에서는 不认识的人이 동의어로 나온다.

2 他一着急就说不出话来。
Tā yì zháojí jiù shuō bu chū huà lai.

3 他病一好就上班去了。
Tā bìng yì hǎo jiù shàng bān qù le.

4 雨一停他就出去了。
Yǔ yì tíng tā jiù chūqu le.

단어 躺 tǎng 눕다 | 生人 shēngrén 낯선 사람 | 出门 chūmén 외출하다, 집을 나가다

회화 따라잡기 DIALOGUE 1

A 恭喜你，升职了。
Gōngxǐ nǐ, shēngzhí le.

B 哈哈，我运气好点。
Hāha, wǒ yùnqi hǎo diǎn.

A 什么时候请我们吃顿饭吧。
Shénme shíhou qǐng wǒmen chī dùn fàn ba.

B 一拿到工资就请你们吃饭。
Yì nádào gōngzī jiù qǐng nǐmen chī fàn.

> 단어 恭喜 gōngxǐ 축하하다 | 升职 shēngzhí 승진하다 | 运气 yùnqi 운이 좋다, 운수, 운세

작문 따라잡기 WRITING 2

다음 문장을 중작하세요.

1 그는 오자마자 가버렸다.

_____

2 그는 퇴근下班하자마자 집에 돌아갔다.

_____

3 내가 집을 나서자마자出门 비가 내리기 시작했다.

_____

필수문장 따라잡기 SENTENCE 3

다음 문장을 중국어로 말해보세요.

1 이 아이는 낯선 사람을 만나기만 하면 운다.

_____

2 그는 초조하기만 하면 말을 잇지 못한다.

_____

3 그는 병이 낫자마자 바로 출근하러 갔다.

_____

4 비가 그치자마자 그는 바로 외출했다.

_____

102

一会儿…一会儿…

最近的天气一会儿晴，一会儿阴。

Zuìjìn de tiānqì yíhuìr qíng, yíhuìr yīn.

요즘 날씨는 맑았다 흐렸다 한다.

금방 ~했다 금방 ~하다

필수 어법

뜻이 유사하거나 혹은 상대적인 두가지 상황을 번갈아 써서, 비교적 짧은 시간에 교차로 발생하거나 변화한다는 것을 나타낸다. 동사, 형용사 모두 쓸 수 있다.

一会儿站起来，一会儿坐下去。　　일어났다. 앉았다 한다.

一会儿唱歌，一会儿跳舞。　　　　노래를 부르다가 춤을 추다가 한다.

一会儿说汉语，一会儿说英语。　　중국어로 말했다가 영어로 말했다가 한다.

云一会儿多，一会儿少。　　　　　구름이 많아졌다 적어졌다 한다.

声音一会儿大，一会儿小。　　　　소리가 커졌다 작아졌다 한다.

太阳一会儿出现一会儿消失。　　　태양이 나타났다 사라졌다 한다.

필수 문장

1 她一会儿哭，一会儿笑，好像发疯了似的。

Tā yíhuìr kū, yíhuìr xiào, hǎoxiàng fāfēngle shìde.

2 近来的天气不正常，一会儿冷，一会儿热，真烦。

Jìnlái de tiānqì bú zhèngcháng, yíhuìr lěng, yíhuìr rè, zhēn fán.

3 今天雨一会儿大，一会儿小，整天下个不停。

Jīntiān yǔ yíhuìr dà, yíhuìr xiǎo, zhěngtiān xià ge bù tíng.

4 他一会儿这么说，一会儿那么说。

Tā yíhuìr zhème shuō, yíhuìr nàme shuō.

tip 好像은 '마치 ~인거 같다'의 뜻으로 뒤에 似的와 호응한다. HSK 독해에서는 동의어 仿佛(fǎngfú), 如同(rútóng), 似乎(sìhu)가 답으로 제시된다.

단어 晴 qíng 맑다 | 阴 yīn 흐리다 | 发疯 fāfēng 미치다 | 正常 zhèngcháng 정상이다 | 烦 fán 짜증난다

회화 따라잡기 DIALOGUE 1

A 有一天我带着外甥去玩具店, 他一会儿看这个, 一会儿摸那个。
　Yǒu yì tiān wǒ dàizhe wàisheng qù wánjùdiàn, tā yíhuìr kàn zhè ge, yíhuìr mō nà ge.

B 没给他买吗?
　Méi gěi tā mǎi ma?

A 当然买了, 买了很多。花了我不少钱, 有点心疼。
　Dāngrán mǎi le, mǎile hěn duō. Huāle wǒ bùshǎo qián, yǒudiǎn xīnténg.

B 世界上没有后悔药啊。
　Shìjièshang méiyǒu hòuhuǐyào a.

> 단어　外甥 wàisheng 외손자 | 玩具店 wánjùdiàn 완구점, 장난감 가게 | 摸 mō 만지다 |
> 心疼 xīnténg 아까워하다, 몹시 아끼다

작문 따라잡기 WRITING 2

다음 문장을 중작하세요.

1 눈雪이 많이 내렸다, 적게 내렸다 한다.

＿＿＿＿＿＿＿＿＿＿＿＿＿＿＿＿＿＿＿＿＿＿＿＿

2 그는 금방 된다고行 했다가, 금방 안 된다고 한다.

＿＿＿＿＿＿＿＿＿＿＿＿＿＿＿＿＿＿＿＿＿＿＿＿

3 그는 급했다着急 하면, 중국어로 말했다가, 영어로 말했다가 한다.

＿＿＿＿＿＿＿＿＿＿＿＿＿＿＿＿＿＿＿＿＿＿＿＿

필수문장 따라잡기 SENTENCE 3

다음 문장을 중국어로 말해보세요.

1 그녀는 울었다 웃었다 한다, 마치 미친 것 같다.

＿＿＿＿＿＿＿＿＿＿＿＿＿＿＿＿＿＿＿＿＿＿＿＿

2 근래의 날씨는 정상이 아니다, 추웠다가 더웠다가, 정말 짜증난다.

＿＿＿＿＿＿＿＿＿＿＿＿＿＿＿＿＿＿＿＿＿＿＿＿

3 오늘은 비가 많이 내렸다 적게 내렸다 하며, 온종일 그치지 않고 내린다.

＿＿＿＿＿＿＿＿＿＿＿＿＿＿＿＿＿＿＿＿＿＿＿＿

4 그는 금방 이렇게 말했다, 금방 저렇게 말했다 한다.

＿＿＿＿＿＿＿＿＿＿＿＿＿＿＿＿＿＿＿＿＿＿＿＿

103

以为

不要以为世界上只有你一个人聪明。

Bú yào yǐwéi shìjièshang zhǐyǒu nǐ yí ge rén cōngming.

세상에서 단지 너 혼자만 똑똑하다고 여기지 마라.

동사 | 여기다, 생각하다, 인정하다

필수 어법

以为는 어떤 사람이나 사물에 대해 자신의 주관적인 견해나 판단을 나타내고, 认为는 주로 객관적인 판단을 나타낸다. 以为는 '~라고 잘못 여겼다'로 해석되는 경우가 많으므로 청취 문제에 나온다면 들린 내용을 반대로 해석해야 함을 잊지 말자.

❶ ~라고 여기다 (판단)

我以为他不会来了。　나는 그가 오지 않을 것이라고 생각한다.

我以为应该这样做。　나는 이렇게 해야 한다고 생각한다.

❷ ~라고 잘못 여기다 (착각)

我以为你是对的。　나는 네가 옳다고 여겼다. (네가 틀렸다)

别以为我为你流泪。　내가 널 위해 눈물을 흘린다고 생각하지 마. (널 위해 흘리는 거 아니야)

필수 문장

1 我以为这个实验很简单。

Wǒ yǐwéi zhè ge shíyàn hěn jiǎndān.

2 我以为他走了，其实他并没走。

Wǒ yǐwéi tā zǒu le, qíshí tā bìng méi zǒu.

3 他汉语说得这么好，我还以为他是中国人呢。

Tā Hànyǔ shuō de zhème hǎo, wǒ hái yǐwéi tā shì Zhōngguórén ne.

4 听声音我以为是女儿呢，原来不是。

Tīng shēngyīn wǒ yǐwéi shì nǚ'ér ne, yuánlái bú shì.

> **tip** 并은 '결코'라는 의미의 부사로 부정의 의미를 강조한다. 并이 시험에 나오면 부정부사(不, 没) 앞에 두면 된다.

단어 实验 shíyàn 실험 | 其实 qíshí 사실은 | 声音 shēngyīn 목소리 | 原来 yuánlái 알고 보니

A 王朔，我来了!
　Wáng Shuò, wǒ lái le!

B 不，我不是。你是谁?
　Bù, wǒ búshì. Nǐ shì shéi?

A 不好意思，我以为你是我朋友呢。你的背影特别像我朋友。
　Bùhǎoyìsi, wǒ yǐwéi nǐ shì wǒ péngyou ne. Nǐ de bèiyǐng tèbié xiàng wǒ péngyou.

B 是吗? 没关系。
　Shì ma? Méi guānxi.

작문 따라잡기
WRITING 2

다음 문장을 중작하세요.

1 나는 그가 아주 똑똑하다고聰明 생각했다.

_____

2 나는 베이징의 겨울冬天이 아주 추울 거라고 생각했다.

_____

3 그는 오늘 수업을 하지 않는다고 생각해서, 안 왔다.

_____

필수문장 따라잡기
SENTENCE 3

다음 문장을 중국어로 말해보세요.

1 나는 이 실험이 간단하다고 여겼었다.

_____

2 나는 그가 간 줄 알았는데, 알고 보니 그는 가지 않았다.

_____

3 그가 중국어를 너무 잘해서, 나는 그가 중국인이라고 여겼었다.

_____

4 목소리를 듣고 나는 여자일거라고 생각했는데, 알고 보니 아니었다.

_____

104 一转眼

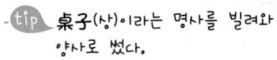tip 桌子(상)이라는 명사를 빌려와 양사로 썼다.

一转眼的功夫她就做好一桌饭菜。

Yìzhuǎnyǎn de gōngfu tā jiù zuòhǎo yì zhuō fàncài.

눈 깜짝할 사이에 그녀는 한 상을 차렸다.

순식간에, 눈 깜짝할 사이에, 아주 짧은 시간

동의어 一眨眼 yìzhǎyǎn

 필수 어법

'눈을(眼) 한번(一) 돌리는(转) 사이'라는 뜻으로 아주 짧은 시간임을 강조한다. '짧은 시간'이란 실제로 짧은 시간일 수도 있지만, 주관적으로 짧게 느꼈다면, 몇 달, 몇 년 등 결코 짧은 시간이 아닐지라도 一转眼을 사용할 수 있다.

一转眼没有了.　　눈 깜박할 사이에 사라졌다.

一转眼不见了.　　눈 깜박할 사이에 보이지 않는다.

一转眼拿走了.　　눈 깜박할 사이에 가져가 버렸다.

一转眼我们结婚就7年了.　　눈 깜짝할 사이에 우리가 결혼한지 벌써 7년이 되었다.
　　　　　　　　　　　　　　　（주관적 느낌의 짧은 시간）

필수 문장

1 书我放在桌子上，一转眼就不见了。

Shū wǒ fàng zài zhuōzishang, yìzhuǎnyǎn jiù bú jiàn le.

2 四年的大学生活一转眼就过去了。

Sì nián de dàxué shēnghuó yìzhuǎnyǎn jiù guòqu le.

3 孩子们一转眼就长大了。

Háizimen yìzhuǎnyǎn jiù zhǎngdà le.

4 时间过得真快，我们结婚一转眼就十年了。

Shíjiān guò de zhēn kuài, wǒmen jiéhūn yìzhuǎnyǎn jiù shí nián le.

단어 功夫 gōngfu 시간, 때 | 长大 zhǎngdà 자라다. 성장하다

회화 따라잡기 **1** DIALOGUE

A 糟糕，一转眼我的钱包不见了。
　　Zāogāo, yìzhuǎnyǎn wǒ de qiánbāo bú jiàn le.

B 再好好找找看。
　　Zài hǎohāo zhǎozhao kàn.

A 肯定是在车上有人偷走了。
　　Kěndìng shì zài chēshang yǒu rén tōu zǒu le.

B 下次注意吧!
　　Xiàcì zhùyì ba!

> **단어** 糟糕 zāogāo 야단나다, 엉망이다 | 肯定 kěndìng 틀림없이, 확실히 | 偷 tōu 훔치다

작문 따라잡기 **2** WRITING

다음 문장을 중작하세요.

1 눈 깜짝할 사이에 내가 베이징北京에 온 지 1년이 넘었다.

....

2 시간이 정말 빠르게 지나간다过. 내가 그녀를 알게된 지认识 눈 깜짝할 사이에 3년이 되었다.

....

3 내가 중국어를 배운 지 눈 깜짝할 사이에 1년이 넘었다.

....

필수문장 따라잡기 **3** SENTENCE

다음 문장을 중국어로 말해보세요.

1 책을 책상 위에 놓았는데, 눈 깜짝할 사이에 보이지 않는다.

....

2 4년 간의 대학생활이 눈 깜짝할 사이에 지나가 버렸다.

....

3 아이들은 눈 깜짝할 사이에 자라버렸다.

....

4 시간이 정말 빨리 지나간다, 우리가 결혼한지 눈 깜짝할 사이에 10년이 되었다.

....

105 有时…有时…

这儿的天气，有时冷，有时热，变化无常。

Zhèr de tiānqì, yǒushí lěng, yǒushí rè, biànhuà wúcháng.

이곳의 날씨는 때로는 춥고 때로는 덥고, 변화무상하다.

간혹, 가끔, 때때로

동의어 有时候…有时候… yǒushíhou… yǒushíhou… | 时…时… shí…shí…

필수 어법

有时를 두 번 반복하여 사용함으로써 '어떤 때는 이렇고, 어떤 때는 저렇고'라는 뜻으로 어떠한 규율이 없다는 것을 나타낸다.

有时见朋友, 有时看电影。	어떤 때는 친구를 만나고, 어떤 때는 영화를 본다.
有时大方, 有时小气。	어떤 때는 호탕하고, 어떤 때는 째째하다.
有时对我热情, 有时对我冷淡。	어떤 때는 나에게 친절하다가, 어떤 때는 나에게 차갑게 대한다.

★ 줄여서 '时…时…'라고도 할 수 있다.

时好时坏　좋았다 나빴다 한다

时冷时热　추웠다 더웠다 한다

필수 문장

1 我奶奶九十多岁了, 有时明白, 有时糊涂。

Wǒ nǎinai jiǔshí duō suì le, yǒushí míngbai, yǒushí hútu.

2 他有时起得早, 有时起得晚。

Tā yǒushí qǐ de zǎo, yǒushí qǐ de wǎn.

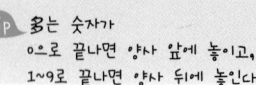

tip 多는 숫자가 0으로 끝나면 양사 앞에 놓이고, 1~9로 끝나면 양사 뒤에 놓인다.

예) 10多公斤　11kg, 12kg…

9公斤多　9.1kg, 9.2kg…

3 星期天我有时去打保龄球, 有时去打高尔夫球。

Xīngqītiān wǒ yǒushí qù dǎ bǎolíngqiú, yǒushí qù dǎ gāo'ěrfūqiú.

4 他有时这么说, 有时那么说, 我不知道怎么办才好。

Tā yǒushí zhème shuō, yǒushí nàme shuō, wǒ bù zhīdào zěnme bàn cái hǎo.

단어 变化无常 biànhuà wúcháng 변화무상하다 | 糊涂 hútu 흐리멍텅하다 | 保龄球 bǎolíngqiú 볼링 |
高尔夫球 gāo'ěrfūqiú 골프

회화 따라잡기 DIALOGUE 1

A 今天的天气真奇怪，有时闪电，有时打雷，但是不下雨。
　　Jīntiān de tiānqì zhēn qíguài, yǒushí shǎndiàn, yǒushí dǎ léi, dànshì bú xià yǔ.

B 天气预报说今天没有雨。
　　Tiānqì yùbào shuō jīntiān méiyǒu yǔ.

A 我不信。
　　Wǒ bú xìn.

B 信不信由你。
　　Xìn bu xìn yóu nǐ.

> 단어 闪电 shǎndiàn 번개 | 打雷 dǎ léi 천둥이 치다 | 天气预报 tiānqì yùbào 일기예보

작문 따라잡기 WRITING 2

다음 문장을 중작하세요.

1 그는 어떤 때는 담배를 피우고抽烟, 어떤 때는 피우지 않는다.

_____

2 나의 성적成绩은 어떤 때는 좋고, 어떤 때는 좋지 않다.

_____

3 일요일星期天에 어떤 때는 친구를 만나고 어떤 때는 영화电影를 본다.

_____

필수문장 따라잡기 SENTENCE 3

다음 문장을 중국어로 말해보세요.

1 우리 할머니는 아흔이 넘으셔서, 때로는 아시다가도, 때로는 어리둥절해 하신다.

_____

2 그는 때로는 일찍 일어나고, 때로는 늦게 일어난다.

_____

3 일요일에 나는 때로는 볼링을 치러 가고, 때로는 골프를 치러 간다.

_____

4 그는 때로는 이렇게 말하고 때로는 저렇게 말해서, 나는 어떻게 해야 좋을지 모르겠다.

_____

106 尤其是

下雨的时候，出去走走也不错。尤其是雨天的早上。

Xià yǔ de shíhou, chūqu zǒuzou yě búcuò. Yóuqíshì yǔtiān de zǎoshang.

비가 올 때 나가서 걷는 것도 좋다. 특히 비 오는 날의 아침이 그렇다.

부사 | 특히, 더욱, 유달리

유의어 特别是 tèbiéshì 특히 | 更 gēng 훨씬

필수 어법

'尤其+是'의 형식으로 같은 종류의 사물 중 강조할 필요가 있는 한 가지 사물을 이끌어 낼 때 사용된다. 전체 사물은 앞절에 나오고 尤其是는 뒷절에 쓰여, 어느 하나만을 강조한다.

他喜欢运动，尤其是踢足球。　　　그는 운동을 좋아하는데 특히 축구를 좋아한다.

一日三餐中，尤其是早餐重要。　　하루 세 끼 중 특히 아침 식사가 가장 중요하다.

他喜欢水果，尤其是喜欢苹果。　　그는 과일을 좋아하는데, 특히 사과를 좋아한다.

필수 문장

tip
爱는 동사로 '사랑한다'의 뜻이지만,
여기서는 '~하기를 좋아한다'의
뜻의 조동사로 쓰였기 때문에 뒤에
동사(吃)가 있다.

예) 爱吃 먹기를 좋아하다

1 我很爱吃中国菜，尤其是京酱肉丝。

Wǒ hěn ài chī Zhōngguócài, yóuqíshì jīngjiàngròusī.

2 她穿什么颜色的衣服都好看，尤其是红色的。

Tā chuān shénme yánsè de yīfu dōu hǎokàn, yóuqíshì hóngsè de.

3 北京一年四季都很干燥，尤其是春天。

Běijīng yì nián sìjì dōu hěn gānzào, yóuqíshì chūntiān.

4 那些学生都爱说话，尤其是他。

Nà xiē xuésheng dōu ài shuōhuà, yóuqíshì tā.

단어 京酱肉丝 jīngjiàngròusī 징장로우쓰(중국음식) | 四季 sìjì 사계절 | 干燥 gānzào 건조하다

회화 따라잡기
DIALOGUE ①

A 在读大学的时候成绩怎么样？
　Zài dú dàxué de shíhou chéngjì zěnmeyàng?

B 都很不错，尤其是国际贸易。
　Dōu hěn búcuò, yóuqí shì guójì màoyì.

A 喜欢哪门课？
　Xǐhuan nǎ mén kè?

B 当然是国际贸易了。
　Dāngrán shì guójì màoyì le.

> 단어 国际 guójì 국제 | 贸易 màoyì 무역, 교역

작문 따라잡기
WRITING ②

다음 문장을 중작하세요.

1 그의 아이는 모두 매우 총명_{聪明}하다, 특히 첫째_{老大}가 그렇다.

_____

2 우리 엄마는 음식을 잘 만든다, 특히 탕수어_{糖醋鱼}가 그렇다.

_____

3 비행기를 타는 사람이 정말 많다, 특히 황금연휴_{黄金周}일 때는.

_____

필수문장 따라잡기
SENTENCE ③

다음 문장을 중국어로 말해보세요.

1 나는 중국음식 먹는 것을 참 좋아한다, 특히 징장로우쓰를 좋아한다.

_____

2 그녀는 어떤 색깔의 옷을 입어도 다 예쁘다, 특히 빨간색이 예쁘다.

_____

3 베이징은 1년 사계절이 모두 매우 건조하다, 특히 봄이 그렇다.

_____

4 그 학생들은 모두 말하기를 매우 좋아한다, 특히 그가 그렇다.

_____

107

又(既)…又…

考完试了，我心里既轻松又紧张。

Kǎowán shì le, wǒ xīnli jì qīngsōng yòu jǐnzhāng.

시험이 끝났다. 나는 홀가분하면서도 긴장되기도 한다.

부사 | ～하기도 하고, ～하기도 하다, ～할 뿐만 아니라, 또한 ～하다

유의어 不但…而且… búdàn… érqiě… | 既…又… jì…yòu…

필수 어법

서로 상반되거나, 비슷한 두 가지 이상의 동작이나 상황, 성질, 상태가 동시에 진행 혹은 존재함을 나타낸다. 일반적으로 동사(구)나 형용사(구)가 나온다.

❶ 형용사 사용

地铁又快又便宜。 지하철은 빠르고 싸다.

她又聪明又漂亮。 그녀는 똑똑하면서 예쁘다.

❷ 동사 사용

他既是个老板，又是个朋友。 그는 사장이기도 하고, 또 친구이기도 하다.

学校里又有邮局，又有银行。 학교에는 우체국도 있고, 은행도 있다.

★ 유의어로 '既…又…'가 있는데, '又…又…'는 두 가지 사항이 동등하게 강조되는데 반해, '既…又…'는 뒤쪽에 무게를 실어 준다.

필수 문장

1 抽烟既对身体没有好处，又浪费金钱。

Chōuyān jì duì shēntǐ méiyǒu hǎochu, yòu làngfèi jīnqián.

2 他又有学问，又有丰富的经验。

Tā yòu yǒu xuéwen, yòu yǒu fēngfù de jīngyàn.

> tip 经验에서 验은 HSK 종합 填空(빈칸 채우기)에 자주 출제된다. 부수가 马(말 마)임을 기억하자.

3 我又爱他，又恨他。

Wǒ yòu ài tā, yòu hèn tā.

4 大家都喜欢买又好看又便宜的东西。

Dàjiā dōu xǐhuan mǎi yòu hǎokàn yòu piányi de dōngxi.

단어 浪费 làngfèi 낭비하다 | 金钱 jīnqián 금전 | 学问 xuéwen 학문 | 丰富 fēngfù 풍부하다 | 经验 jīngyàn 경험(하다) | 恨 hèn 증오하다

회화 따라잡기 DIALOGUE **1**

A 听说你去了潘玮柏的演唱会，怎么样？
　Tīngshuō nǐ qùle Pān Wěibó de yǎnchànghuì, zěnmeyàng?

B 太好了! 心里又兴奋又紧张。他真帅，唱得也不错。
　Tài hǎo le! Xīnli yòu xīngfèn yòu jǐnzhāng. Tā zhēn shuài, chàng de yě búcuò.

A 真的吗? 我也想去! 下次一起去怎么样？
　Zhēn de ma? Wǒ yě xiǎng qù! xiàcì yìqǐ qù zěnmeyàng?

B 好的，你也会喜欢的!
　Hǎo de, nǐ yě huì xǐhuan de!

> 단어 演唱会 yǎnchànghuì 콘서트 | 潘玮柏 Pān Wěibó 판웨이보, 홍콩 가수

작문 따라잡기 WRITING **2**

다음 문장을 중작하세요.

1 이곳의 겨울冬天은 춥고도 길다.

_____

2 그녀의 방은 깨끗하고干净 또한 조용하다安静.

_____

3 지하철地铁을 타면 빠르고 편리하다方便.

_____

필수문장 따라잡기 SENTENCE **3**

다음 문장을 중국어로 말해보세요.

1 담배를 피우는 것은 건강에 좋은 점이 없을 뿐만 아니라, 돈도 낭비된다.

_____

2 그는 학식이 있을 뿐 아니라, 풍부한 경험이 있다.

_____

3 나는 그를 사랑하면서도, 증오한다.

_____

4 모두가 다 예쁘면서도 싼 물건 사기를 좋아한다.

_____

108

越···越···(越来越···)

我越学习越觉得自己知道得少。

Wǒ yuè xuéxí yuè juéde zìjǐ zhīdao de shǎo.

나는 공부하면 할수록 스스로 아는 것이 적다고 느껴진다.

---

1. ~할수록 점점 더 ~해진다
2. (시간이 흐를수록) 점점 더 ~해진다

동의어 愈···愈··· yù···yù··· (서면어)

필수 어법

❶ ~할수록 점점 더 ~해진다

형식 越 + 조건 + 越 + 조건에 따른 상황의 변화, 발전

雨越下越大。 비가 내릴수록 거세진다.

越多越好。 많을수록 좋다. | 越学越有意思。 배울수록 재미있다.

❷ (시간이 흐를수록) 점점 더 ~해진다

형식 越来越 + 시간에 따른 상황의 변화, 발전

越来越流利。 갈수록 더 유창하다. | 越来越方便。 점점 더 편리해진다.

★ 주어가 2개인 경우 '주어1 + 越 + 주어2 + 越'의 형식을 갖는다.
我越劝, 他越不听话。 내가 타이를수록, 그는 더욱 말을 듣지 않는다.

필수 문장

1 他越喜欢我, 我越讨厌他。
Tā yuè xǐhuan wǒ, wǒ yuè tǎoyàn tā.

2 人越有钱, 越不肯花钱。
Rén yuè yǒu qián, yuè bùkěn huā qián.

tip 조동사 肯은 '~하려 한다'로 愿意의 의미를 가지고 있다. 앞에 부정부사 不를 붙이면 '~하려 하지 않는다'의 의미가 된다.
예) 不肯吃饭 밥을 먹으려 하지 않는다
不肯学习 공부를 하려 하지 않는다

3 她越来越像她妈妈了。
Tā yuèláiyuè xiàng tā māma le.

4 老师越解释, 我越糊涂。
Lǎoshī yuè jiěshì, wǒ yuè hútu.

단어 不肯 bùkěn ~하려 하지 않는다 | 解释 jiěshì 해석하다, 설명하다

회화 따라잡기 DIALOGUE 1

A 你看韩国电视剧吗?
Nǐ kàn Hánguó diànshìjù ma?

B 经常看, 怎么了?
Jīngcháng kàn, zěnme le?

A 我发现韩国明星越来越漂亮, 越来越帅。
Wǒ fāxiàn Hánguó míngxīng yuèláiyuè piàoliang, yuèláiyuè shuài.

B 听说都去整容了。
Tīngshuō dōu qù zhěngróng le.

> 단어 电视剧 diànshìjù 드라마 | 帅 shuài 멋지다 | 整容 zhěngróng 성형하다

작문 따라잡기 WRITING 2

다음 문장을 중작하세요.

1 나는 그 일을 생각하면 할수록 화가 난다生气.

_____

2 그 아이는 볼수록 귀엽다可爱.

_____

3 내가 말을 하면 할수록 그는 더 듣지 않는다.

_____

필수문장 따라잡기 SENTENCE 3

다음 문장을 중국어로 말해보세요.

1 그가 나를 좋아하면 할수록, 나는 더욱 그가 미워진다.

_____

2 사람은 돈이 있을수록, 더욱 돈을 쓰려 하지 않는다.

_____

3 그녀는 점점 더 그녀의 엄마를 닮아간다.

_____

4 선생님이 설명하면 할수록, 나는 더욱 더 헷갈린다.

_____

109 顺眼

我怎么看也觉得不顺眼，还是换成别的颜色吧。

Wǒ zěnme kàn yě juéde bú shùnyǎn, háishi huànchéng bié de yánsè ba.

나는 아무리 봐도 눈에 거슬린다. 아무래도 다른 색으로 바꾸는 게 낫겠다.

형용사 | 보기좋다, 마음에 들다

반의어 不顺眼 bú shùnyǎn 눈에 거슬리다, 눈꼴 사납다

필수 어법

顺眼은 한자 顺(순할 순)과 眼(눈 안)이 결합된 단어로, 어떤 사물을 볼 때 눈에 거스름이 없이 눈에 잘 들어온다는 뜻이다. 형용사로 '보기좋다, 모양이 좋다'에서 의미가 확장되어 '마음에 들다'라는 의미를 갖고 있다.

不顺眼的人 눈에 거슬리는 사람

这种衣服，我怎么看怎么不顺眼。 나는 이런 옷을 아무리 보아도 좋아 보이지 않는다.

필수 문장

1 我看这孩子顺眼，我就给他一块糖。

Wǒ kàn zhè háizi shùnyǎn, wǒ jiù gěi tā yí kuài táng.

2 你怎么不高兴了，是不是又看见什么不顺眼的事了？

Nǐ zěnme bù gāoxìng le, shì bu shì yòu kànjiàn shénme bú shùnyǎn de shì le?

3 你看我不顺眼，那我就走。

Nǐ kàn wǒ bú shùnyǎn, nà wǒ jiù zǒu.

tip 那는 자신에게서 멀리 있는 것을 가리키는 지시대명사지만, 접속사로 '그러면'이라고 해석되는 那么를 줄인 표현이기도 하다. 본문에서는 '그러면'의 의미로 쓰였다.

4 这件衣服，无论怎么看都不顺眼。

Zhè jiàn yīfu, wúlùn zěnme kàn dōu bú shùnyǎn.

단어 颜色 yánsè 색깔 | 糖 táng 사탕

회화 따라잡기 DIALOGUE 1

A 咱班调来一个新同学，你知道吗?
Zán bān diàolai yí ge xīn tóngxué, nǐ zhīdao ma?

B 知道，可是不知道为什么总看着那小子不顺眼。
Zhīdao, kěshì bù zhīdào wèishénme zǒng kànzhe nà xiǎozi bú shùnyǎn.

A 我也是，那小子总是摆出一副瞧不起人的样子。
Wǒ yě shì, nà xiǎozi zǒngshì bǎichū yí fù qiáobuqǐ rén de yàngzi.

B 有空找人收拾他一顿。
Yǒu kòng zhǎo rén shōushi tā yí dùn.

> 단어 调 diào 이동하다 | 瞧不起 qiáobuqǐ 경멸하다, 업신여기다 | 收拾 shōushí 혼내주다 |
> 顿 dùn 때리거나 혼낼 때 쓰는 양사

작문 따라잡기 WRITING 2

다음 문장을 중작하세요.

1 네가 새로 맞춘配 안경眼镜은 보기에 그다지 어울리지 않아 보인다.

2 그의 차림打扮은 눈에 좀 거슬린다.

3 몇몇 학생은 특히 마음에 든다.

필수문장 따라잡기 SENTENCE 3

다음 문장을 중국어로 말해보세요.

1 나는 이 아이가 마음에 들어서, 그에게 사탕 한 개를 주었다.

2 너 어째서 기분이 안 좋아졌니? 또 무슨 눈에 거슬리는 일이라도 본 거니?

3 당신이 보기에 제가 마음에 들지 않으시면, 그럼 저 바로 갈게요.

4 이 옷은 아무리 봐도 마음에 들지 않는다.

110 说

回家晚了,妈妈又该说我们了。

Huíjiā wǎn le, māma yòu gāi shuō wǒmen le.

집에 늦게 도착하겠어. 엄마가 또 나를 야단치실 거야.

동사 | 나무라다, 책망하다, 꾸짖다

유의어 批评 pīpíng | 责怪 zéguài | 责备 zébèi | 怪 guài + 사람

필수 어법

보통 说라고 하면 '말하다'라는 뜻만 생각하는데 '내가 그 애한테 몇 마디 좀 했어'라는 표현을 할 때 사용되는 '혼을 냈다'라는 뜻도 있다. HSK청취나 독해 1부분에 자주 출현하니 반드시 숙지해야 한다. 단, 说 뒤에 话가 아니라 '사람(人)'이 올 때에만 '나무라다'의 뜻이다.

형식 说 + 사람

他一进门就说我了。　　그가 들어오자마자 나를 꾸짖었다.

妈妈说了她一顿。　　　어머니께서 그녀를 한바탕 꾸짖으셨다.

妈妈说我不听话。　　　엄마는 내가 말을 듣지 않는다고 혼내신다.

他从来没有说过你。　　그는 여태껏 너를 혼낸 적이 없다.

필수 문장

1 回来晚了, 我说了她几句, 她就哭了。

Huílai wǎn le, wǒ shuōle tā jǐ jù, tā jiù kū le.

2 你怎么又挨说了?

Nǐ zěnme yòu ái shuō le?

tip 挨(ái)는 '(괴로운 일을) 당하다, 만나다, 고통을 받다'의 뜻으로 遭受(zāoshòu), 被와 비슷한 느낌의 어휘이다.

3 你别说小金, 那件事是我做的。

Nǐ bié shuō Xiǎo Jīn, nà jiàn shì shì wǒ zuò de.

4 我已经说过他好几次了。

Wǒ yǐjīng shuōguo tā hǎo jǐ cì le.

단어 挨 ái (괴로운 일을) 당하다

회화 따라잡기 1
DIALOGUE

A 你怎么天天都闷闷不乐的样子。
　　Nǐ zěnme tiāntiān dōu mènmènbúlè de yàngzi.

B 最近一回家妈妈就说我，说我这也不是，那也不好的，真郁闷。
　　Zuìjìn yì huí jiā māma jiù shuō wǒ, shuō wǒ zhè yě búshì, nà yě bùhǎo de, zhēn yùmèn.

A 妈妈也是为你好啊，望子成龙嘛！
　　Māma yě shì wèi nǐ hǎo a, wàng zǐ chéng lóng ma!

B 什么啊，那是 "鸡蛋里头挑骨头"。
　　Shénme a, nà shì " jīdànlitou tiāo gǔtou".

> 단어 闷闷不乐 mènmènbùlè 마음이 답답하고 울적하다 | 郁闷 yùmèn 답답하다

작문 따라잡기 2
WRITING

다음 문장을 중작하세요.

1 매번 데이트约会할 때마다 나는 지각했지만迟到, 여자친구는 한번도 뭐라고 하지 않았다.

_____

2 나는 숙제를 안 해서, 선생님은 또 야단치실 것이다.

_____

3 엄마가 너를 야단치시는 건 다 너 잘 되길 위해서야, 화내지生气 마.

_____

필수문장 따라잡기 3
SENTENCE

다음 문장을 중국어로 말해보세요.

1 늦게 돌아와서 내가 그녀에게 몇 마디 야단치자, 그녀는 곧 울기 시작했다.

_____

2 너 또 왜 야단맞았어?

_____

3 너는 샤오진을 나무라지 마라, 그 일은 내가 한 일이다.

_____

4 나는 이미 그를 여러 번 야단쳤다.

_____

111

说话算数

tip 总是는 '늘, 언제나, 항상'이라는 뜻으로 동의어로는 总, 老, 老是, 经常, 时不时 등이 있다.

他总是说话不算数，所以人家都不相信他的话。

Tā zǒngshì shuōhuà bú suànshù, suǒyǐ rénjia dōu bù xiāngxìn tā de huà.

그는 늘 말을 잘 안 지킨다. 그래서 사람들은 모두 그의 말을 믿지 않는다.

이합동사 | (유효하다고) 인정하다, 시인하다, 말에 책임지다

반의어 说话不算数 shuōhuà bú suànshù

필수 어법

算数는 원래 '셈(숫자)를 세다'라는 뜻으로 쓰이기도 하지만, 여기서는 '(유효하다고) 인정하다, 책임지다'라는 뜻으로 쓰인다. 부정형을 만들 때는 不说话算数라고 하지 않고 说话不算数라고 한다. 부정부사(不)는 부정하고 싶은 말 앞에 나오는데, 말을 하지 않은 것이 아니라, '말에 대한 책임을 지지 않다'라는 부분을 강조해야 하기 때문이다.

他说话不太算数。	그는 말에 그리 책임을 지지 않는다.
他们签的合同不算数。	그들이 체결한 계약은 인정되지 않는다.
说话要算数，不能反悔。	말을 했으면 책임을 져야지, 번복해선 안 된다.

필수 문장

1 你应该说话算数。
Nǐ yīnggāi shuōhuà suànshù.

2 我没说话不算数啊。
Wǒ méi shuōhuà bú suànshù a.

3 别太相信他，他是说话不算数的人。
Bié tài xiāngxìn tā, tā shì shuōhuà bú suànshù de rén.

4 我这个人说话算数。
Wǒ zhè ge rén shuōhuà suànshù.

단어 签 qiān 서명하다 | 合同 hétong 계약 | 反悔 fǎnhuǐ 번복하다

회화 따라잡기 1
DIALOGUE

A 李宁, 你这次考试如果拿到奖学金的话, 我买给你一台电脑吧。
   Lǐ Níng, nǐ zhè cì kǎoshì rúguǒ nádào jiǎngxuéjīn de huà, wǒ mǎi gěi nǐ yì tái
   diànnǎo ba.

B 您要说话算数。
   Nín yào shuōhuà suànshù.

A 只要你好好学习, 我一定给你买。
   Zhǐyào nǐ hǎohāo xuéxí, wǒ yídìng gěi nǐ mǎi.

B 太好了! 我会努力学习的。
   Tài hǎo le! Wǒ huì nǔlì xuéxí de.

> 단어 奖学金 jiǎngxuéjīn 장학금 |
> 台 tái 대(전자제품을 세는 양사)

작문 따라잡기 2
WRITING

다음 문장을 중작하세요.

1 그는 여태껏一向 말한 대로 지키는 사람이다.

_____

2 모두에게 밥을 산다고 말했으니까, 너 그 말을 꼭 지켜야 한다.

_____

3 만약 말한 대로 지키지 않으면, 이후以后에는 너를 믿을相信 사람이 없을
것이다.

_____

필수문장 따라잡기 3
SENTENCE

다음 문장을 중국어로 말해보세요.

1 너는 마땅히 한 말을 지켜야 한다.

_____

2 나는 말을 지키지 않은 적이 없어.

_____

3 그를 너무 믿지 마. 그는 말을 안 지키는 사람이야.

_____

4 나 이 사람은 한 말에 책임을 집니다.

112

说了算

这个地方我说了算。

Zhè ge dìfang wǒ shuōle suàn.
이곳은 내가 모든 걸 결정한다.

1. 말한대로 실행하다
2. 마음대로 정하다, 말하면 그것으로 결정되다

동의어 做主 zuòzhǔ | 拿主意 ná zhǔyi | 决定 juédìng
반의어 说了不算 shuōle bùsuàn

필수 **어법**

'셈을 세다'라는 동사 算의 또 다른 뜻은 '(효력이 있다고) 인정하다, 비중을 두다, 중요시하다'이다. 따라서 说了算은 '말하면 그것으로 효력을 지니고, 그것으로 결정된다'의 뜻이다. 부정형은 不说了算이 아니라, 说了不算이라고 해야 한다.

你说了不算, 还得他说.　　　　네가 말하는 것은 중요치 않으니 그가 말해야 한다.

你们公司到底谁说了算?　　　　너희 회사에서는 도대체 누가 결정권을 갖고 있니?

你家爸爸说了算还是妈妈说了算?　너희 집은 아빠가 결정권이 있니?
　　　　　　　　　　　　　　　아니면 엄마가 결정권이 있니?

필수 **문장**

1 我们家的事父亲说了算, 你去问他吧.
Wǒmen jiā de shì fùqīn shuōle suàn, nǐ qù wèn tā ba.

2 公司的事不能一个人说了算.
Gōngsī de shì bù néng yí ge rén shuōle suàn.

3 我的婚事我自己说了算.
Wǒ de hūnshì wǒ zìjǐ shuōle suàn.

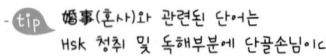

> tip 婚事(혼사)와 관련된 단어는
> HSK 청취 및 독해부분에 단골손님이다.
>
> 예) 结婚(=办喜事) 결혼하다
> 　　 吃喜糖 국수 먹다
> 　　 成家 가정을 이루다
> 　　 娶(qǔ) 장가가다
> 　　 嫁(jià) 시집가다

4 这件事大家说了算.
Zhè jiàn shì dàjiā shuōle suàn.

단어 公司 gōngsī 회사 | 婚事 hūnshì 혼사

회화 따라잡기
DIALOGUE 1

A 你们家谁说了算?
Nǐmen jiā shéi shuōle suàn?

B 以前是父亲, 可是我觉得最近不是。
Yǐqián shì fùqīn, kěshì wǒ juéde zuìjìn búshì.

A 那你母亲说了算吗?
Nà nǐ mǔqīn shuōle suàn ma?

B 好像是。
Hǎoxiàng shì.

작문 따라잡기
WRITING 2

다음 문장을 중작하세요.

1 이번에는 내 마음대로 결정하는 거 어때?

_____

2 이 일은 나 혼자 一个人 마음대로 결정할 수 없다.

_____

3 우리 집에서는 아버지가 결정한다.

_____

필수문장 따라잡기
SENTENCE 3

다음 문장을 중국어로 말해보세요.

1 우리 집안 일은 아버지가 결정하시니까, 네가 가서 그에게 물어봐라.

_____

2 회사의 일을 한 사람이 결정 내릴 순 없다.

_____

3 나의 혼사는 내 스스로 결정한다.

_____

4 이 일은 모두가 결정한다.

_____

관용어 연결하기 TEST 1

다음 뜻과 어울리는 관용어를 연결해 보세요.

❶ 말한 대로 결정된다 •　　　　　　　• 顺眼

❷ 말한 것을 지킨다 •　　　　　　　• 说

❸ 마음에 든다 •　　　　　　　• 说话算数

❹ 탓하다, 나무라다 •　　　　　　　• 说了算

빈칸 채우기 TEST 2

다음 상용어를 사용하여 빈칸을 채워 보세요.

比	就	幸亏	有时	一会儿	一转眼	尤其是	要不然

❶ ＿＿＿＿＿＿ 他昨天开夜车复习了一下, 今天考试才通过。

❷ 学汉语必须要多说多练, ＿＿＿＿＿＿ 就成了"哑巴汉语"。

❸ 动物园里的熊猫一只 ＿＿＿＿＿＿ 一只可爱。

❹ 他一喝啤酒 ＿＿＿＿＿＿ 脸红、发烧。

❺ 妈妈一会儿炒菜, ＿＿＿＿＿＿ 切菜, 忙得不可开交。

❻ ＿＿＿＿＿＿ 三十年过去了, 大学同学都事业有成了。

❼ 这个地区有时狂风四起, ＿＿＿＿＿＿ 阴雨连天。

❽ 韩国的电影最近发展迅速, ＿＿＿＿＿＿ 《密阳》还获了奖。

중작하기 TEST 3

다음 문장을 중작하세요.

❶ 그는 노래를 하면서 춤을 춘다.

＿＿＿＿＿＿＿＿＿＿＿＿＿＿＿＿＿＿＿＿＿＿＿＿＿

❷ 시험볼 때 긴장하면 할수록 실수하기 쉽다.

＿＿＿＿＿＿＿＿＿＿＿＿＿＿＿＿＿＿＿＿＿＿＿＿＿

❸ 나는 그가 이미 중국에서 돌아온 줄 알았다.

＿＿＿＿＿＿＿＿＿＿＿＿＿＿＿＿＿＿＿＿＿＿＿＿＿

班门弄斧

bān mén nòng fǔ

공자 앞에서 문자 쓰다

중국 안휘성에 '채석기'라는 매우 유명한 지역이 있다. 이 지역은 장강 옆에 있으며, 풍경이 매우 좋아, 사람들이 자주 그 곳으로 유람을 갔다. 당대 대시인 이백의 무덤이 채석강에서 멀지 않은 곳에 있어, 채석기로 관광을 간 사람들은 이백의 무덤을 구경하러 갔으며, 또 어떤 사람은 몇 구의 시를 쓰기도 했다.

명대 때 어떤 한 시인이 있었는데, 그가 채석기에 유람을 가서, 이백의 무덤 앞에 가득 쓰인 시들 속에 좋은 시가 많지 않은 것을 보았다. 그는 마음속으로 '이 사람들은 정말 자기분수도 모르는군, 어떻게 이런 시를 이백의 무덤 앞에 쓸 수가 있지. 정말 우습군!' 이라고 생각하며, 그 스스로가 이백의 무덤 옆에 시 한 수를 썼다.

채석강변의 한 무더기의 흙,

이백의 명성은 지극히 높구나.

오고 가며 (쓴) 한 수의 시,

노반 문전에서 도끼질하는 모습이구나.

노반은 춘추전국시대 때 매우 유명한 솜씨 좋은 목수이다. (후대 목공들은 노반을 '목수의 신'으로 여긴다.) 이 시는 이백의 무덤 앞에 시를 쓴 이 사람들은 노반의 문전에서 도끼질하는 것과 같다는 의미이다. 사람들은 어떤 일에 정통한 전문가 앞에서 자기의 알량한 솜씨를 뽐내는 모습을 비웃을 때 이 성어를 사용한다.

참고!

'공자 앞에서 문자 쓰다'를 재미있는 표현으로는 '번데기 앞에서 주름 잡는다'라고 말하기도 하지요. 중국에서는 '关公面前耍大刀 (guāngōng miànqián shuǎ dà dāo, 관우 앞에서 칼 휘두르다)'라고 표현하기도 합니다.

WEEK 8

필수**상용어** 128句

JRC

113

在…上

如果在语言上没问题，我就要一个人去自助旅行。

Rúguǒ zài yǔyánshang méi wèntí, wǒ jiù yào yí ge rén qù zìzhù lǚxíng.

만약 언어에서 문제가 없다면 나는 혼자서 배낭여행을 갈 거다.

~에 있어서, ~에 대해서

필수 어법

在는 방위사 上, 中, 下 등과 결합하여 '시간, 장소, 범위, 조건, 방면'을 나타낸다. 여기서는 在가 上과 결합하여 '방면, 조건'을 나타낸다.

❶ 어떤 사물의 범위 내에 있음을 나타낸다.

在会上 회의(에서) | 在书上 책(에) | 在课堂上 교실(에서) | 在报纸上 신문(에서)

❷ 어떤 분야를 나타낸다.

思想上 사상(에서) | 事实上 사실(에서) | 组织上 조직(에서)

❸ 어떤 방면을 나타낸다.

在工作上 일하는 데 있어서 | 在质量上 품질에 있어서 | 在内容上 내용에 있어서

> tip 수업시간에 배웠던 내용을 복습하거나 숙제할 때 做功课라고 한다.

필수 문장

1 如果在功课上有什么问题，那我们一块儿研究研究吧。
Rúguǒ zài gōngkèshang yǒu shénme wèntí, nà wǒmen yíkuàr yánjiū yánjiū ba.

> tip 一块儿은 '함께'라는 뜻으로, 一起와 동의어이다.

2 如果在时间上不方便，就以后再说。
Rúguǒ zài shíjiānshang bù fāngbiàn, jiù yǐhòu zài shuō.

3 如果在大小上合适，就买这件衣服。
Rúguǒ zài dàxiǎoshang héshì, jiù mǎi zhè jiàn yīfu.

4 如果在价钱上合适，我们就买吧。
Rúguǒ zài jiàqianshang héshì, wǒmen jiù mǎi ba.

단어 语言 yǔyán 언어 | 自助旅行 zìzhù lǚxíng 배낭여행 | 价钱 jiàqian 가격

회화 따라잡기
DIALOGUE

1

A 大家没有疑问，会议就结束吧。
　Dàjiā méiyǒu yíwèn, huìyì jiù jiéshù ba.

B 等等，在日程安排上我有问题。
　Děngdeng, zài rìchéng ānpáishang wǒ yǒu wèntí.

A 怎么了？
　Zěnme le?

B 那天我有事不能来。
　Nàtiān wǒ yǒu shì bùnéng lái.

> 단어 疑问 yíwèn 의문 | 会议 huìyì 회의 | 日程 rìchéng 일정

작문 따라잡기
WRITING

2

다음 문장을 중작하세요.

1 이 문제问题에 있어서 우리의 의견意见은 완전히完全 같다.

_____

2 만약 언어에서 문제가 없다면, 나는 외국인과 결혼하고结婚 싶다.

_____

3 만약 어법语法에서 문제가 있다면, 언제든지随时 나에게 물어 봐.

_____

필수문장 따라잡기
SENTENCE

3

다음 문장을 중국어로 말해보세요.

1 만약 학과수업에서 무슨 문제가 있다면, 그러면 우리 함께 연구 좀 해 보자.

_____

2 만약 시간상 불편하다면, 나중에 다시 말하죠.

_____

3 만약 크기에 있어서 적당하다면, 그냥 이 옷을 삽시다.

_____

4 만약 가격면에서 적당하다면, 우리 그냥 삽시다.

_____

114

再···也···

质量不好的商品，再便宜也不买。

Zhìliàng bù hǎo de shāngpǐn, zài piányi yě bù mǎi.

품질이 안 좋은 상품은 아무리 싸도 안 산다.

접속사 | 설사 ~하더라도

동의어 即使···也··· jíshǐ···yě··· | 哪怕···也··· nǎpà···yě··· | 就是···也··· jiùshì···yě··· |

就算···也··· jiùsuàn···yě···

필수 어법

양보를 나타내는 가설문으로 성립되지 않은 일이 성립되었다고 하더라도, 가정과는 상관없이 결과가 나타남을 설명한다. 再 앞에 '설령~'이라는 접속사 即使, 哪怕 등이 와도 된다.

형식 (即使/哪怕) 再 + 형용사+也

(即使) 再累也得去.　　설령 아무리 피곤하더라도 가야 한다.

(即使) 再忙也得吃饭.　설령 아무리 바빠도 밥은 먹어야 한다.

(哪怕) 再难也要学.　　설령 아무리 어렵다 하더라도 배워야 한다.

필수 문장

1 这件事再麻烦，我们也不能不做。

　Zhè jiàn shì zài máfan, wǒmen yě bù néng bú zuò.

2 钱再多也不应该乱花。　　　　　　　　tip 乱은 '함부로'라는 뜻으로

　Qián zài duō yě bù yīnggāi luàn huā.　　　　随便의 의미를 지닌다.

3 我再怎么劝，他也不听。

　Wǒ zài zěnme quàn, tā yě bù tīng.

4 菜再好吃也不要吃得太多。

　Cài zài hǎochī yě bú yào chī de tài duō.

단어 质量 zhìliàng 품질 | 商品 shāngpǐn 상품 | 乱 luàn 함부로

회화 따라잡기 1
DIALOGUE

A 太晚了, 我要回家了。
　　Tài wǎn le, wǒ yào huíjiā le.

B 玩得这么高兴, 而且这么晚了, 就别回家了。
　　Wán de zhème gāoxìng, érqiě zhème wǎn le, jiù bié huíjiā le.

A 不行, 再晚也要回家。爸爸妈妈会担心的。
　　Bùxíng, zài wǎn yě yào huíjiā. Bàba māma huì dānxīn de.

B 那好吧。改天再玩。
　　Nà hǎo ba. Gǎitiān zài wán.

단어 担心 dānxīn 걱정하다 | 改天 gǎitiān 다음에

작문 따라잡기 2
WRITING

다음 문장을 중작하세요.

1 아무리 추워도 나는 한번—趟 갔다 와야 한다, 앞으로는 시간이 없을 테니까.

_____

2 너는 아무리 피곤해도累 숙제를 해야 한다.

_____

3 너는 아무리 바빠도 수업에는 와야 한다.

_____

필수문장 따라잡기 3
SENTENCE

다음 문장을 중국어로 말해보세요.

1 이 일은 아무리 번거롭더라도, 우리는 안 할 수 없다.

_____

2 돈이 아무리 많더라도 함부로 써서는 안 된다.

_____

3 내가 아무리 어떻게 권유해도, 그는 듣지 않는다.

_____

4 요리가 아무리 맛있다 하더라도 너무 많이 먹으면 안 된다.

_____

115 算账

他在我背后说我的坏话，我要找他算账。

Tā zài wǒ bèihòu shuō wǒ de huàihuà, wǒ yào zhǎo tā suànzhàng.

그는 내 뒤에서 나의 나쁜 얘기를 한다. 나는 그를 찾아 담판을 지어야겠다.

1. (보복의 뜻으로) 결판을 내다, 끝장을 내다, 흑백을 가리다
2. (장부상의 숫자를) 계산하다, 결산하다

필수 어법

직역하면 '장부(账)를 계산하다(算)'라는 뜻으로 속에 담아 두었던 일들에 대해서 옳고 그름이나 이기고 짐의 최후 결정을 낸다라는 뜻이다.

跟他算账。	그와 결판 짓다.
算什么账?	무슨 결판을 내? (결판낼 거 뭐 있어?)
我去和他算账。	내가 가서 그와 결판을 내겠다.
我要找他算账。	나는 그를 찾아 결판을 내야겠다.

필수 문장

1 你打了我，等我哥哥回来跟你算账。
Nǐ dǎle wǒ, děng wǒ gēge huílai gēn nǐ suànzhàng.

2 事情都过去了，又都是朋友，还算什么账?
Shìqing dōu guòqu le, yòu dōu shì péngyou, hái suàn shénme zhàng?

3 他又打我又骂我，得找机会跟他算账。
Tā yòu dǎ wǒ yòu mà wǒ, děi zhǎo jīhuì gēn tā suànzhàng.

4 这件事得找他算账。
Zhè jiàn shì děi zhǎo tā suànzhàng.

tip 부사 还는 보통 '아직도, 여전히'의 뜻으로 쓰이지만, 그 외에 감탄, 반어의 어투를 두드러지게 하는 역할도 있다.

단어 背 bèi 뒤, 등 | 坏话 huàihuà 욕, 험담 | 骂 mà 욕하다

회화 따라잡기 DIALOGUE 1

A 你脸怎么了, 谁把你打成这样的?
Nǐ liǎn zěnme le, shéi bǎ nǐ dǎchéng zhèyàng de?

B 我们班的李明他欺负我……
Wǒmen bān de Lǐ Míng tā qīfu wǒ……

A 走, 我找他算账去, 太欺负人了, 哼!
Zǒu, wǒ zhǎo tā suànzhàng qù, tài qīfu rén le, hēng!

> **단어** 欺负 qīfu 괴롭히다, 업신여기다

작문 따라잡기 WRITING 2

다음 문장을 중작하세요.

1 정말 사람 열 받게汽死 하는군! 나는 그를 찾아가 담판 짓겠다.

_____

2 모두 이웃邻居인데 무슨 결판을 내니?

_____

3 기회机会를 봐서 그와 담판을 지을 것이다.

_____

필수문장 따라잡기 SENTENCE 3

다음 문장을 중국어로 말해보세요.

1 네가 나 때렸지, 우리 형이 돌아오면 너와 결판을 내겠어.

_____

2 일이 이미 다 지나갔고, 또 친구인데, 무슨 담판을 짓겠다고 그러니?

_____

3 그는 나를 때리고 또 나를 욕했다, 기회를 찾아 그와 담판을 지어야만 한다.

_____

4 이 일은 그를 찾아 결판내야만 한다.

_____

116

再也不(没)…了

抽完了这支，我就再也不抽了。

Chōuwán le zhè zhī, wǒ jiù zài yě bù chōu le.

이 담배를 다 피우면, 나는 더 이상 담배를 피우지 않겠다.

더 이상은 ~하지 않다, 다시는 ~하지 않다

동의어 永远不 yǒngyuǎn bù ┃ 一次也不…了 yí cì yě bù…le

필수 어법

再는 不나 没와 함께 쓰여, 어떤 동작이 다시는 반복되거나 계속되지 않는다는 것을 나타낸다. 이때 중간에 也가 오면 어기(语气)가 훨씬 강해진다. 문미에는 변화를 나타내는 어기조사 了가 자주 함께 호응한다.

再也不想去了。	다시는 가고 싶지 않다.
再也不喝酒了。	다시는 술 마시지 않겠다.
再也不回来了。	더 이상 돌아오지 않았다.
再也不管你了。	더 이상 상관하지 않겠다.

필수 문장

1 请饶了我，我再也不敢了。
Qǐng ráole wǒ, wǒ zài yě bùgǎn le.

> **tip** 饶는 '용서하다'의 뜻으로 原谅과 동의어이다. 주로 회화체에서 사용한다.

2 谢谢，吃饱了，再也吃不下了。
Xièxie, chībǎo le, zài yě chībuxià le.

3 从这以后，他们小两口儿再也不吵架了。
Cóng zhè yǐhòu, tāmen xiǎo liǎngkǒur zài yě bù chǎojià le.

> **tip** '젊은 부부'는 小两口儿, '늙은 부부'는 老两口儿이라고 한다.

4 你再也不能旷课了。
Nǐ zài yě bù néng kuàngkè le.

> **tip** 旷课는 '결석계'를 내지 않고, 수업에 나오지 않는 것을 의미한다. 서면어로는 缺席(quēxí)라고 한다.

단어 饶 ráo 용서하다 ┃ 敢 gǎn 감히 ~하다 ┃ 旷课 kuàngkè 무단 결석하다

회화 따라잡기 1
DIALOGUE

A 你怎么这么怕绳子?
　Nǐ zěnme zhème pà shéngzi?

B 以前我被蛇咬过, 从那以后, 再也不敢碰绳子了。
　Yǐqián wǒ bèi shé yǎoguo, cóng nà yǐhòu, zài yě bùgǎn pèng shéngzi le.

A 为什么?
　Wèishénme?

B 因为蛇和绳子长得差不多, 看到绳子就像看到蛇一样。
　Yīnwèi shé hé shéngzi zhǎng de chàbuduō, kàndào shéngzi jiù xiàng kàndào shé yíyàng.

단어 绳子 shéngzi 밧줄 | 蛇 shé 뱀 | 咬 yǎo 물다, 깨물다

작문 따라잡기 2
WRITING

다음 문장을 중작하세요.

1 시간은 이미已经 지나가 버려서过去, 다시는 돌아올 수 없다.

_____

2 난 더 이상 널 상관하지管 않을 것이다.

_____

3 나는 오늘부터 다시는 담배를 피우지抽烟 않겠다.

_____

필수문장 따라잡기 3
SENTENCE

다음 문장을 중국어로 말해보세요.

1 제발 저 좀 봐주세요, 저 다시는 감히 그러지 않겠습니다.

_____

2 고맙습니다, 배불러서 더 이상 먹을 수가 없어요.

_____

3 이 이후로, 그들 부부는 더 이상 다투지 않는다.

_____

4 너는 더 이상 수업을 빠지면 안 된다.

_____

117 怎么…也…

他已经走远了, 我怎么赶也赶不上他。

Tā yǐjīng zǒu yuǎn le, wǒ zěnme gǎn yě gǎnbushàng tā.

그는 이미 멀리 떠나갔다. 나는 어떻게 쫓아가도 그를 따라 잡을 수 없다.

아무리 ~해도 ~하지 않다

필수 어법

여기에서 怎么는 정해지지 않은 '임의의 것'을 가리키며, 뒤에는 也, 都와 호응한다. 앞에 不管, 不论, 无论 등이 올 수 있다.

怎么努力也不行。　아무리 노력해도 안 된다.
(=无论怎么努力也不行。)
怎么听也听不明白。　아무리 들어도 이해가 가지 않는다.
怎么想也想不起来。　아무리 생각해도 기억이 나지 않는다.
怎么找也找不到。　아무리 찾아도 찾을 수 없다.

필수 문장

1 黑板上的字太小, 怎么看也看不清楚。
Hēibǎnshang de zì tài xiǎo, zěnme kàn yě kàn bu qīngchu.

tip 화이트 보드는 하얗기 때문에 특별히 白板이라고 하지만, 모든 칠판을 黑板이라고 해도 상관없다.

2 我们怎么让他唱一首歌儿, 他也不唱。
Wǒmen zěnme ràng tā chàng yì shǒu gēr, tā yě bú chàng.

3 我怎么也想不出好办法来。
Wǒ zěnme yě xiǎng bu chū hǎo bànfǎ lai.

4 这个孩子怎么也不愿意打针。
Zhè ge háizi zěnme yě bú yuànyi dǎ zhēn.

단어 赶不上 gǎnbushàng 따라잡을 수 없다 | 黑板 hēibǎn 칠판

회화 따라잡기
DIALOGUE 1

A 现在有时间吗?
　Xiànzài yǒu shíjiān ma?

B 正好没事, 有事儿吗?
　Zhènghǎo méi shì, yǒu shìr ma?

A 有一道题怎么也解不出来, 帮我看看。
　Yǒu yí dào tí zěnme yě jiě bu chūlai, bāng wǒ kànkan.

B 好的。
　Hǎo de.

작문 따라잡기
WRITING 2

다음 문장을 중작하세요.

1 나는 제 아무리 노력努力해도 안 된다.

_____

2 당신 말하는 게 너무 빨라서 나는 아무리 들어도 이해할明白 수가 없다.

_____

3 이 한자는 너무 어려워서 나는 아무리 기억하려 해도 기억할 수가 없다记不住.

_____

필수문장 따라잡기
SENTENCE 3

다음 문장을 중국어로 말해보세요.

1 칠판의 글씨가 너무 작아서, 아무리 봐도 정확히 볼 수가 없다.

_____

2 우리가 어떻게 해서라도 그에게 노래를 한 곡 부르게 하려고 했지만,
　그는 부르지 않았다.

_____

3 나는 아무리 생각해도 좋은 방법이 생각나지 않는다.

_____

4 이 아이는 아무리 해도 주사를 맞는 것을 원하지 않는다.

_____

118 说闲话

有意见当面提，别在背后说闲话。

Yǒu yìjiàn dāngmiàn tí, bié zài bèihòu shuō xiánhuà.

의견이 있으면 면전에서 얘기해라, 등 뒤에서 험담을 하지 말고.

한담하다, 잡담하다, 남 험담하다

유사어 说坏话 shuō huàihuà 남의 욕을 하다 | 议论别人 yìlùn biérén 이러쿵 저러쿵 논하다

필수 어법

说闲话는 '说(말하다)＋闲(한가로운)＋话(말)'이라는 뜻으로, 한가로이 잡담을 하거나, 남의 뒷얘기를 하는 것을 일컫는다. 험담을 하는 대상을 말할때는 '说＋대상＋闲话'이라고 표현하면 된다.

说他的闲话	그의 험담을 하다
说我的闲话	나의 험담을 하다
说男朋友的闲话	남자친구의 험담을 하다

tip 邻居의 동의어로는
右邻右舍(yòu lín yòu shè),
隔壁(gébì) 등이 있다.

필수 문장

1. 王大娘好说别人的闲话，所以邻居们不喜欢她。
   Wáng dàniáng hào shuō biérén de xiánhuà, suǒyǐ línjūmen bù xǐhuan tā.

2. 我听见别人说我男朋友的闲话了。
   Wǒ tīngjiàn biérén shuō wǒ nánpéngyou de xiánhuà le.

3. 他最喜欢跟别人说我的闲话。
   Tā zuì xǐhuan gēn biérén shuō wǒ de xiánhuà.

4. 爱说闲话的人，早晚一定会吃亏。
   Ài shuō xiánhuà de rén, zǎowǎn yídìng huì chīkuī.

tip 早晚은 '아침과 저녁'이라는 뜻 외에,
'조만간, 언젠가는'이라는 뜻도 있다.

단어 当面 dāngmiàn 직접 맞대다. 마주보다 | 大娘 dàniáng 아주머니(나이가 지긋하신 분) | 邻居 línjū 이웃 |
吃亏 chīkuī 손해보다

회화 따라잡기 DIALOGUE **1**

A 小李今天怎么不高兴了?
Xiǎo Lǐ jīntiān zěnme bù gāoxìng le?

B 他听见别人说他的闲话了。
Tā tīngjiàn biérén shuō tā de xiánhuà le.

A 什么闲话?
Shénme xiánhuà?

B 有人说他努力工作是为了受表扬。
Yǒu rén shuō tā nǔlì gōngzuò shì wèile shòu biǎoyáng.

> 단어 表扬 biǎoyáng 칭찬하다

작문 따라잡기 WRITING **2**

다음 문장을 중작하세요.

1 그녀는 남의 험담하는 것을 좋아한다.

....

2 남의 험담 잘 하는 사람을 좋아하는愛 사람은 없다.

....

3 그가 이사한搬家 이유原因는 이웃들邻居们이 항상 뒤에서 그의 험담을 했기 때문이다.

....

필수문장 따라잡기 SENTENCE **3**

다음 문장을 중국어로 말해보세요.

1 왕 씨 아주머니는 다른 사람의 험담하는 것을 좋아한다. 그래서 이웃들은 그를 싫어한다.

....

2 나는 다른 사람이 내 남자친구의 험담하는 것을 들었다.

....

3 그는 다른 사람에게 내 험담하는 것을 제일 좋아한다.

....

4 험담하기를 좋아하는 사람은, 조만간 반드시 손해를 보게 될 것이다.

....

119 怎么…怎么…

这件事你觉得怎么办好就怎么办。

Zhè jiàn shì nǐ juéde zěnme bàn hǎo jiù zěnme bàn.

이 일은 네가 어떻게 하면 좋을지 생각해서 그렇게 해라.

~대로 ~하다

필수 어법

문장에서 의문대사는 비한정의 방식을 나타낸다. 일반적으로 같은 의문대명사를 앞절과 뒷절에 두 번 반복해서 쓴다. 앞절과 뒷절의 주어는 다를 수도 있다.

형식 **怎么…就…怎么…**

怎么想就怎么写。	네가 쓰고 싶은 대로 써라.
你想怎么说就怎么说。	네가 말하고 싶은 대로 말해라.
你怎么决定, 我就怎么做。	네가 결정하는 대로 나는 그대로 하겠다.

필수 문장

1 话怎么好听就怎么说。
Huà zěnme hǎotīng jiù zěnme shuō.

2 我怎么教你就怎么学, 别问为什么。
Wǒ zěnme jiāo nǐ jiù zěnme xué, bié wèn wèishénme.

3 你让我怎么做, 我就怎么做。
Nǐ ràng wǒ zěnme zuò, wǒ jiù zěnme zuò.

4 怎么漂亮你就怎么打扮。
Zěnme piàoliang nǐ jiù zěnme dǎban.

tip 화장뿐 아니라 옷, 장신구로 꾸미는 것을 의미한다.

단어 好听 hǎotīng 듣기 좋다 | 打扮 dǎban 꾸미다, 치장하다

회화 따라잡기 DIALOGUE 1

A 英语考得怎么样?
Yīngyǔ kǎo de zěnmeyàng?

B 老师**怎么**教我就**怎么**复习的, 可还是考砸了。
Lǎoshī zěnme jiào wǒ jiù zěnme fùxí de, kě háishi kǎozá le.

A 可能是你准备的不充分。
Kěnéng shì nǐ zhǔnbèi de bù chōngfèn.

B 对呀, 我一定会继续努力。
Duì ya, wǒ yídìng huì jìxù nǔlì.

> 단어 老砸 kǎozá 시험을 망치다 | 充分 chōngfèn 충분하다 | 继续 jìxù 계속하다

작문 따라잡기 WRITING 2

다음 문장을 중작하세요.

1 당신 생각대로 쓰세요.

_____

2 당신 하고 싶은 대로 하세요ㅋ.

_____

3 당신 말하고 싶은 대로 말하세요.

_____

필수문장 따라잡기 SENTENCE 3

다음 문장을 중국어로 말해보세요.

1 말을 어떻게 하면 듣기 좋은지, 그렇게 말해야 한다.

_____

2 내가 가르쳐 주는 그대로 배워라, 왜냐고 묻지 말고.

_____

3 네가 하라는 대로 나는 할게.

_____

4 어떻게 하면 예쁜지, 그렇게 치장해라.

120

正好

你来得正好，快来帮帮我吧。

Nǐ lái de zhènghǎo, kuài lái bāngbang wǒ ba.

너 때마침 잘 왔다, 빨리 와서 나 좀 도와라.

부사 | 때마침

형용사 | 꼭 알맞다, 딱 좋다

필수 어법

正好는 부사와 형용사로 시간, 위치, 수량, 정도, 크기가 딱 적당하고, 딱 알맞다는 뜻을 갖는다. 부사는 술어 앞에 쓰이고, 형용사는 단독으로 술어가 되거나 술어 뒤에서 보어 역할을 할 수 있다.

正好来了。　　때마침 잘 왔다. (부사)

来得正好。　　때마침 잘 왔다. (형용사)

★ 아래와 같은 4가지 의미로 HSK 독해 1부분에 출제된 적이 있다. 正好는 네 가지의 의미를 모두 갖고 있으므로, 문장 상황을 명확히 판단하고 답을 골라야 한다.

시간	不晚不早	늦지도 이르지도 않다
크기	不大不小	크지도 작지도 않다
양	不多不少	많지도 적지도 않다
위치	不前不后	앞도 뒤도 아니다

필수 문장

1 我们家正好有一个台灯，可以借给你。

Wǒmen jiā zhènghǎo yǒu yí ge táidēng, kěyǐ jiè gěi nǐ.

2 我正好带着钱，可以买给你吃。

Wǒ zhènghǎo dàizhe qián, kěyǐ mǎi gěi nǐ chī.

3 车正好来了，我能准时到。

Chē zhènghǎo lái le, wǒ néng zhǔnshí dào.

4 我正好有两张票，咱们一起去看电影吧。

Wǒ zhènghǎo yǒu liǎng zhāng piào, zánmen yìqǐ qù kàn diànyǐng ba.

단어 台灯 táidēng 스탠드 | 准时 zhǔnshí 정시에, 제때에 | 礼拜 lǐbài 요일, 주

회화 따라잡기 DIALOGUE **1**

A 真倒霉，怎么突然下雨了呢？
Zhēn dǎoméi, zěnme tūrán xià yǔ le ne?

B 没关系，正好我带雨伞了，我们一起打吧。
Méi guānxi, zhènghǎo wǒ dài yǔsǎn le, wǒmen yìqǐ dǎ ba.

A 幸亏你带了，要不然我没办法了。
Xìngkuī nǐ dài le, yàoburán wǒ méi bànfǎ le.

B 放心吧，我先送你回家。
Fàngxīn ba, wǒ xiān sòng nǐ huíjiā.

> 단어 打伞 dǎ sǎn 우산을 쓰다

작문 따라잡기 WRITING **2**

다음 문장을 중작하세요.

1 너 마침 잘 왔어, 막 너에게 전화 하려던 참인데.

_____

2 밖外面에 마침 비가 내린다.

_____

3 네가 원하는 그 영어책이, 마침 나에게 한 권 있다.

_____

필수문장 따라잡기 SENTENCE **3**

다음 문장을 중국어로 말해보세요.

1 우리 집에 마침 스탠드가 하나 있거든, 내가 빌려줄 수 있어.

_____

2 내가 마침 돈을 가져 왔거든, 너에게 사 먹일 수 있어.

_____

3 차가 마침 와서, 나는 제때에 도착할 수 있겠다.

_____

4 나는 마침 두 장의 표가 있어, 우리 함께 영화 보러 가자.

_____

121 有的是

你不要灰心了，机会有的是。

Nǐ bú yào huīxīn le, jīhuì yǒudeshì.

너 낙심하지 마. 기회는 얼마든지 있어.

많이 있다, 얼마든지 있다

동의어 多的是 duōdeshì | 有很多 yǒu hěn duō

필수 **어법**

원래는 '有的(있는 것은, 주어)＋是(~이다, 술어)＋목적어'의 형태였으나, 지금은 아예 有的是가 하나의 관용적 표현으로 변해버려 그 자체로 술어 역할을 할 수 있다. 따라서, 목적어는 有的是의 앞, 뒤에 다 쓰일 수 있다.

钱有的是。　　　돈은 얼마든지 있다.
(=有的是钱。)
我这儿有的是。　나한테 얼마든지 있다.
他那儿有的是。　그에게 얼마든지 있다.

필수 **문장**

1 世界上比我好的男人有的是。
Shìjièshang bǐ wǒ hǎo de nánrén yǒudeshì.

2 在超市里便宜的东西有的是。
Zài chāoshìli piányi de dōngxi yǒudeshì.

3 菜有的是，你们尽管吃。
Cài yǒudeshì, nǐmen jǐnguǎn chī.

4 我已经退休了，有的是时间。
Wǒ yǐjīng tuìxiū le, yǒudeshì shíjiān.

 여기서 尽管은 부사로 '얼마든지, 마음놓고, 하고싶은 대로'라는 의미로 쓰였다. 또한 尽管은 '비록 ~일지라도'의 뜻을 지닌 접속사 虽然과도 동의어로 Hsk 시험에 자주 출제된다.

단어 灰心 huīxīn 낙심하다 | 机会 jīhuì 기회 | 世界 shìjiè 세계 | 尽管 jǐnguǎn 얼마든지, 맘껏 |
退休 tuìxiū 퇴직하다

A 天气太热，我想买条短裤。我们一起去买吧！
Tiānqì tài rè, wǒ xiǎng mǎi tiáo duǎnkù. Wǒmen yìqǐ qù mǎi ba!

B 我也想买一条裤子。咱们一起去吧！
Wǒ yě xiǎng mǎi yì tiáo kùzi. Zánmen yìqǐ qù ba!

A 但是学校附近好像没有短裤！
Dànshì xuéxiào fùjìn hǎoxiàng méiyǒu duǎnkù!

B 没错，我们去市里吧。在市里还有的是。
Méi cuò, wǒmen qù shìli ba. Zài shìli hái yǒudeshì.

> 단어 短裤 duǎnkù 반바지

작문 따라잡기 WRITING 2

다음 문장을 중작하세요.

1 이것보다 싼便宜 물건은 얼마든지 있다.

_____

2 당신 마음대로随便 가져가세요拿走, 여기에 얼마든지 있어요.

_____

3 천천히慢点儿 드세요, 서두르지着急 말고. 아직 얼마든지 있어요.

_____

필수문장 따라잡기 SENTENCE 3

다음 문장을 중국어로 말해보세요.

1 세상에 나보다 좋은 남자는 얼마든지 있어.

_____

2 슈퍼마켓 안에 싼 물건은 얼마든지 있다.

_____

3 음식은 얼마든지 있으니 너희들 맘껏 먹어라.

_____

4 나는 이미 퇴직해서, 남는 게 시간이다.

_____

122

只要…就…

他们俩合不来，只要一见面就吵架。

Tāmen liǎ hébulái, zhǐyào yí jiànmiàn jiù chǎojià.

그들 둘은 잘 맞지 않아서 만나기만 하면 말다툼한다.

접속사 | 단지 ～하기만 하면, ～한다

필수 어법

只要는 충분조건이나 최저 한도의 요구를 나타내며, 그렇게만 한다면 뒷절의 결과를 얻을 수 있다는 뜻이다. 조건보다는 결과를 더 강조한다. 일반적으로 只要는 앞절에 놓여 뒷절의 就와 호응한다.

형식 只要 + 충분조건, 就 + 도달할 수 있는 결과

只要努力，就能得到8级。　　노력하기만 하면 8급을 딸 수 있어.

只要休息几天，就可以治好。　며칠 쉬기만 하면, 병은 나을 겁니다.

필수 문장

1 他是钓鱼迷，只要一有时间，就去钓鱼。

Tā shì diàoyúmí, zhǐyào yì yǒu shíjiān, jiù qù diàoyú.

2 只要买三百块钱以上的东西，就可以打八折。

Zhǐyào mǎi sānbǎi kuài qián yǐshàng de dōngxi, jiù kěyǐ dǎ bā zhé.

3 你只要吃了药，再好好睡一觉，病就会好。

Nǐ zhǐyào chīle yào, zài hǎohāo shuì yí jiào, bìng jiù huì hǎo.

4 只要妈妈同意，我就要去中国。

Zhǐyào māma tóngyì, wǒ jiù yào qù Zhōngguó.

> **tip**
> 打折는 할인한다는 뜻으로 제시한 숫자를 10에서 뺀 만큼이 할인율이다.
> 打9折 10%할인, 90%가격 요구
> 打8折 20%할인, 80%가격 요구
> 打7折 30%할인, 70%가격 요구

단어 合不来 hébulái 마음이 맞지 않다 | 迷 mí 애호가, 광 | 打折 dǎzhé 할인하다

회화 따라잡기 DIALOGUE **1**

A 你经常看国际足球赛吗?
　Nǐ jīngcháng kàn guójì zúqiú sài ma?

B 经常看, 怎么了?
　Jīngcháng kàn, zěnme le?

A 一个球员 只要踢进一个球, 就会赚很多钱。
　Yí ge qiúyuán zhǐyào tī jìn yí ge qiú, jiù huì zhuàn hěn duō qián.

B 我也想当球员了。
　Wǒ yě xiǎng dāng qiúyuán le.

> 단어 球员 qiúyuán (축구) 선수

작문 따라잡기 WRITING **2**

다음 문장을 중작하세요.

1 돈钱만 있으면 방법办法이 있다.

....

2 기회机会만 있으면, 나는 중국으로 여행旅行가고 싶다.

....

3 학생이면, 참가할参加 수 있다.

....

필수문장 따라잡기 SENTENCE **3**

다음 문장을 중국어로 말해보세요.

1 그는 낚시광이어서, 시간만 나면 낚시하러 간다.

....

2 단지 300위안 이상의 물건을 사면 20% 할인해 드릴 수 있습니다.

....

3 당신은 단지 약을 먹고 나서, 다시 푹 한잠 자고 나면, 병이 곧 나을 겁니다.

....

4 엄마가 동의하기만 하면, 저는 곧 중국에 유학갈 겁니다.

....

123

只有…才…

只有小心一点儿，才不会忙中出错。

Zhǐyǒu xiǎoxīn yìdiǎnr, cái búhuì máng zhōng chūcuò.
좀 조심해야지만 바빠 서둘다가 생기는 실수는 하지 않을 것이다.

접속사 | 오직 ~해야지만, ~하다

동의어 除非…才… chúfēi…cái… 반드시 ~해야지만 ~하다

필수 어법

只有는 '오직, ~해야만 ~이다'라는 뜻으로 다른 선택의 여지가 없는 유일한 조건을 충족해야만 뒤의 결과를 얻을 수 있다는 의미를 나타낸다.

형식 只有 + 유일한 조건, 才 + 어렵사리 도달할 수 있는 결과

只有专心学习，才能得到6级。　전심으로 공부해야만 6급을 딸 수 있어.
只有动手术，才能治好。　　　　수술을 해야만 병을 치료할 수 있어요.

tip 看得起는 가능보어로 '중시 여기다, 존중하다' 는 뜻이며, 반의어인 看不起는 '낮보다, 깔보다, 업신 여기다' 의 뜻이다.

필수 문장

1 只有看得起别人的人，才能一样被别人看得起。
Zhǐyǒu kàndeqǐ biérén de rén, cái néng yíyàng bèi biérén kàndeqǐ.

2 只有你向他道歉，他才可能原谅你。
Zhǐyǒu nǐ xiàng tā dàoqiàn, tā cái kěnéng yuánliàng nǐ.

3 你的病只有动手术，才能治好。
Nǐ de bìng zhǐyǒu dòng shǒushù, cái néng zhìhǎo.

4 只有看报纸的时候，我才戴上眼镜。
Zhǐyǒu kàn bàozhǐ de shíhou, wǒ cái dàishang yǎnjìng.

tip 戴는 신체에 착용하다는 뜻으로, 우리가 몸에 지니는 것들을 목적어로 끌고 나온다.

예) 戴帽子 모자를 쓰다
　　戴眼镜 안경을 쓰다
　　戴项链 목걸이를 차다
　　戴戒指 반지를 차다
　　戴手套 장갑을 착용하다

단어 看得起 kàndeqǐ 중시하다, 존경하다 | 道歉 dàoqiàn 사과하다 | 戴眼镜 dài yǎnjìng 안경을 쓰다

회화 따라잡기
DIALOGUE **1**

A 这个季度我们部门的营业额下降不少。
　　Zhè ge jìdù wǒmen bùmén de yíngyè'é xiàjiàng bùshǎo.

B 怎么才能提高营业额呢?
　　Zěnme cái néng tígāo yíngyè'é ne?

A 只有提高员工的工作效率，才能提高营业额。
　　Zhǐyǒu tígāo yuángōng de gōngzuò xiàolǜ, cái néng tígāo yíngyè'é.

B 我们很有信心。加油!
　　Wǒmen hěn yǒu xìnxīn. Jiāyóu!

> 단어 季度 jìdù 분기 | 营业额 yíngyè'é 매출액 | 下降 xiàjiàng 떨어지다, 줄어들다

작문 따라잡기
WRITING **2**

다음 문장을 중작하세요.

1 당신이 자신감信心이 있어야만, 비로소 성공할成功 수 있다.

....

2 노력해야만努力 비로소 성공할 수 있다.

....

3 내일 날씨가 좋아야만, 우리는 소풍郊游을 간다.

....

필수문장 따라잡기
SENTENCE **3**

다음 문장을 중국어로 말해보세요.

1 다른 사람을 존중하는 사람만이, 똑같이 다른 사람에게 존중 받을 수 있다.

....

2 네가 그에게 사과를 해야만, 그도 너를 용서할 것이다.

....

3 당신의 병은 오직 수술을 해야만, 비로소 나을 수 있어요.

....

4 오직 신문 볼 때에만, 나는 안경을 낀다.

....

124 真是的

老师也真是的, 给我们留这么多作业。

Lǎoshī yě zhēnshi de, gěi wǒmen liú zhème duō zuòyè.

선생님도 정말 참! 우리에게 이렇게 많은 숙제를 내주시다니.

감탄사, 부사 | 정말, 참나, 너도 참

동의어 真是 zhēnshi 정말 참

필수 어법

어떤 상황이나 상대방에 대해 기분이 나쁘거나, 불만과 원망을 나타내는 말이다. 문장 처음이나 주어 뒤 혹은 문장 뒤에도 올 수 있어 위치에 제약을 별로 받지 않는다.

你也真是的! 너도 정말 참!

这人真是! 그 사람도 참!

你总是离家出走, 你也真是的。 너는 맨날 가출이나 하고, 너도 참.

你们也真是的, 干吗整天吵架? 너희들도 정말 참, 왜 그렇게 맨날 싸우니?

필수 문장

1 奶奶也真是的, 七十多岁的人了, 还要嫁人。

Nǎinai yě zhēnshi de, qīshí duō suì de rén le, hái yào jià rén.

> tip 여자가 시집가는 것을 嫁라고 하고, 남자가 장가가는 것을 娶(qǔ)라고 한다.

2 你的衣柜里有很多衣服, 你还要买, 你也真是的。

Nǐ de yīguìli yǒu hěn duō yīfu, nǐ hái yào mǎi, nǐ yě zhēnshi de.

3 爸爸也真是的, 病了还去上班。

Bàba yě zhēnshi de, bìngle hái qù shàngbān.

4 你也真是的, 饭都做好了, 又不吃了。

Nǐ yě zhēnshi de, fàn dōu zuò hǎo le, yòu bù chī le.

단어 嫁 jià 시집가다 | 衣柜 yīguì 옷장

회화 따라잡기 DIALOGUE **1**

A 今天看起来怎么不高兴啊?
　Jīntiān kànqǐlai zěnme bù gāoxing a?

B 我朋友真是的。说好去商店又不去了。
　Wǒ péngyou zhēnshi de. Shuōhǎo qù shāngdiàn yòu bú qù le.

A 不要紧, 我和你去吧。
　Búyàojǐn, wǒ hé nǐ qù ba.

B 真的? 太好了, 谢谢你。
　Zhēn de? Tài hǎo le, xièxie nǐ.

작문 따라잡기 WRITING **2**

다음 문장을 중작하세요.

1 정말이지, 어째서 지금에서야 우리에게 알려주는지通知.

　..

2 그도 정말이지 참, 이렇게 늦게야 전화를 하는지.

　..

3 너도 참, 이렇게 많은 물건을 가져오고, 너무 예의 차린다客气.

　..

필수문장 따라잡기 SENTENCE **3**

다음 문장을 중국어로 말해보세요.

1 할머니도 정말 참! 일흔이 넘으셨는데도 시집가려 하시다니.

　..

2 너의 옷장에 아주 많은 옷이 있는데도 너는 또 사려고 하다니, 너도 정말 참!

　..

3 아빠도 정말 참! 병이 났는데도 출근하러 가시다니.

　..

4 너도 정말 참! 밥도 다 지어 놨는데 또 안 먹다니.

　..

太阳从西边儿出来

让他同意, 除非太阳从西边儿出来。
Ràng tā tóngyì, chúfēi tàiyáng cóng xībiānr chūlai.
그를 동의하게 하려면 해가 서쪽에서 뜨기 전에는 안 된다.

관용어 | 해가 서쪽에서 뜨다

필수 어법

'해가 서쪽에서 뜨다'라는 말은 전혀 예상 밖의 일이나 절대로 있을 수 없는 희한한 일을 하려고 하거나 하였을 경우를 비유적으로 이르는 말이다.

是不是太阳从西边儿出来? 해가 서쪽에서 뜬 거 아니야?
(=太阳是不是从西边儿出来?)

필수 문장

1 你能考上清华大学除非太阳从西边儿出来。
Nǐ néng kǎoshàng Qīnghuá dàxué chúfēi tàiyáng cóng xībiānr chūlai.

2 你能说服我, 那真是太阳从西边儿出来了。
Nǐ néng shuōfú wǒ, nà zhēnshi tàiyáng cóng xībiānr chūlai le.

3 连妈妈都跳起舞来了, 今天的太阳是不是从西边儿出来了?
Lián māma dōu tiào qǐ wǔ lái le, jīntiān de tàiyáng shì bu shì cóng xībiānr chūlai le?

4 天天迟到的你, 今天这么早来, 是不是太阳从西边儿出来了?
Tiāntiān chídào de nǐ, jīntiān zhème zǎo lái, shì bu shì tàiyáng cóng xībiānr chūlai le?

tip 天天처럼 명사나 양사를 중첩하면 每의 의미가 된다.
예) 年年=每年
家家=每个家

단어 考上 kǎoshàng 시험에 합격하다 | 清华大学 Qīnghuá dàxué 칭화대학 | 说服 shuōfú 설득하다 |
迟到 chídào 지각하다

회화 따라잡기 DIALOGUE 1

A 你这是去哪儿啊? 匆匆忙忙地。
　　Nǐ zhè shì qù nǎr a? Cōngcōngmángmáng de.

B 李明今天请我吃饭, 要不你也一起去?
　　Lǐ Míng jīntiān qǐng wǒ chī fàn, yàobù nǐ yě yìqǐ qù?

A 这太阳从西边儿出来了, 他原来可是一毛不拔的铁公鸡啊!
　　Zhè tài yáng cóng xībiānr chūlái le, tā yuánlái kěshì yìmáobùbá de tiěgōngjī a!

B 是啊, 真奇怪, 反正今天我要吃很贵很好吃的东西。
　　Shì a, zhēn qíguài, fǎnzhèng jīntiān wǒ yào chī hěn guì hěn hǎo chī de dōngxi.

> 단어 匆匆忙忙 cōngcōngmángmáng 매우 급하다, 매우 분주하다

작문 따라잡기 WRITING 2

다음 문장을 중작하세요.

1 네가 이렇게 일찍 일어나다니, 해가 서쪽에서 뜨겠는걸.

_____

2 네가 밥을 사? 설마 오늘 해가 서쪽에서 뜬 거야?

_____

3 해가 서쪽에서 뜬 거 아니니? 걔가 오늘 어떻게 꼼짝 않고 —动不动 거기서 공부를 하고 있네.

_____

필수문장 따라잡기 SENTENCE 3

다음 문장을 중국어로 말해보세요.

1 네가 칭화대학에 합격하는 것은, 해가 서쪽에서 뜨기 전에는 안 된다.

_____

2 네가 나를 설득시킬 수 있다면, 그건 정말로 해가 서쪽에서 뜰 일이다.

_____

3 엄마조차도 춤을 추기 시작하였다, 오늘 해가 서쪽에서 뜬 거 아니니?

_____

4 매일 지각하던 네가 오늘 이렇게 일찌감치 오다니, 해가 서쪽에서 뜬 거 아니니?

_____

126 一言为定

咱们一言为定，你明天一早就来。

Zánmen yìyánwéidìng, nǐ míngtiān yì zǎo jiù lái.

우리 말 바꾸기 없기다. 그럼 너 내일 이른 아침에 와라.

성어 | 말 한 마디로 정하다, 그렇게 결정하기로 하자

동의어 说定了 shuōdìng le 말한대로 정한다 | 不再改变 búzài gǎibiàn 더 이상 바꿀 수 없다 |
说好了 shuōhǎo le 약속하다

필수 어법

一言为定을 직역하면, '一(하나)＋言(말)＋为＋定(정하다)'의 뜻으로 어떤 일을 말
하여 단번에 결정함을 의미한다. 이때 为는 4성이 아니라, 2성으로 읽으며 '～하다,
～이다(是)'의 의미를 갖는다. 일반적으로 사자구(四字句)나 서면어에 자주 사용된다.

男子汉大丈夫一言为定。 사나이 대장부는 한입으로 두말하지 않는다.

咱们一言为定，明天就开始减肥。 우리 약속한 거다, 내일부터 다이어트 시작하자.

如果我考得满分，一定要给我买手机，一言为定。
만약 시험에서 만점 받으면, 꼭 핸드폰 사주셔야 해요. 꼭이요!

필수 문장

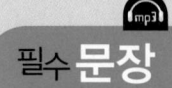

1 "爷爷，我明天一定陪你去钓鱼。""好，一言为定。"
"Yéye, wǒ míngtiān yídìng péi nǐ qù diàoyú." "Hǎo, yìyánwéidìng."

2 咱们一言为定，暑假一定去黄山看日出。
Zánmen yìyánwéidìng, shǔjià yídìng qù Huángshān kàn rìchū.

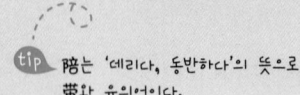

tip 陪는 '데리다, 동반하다'의 뜻으로
带와 유의어이다.

3 我们明天电影院门口儿见吧。一言为定。
Wǒmen míngtiān diànyǐngyuàn ménkǒur jiàn ba. Yìyánwéidìng.

4 一言为定，谁也不能再改变了。
Yìyánwéidìng, shéi yě bù néng zài gǎibiàn le.

단어 钓鱼 diàoyú 낚시하다 | 暑假 shǔjià 여름방학 | 黄山 Huángshān 황산 | 改变 gǎibiàn 변하다, 바꾸다

회화 따라잡기 DIALOGUE 1

A 婷婷,下次暑假咱们一起去苏州吧。
Tíngting, xiàcì shǔjià zánmen yìqǐ qù Sūzhōu ba.

B 好！ 不过你得说话算数。
Hǎo! Búguò nǐ děi shuōhuà suànshù.

A 我知道了,那咱们一言为定。
Wǒ zhīdao le, nà zánmen yì yán wéi dìng.

B 那你学校放假以后给我打电话吧。
Nà nǐ xuéxiào fàngjià yǐhòu gěi wǒ dǎ diànhuà ba.

단어 放 fàngjià 방학하다

작문 따라잡기 WRITING 2

다음 문장을 중작하세요.

1 너 만약 복권彩票에 당첨되면+ 반은 나에게 나누어 준다고 말한 적 있지?
약속 지키는 거다.

_____

2 우리 이렇게 정하는 거야, 내일부터 다이어트 하자减肥.

_____

3 반드시 정해진 시간按时에 자야 해, 나랑 약속하는 거다.

필수문장 따라잡기 SENTENCE 3

다음 문장을 중국어로 말해보세요.

1 "할아버지, 제가 내일 반드시 모시고 낚시 갈게요."
"그래, 그럼 그렇게 정한 거다!"

_____

2 우리 약속한 거야, 여름방학에 반드시 황산에 일출 보러 가는 거야.

_____

3 우리 내일 영화관 입구에서 만나자, 약속한 거다.

_____

4 한 마디로 결정한 것이다, 누구도 다시 변경할 수 없다.

_____

127 有眼光

我自己觉得我有眼光, 是我发现了我的爱人,
选择了我的爱人。

Wǒ zìjǐ juéde wǒ yǒu yǎnguāng, shì wǒ fāxiànle wǒ de àiren, xuǎnzéle wǒ de àiren.

나는 내 스스로 내가 안목이 있다고 느낀다. 내가 나의 부인을 발견했고,
나의 부인을 선택했기 때문이다.

안목이 있다, 센스가 있다

| 동의어 | 有眼力 안목이 있다 |

필수 **어법**

眼光은 사물을 보아서 분별할 수 있는 능력, 안목(眼目), 눈썰미, 식견 등을 의미한다. 有眼光은 어떤 일을 결정하거나, 선택함에 있어 안목이 높거나, 식견이 있음을 나타낸다.

眼光高	안목이 높다. 눈이 높다
眼光短浅	견식이 좁다. 얕다
老眼光	낡은 관점

필수 **문장**

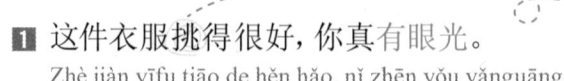

tip 挑는 '고르다, 선택하다'의 뜻으로, HSK 독해에서는 选择 (xuǎnzé)가 동의어로 나온다.

1 这件衣服挑得很好, 你真有眼光。
Zhè jiàn yīfu tiāo de hěn hǎo, nǐ zhēn yǒu yǎnguāng.

2 世界上的男人真没有眼光, 怎么不追我呢。
Shìjièshang de nánrén zhēn méiyǒu yǎnguāng, zěnme bù zhuī wǒ ne.

3 我的大姐是个老姑娘, 因为她的眼光太高。
Wǒ de dàjiě shì ge lǎogūniang, yīnwèi tā de yǎnguāng tài gāo.

tip 土는 '촌스럽다, 시대에 맞지 않다'의 뜻으로 HSK 독해에서는 不流行(bù liúxíng)과 过时(guòshí)가 동의어로 제시된다.

4 你买的衣服怎么这么土, 你真没眼光。
Nǐ mǎi de yīfu zěnme zhème tǔ, nǐ zhēn méi yǎnguāng.

단어 发现 fāxiàn 발견하다 | 爱人 àiren 남편, 아내 | 追 zhuī 쫓다, 따라잡다 | 老姑娘 lǎogūniang 노처녀

회화 따라잡기
DIALOGUE **1**

A 昨天和你在一起的女孩子是你女朋友吗?
　Zuótiān hé nǐ zài yìqǐ de nǚháizi shì nǐ nǚpéngyou ma?

B 我们交往都三个月了, 你不知道啊!
　Wǒmen jiāowǎng dōu sān ge yuè le, nǐ bù zhīdào a!

A 你真有眼光, 找了个这么漂亮的女朋友。
　Nǐ zhēn yǒu yǎnguāng, zhǎole ge zhème piàoliang de nǚpéngyou.

B 什么呀, 漂亮有什么用呢, 又不能当饭吃。
　Shénme yā, piàoliang yǒu shénme yòng ne, yòu bùnéng dāng fàn chī.

> **단어** 交往 jiāowǎng 교제하다 | 眼光 yǎnguāng 안목, 관점, 관찰력

작문 따라잡기
WRITING **2**

다음 문장을 중작하세요.

1 그는 물건을 살 줄 안다很会. 게다가 매우 안목이 있다.

_____

2 그는 스스로 안목이 있다고 생각한다觉得.

_____

3 세상에는世界上 안목 없는 사람이 많다.

_____

필수문장 따라잡기
SENTENCE **3**

다음 문장을 중국어로 말해보세요.

1 이 옷은 정말 잘 골랐다, 너 정말 안목이 있구나.

_____

2 세상의 남자들은 정말 안목이 없어, 어떻게 나를 쫓아다니지 않지.

_____

3 나의 큰 언니는 노처녀이다, 왜냐하면 그녀의 눈이 너무 높기 때문이다.

_____

4 네가 산 옷은 어쩜 이렇게 촌스럽니? 너 정말 안목이 없구나.

_____

128 走后门儿

他是走后门儿来这家公司的。

Tā shì zǒu hòuménr lái zhè jiā gōngsī de.
그는 낙하산으로 이 회사에 들어온 것이다.

관용어 | 뒷거래를 하다

반의어 走正道 zǒu zhèngdào 정도를 걷다, 바른 길을 가다

필수 어법

后门儿이 '뒷문, 후문'이라는 뜻에서 확장되어, '뒷구멍, 부정한 수단'이라는 의미로 쓰인다. 走后门儿을 직역하면 '뒷문으로 들어가다'의 뜻으로 금전, 학연, 지연, 혈연 등의 부정한 방법으로 일을 처리한다는 뜻이다. 학교에 부정입학을 하거나 회사에 낙하산으로 들어간다는 표현도 모두 走后门儿을 쓰면 된다.

最近我们要搞个反对 "走后门" 运动。 최근에 우리는 '부정행위'를 반대하는 행위를 하려 한다.
他通过走后门把他儿子弄进了一所学校。 그는 뒷문을 이용해 아들을 학교에 입학시켰다.
我们的叔叔是经理，所以我能走后门得到这份工作。
우리 삼촌이 사장님이어서, 나는 부정하게 이 직업을 얻을 수 있었다.

필수 문장

1 你想办成这件事，非得走后门儿不可。
Nǐ xiǎng bànchéng zhè jiàn shì, fēiděi zǒu hòuménr bùkě.

2 电影票都卖光了，看来得走走后门儿了。
Diànyǐng piào dōu màiguāng le, kànlái děi zǒuzou hòuménr le.

3 年轻人该走正道，别走后门儿。
Niánqīngrén gāi zǒu zhèngdào, bié zǒu hòuménr.

4 来不及了，走后门吧。
Láibují le, zǒu hòumén ba.

단어 年轻人 niánqīngrén 젊은이 | 正道 zhèngdào 정도

day 21
day 22
day 23
day 24
day 25
day 26
day 27
day 28
day 29
day 30
day 31
day 32
day 33
day 34
day 35
day 36
day 37
day 38
day 39
day 40

회화 따라잡기 1
DIALOGUE

A 离高考还有一个月了，你该好好复习功课啦。
Lí gāokǎo háiyǒu yí ge yuè le, nǐ gāi hǎohāo fùxí gōngkè la.

B 我不想吃那么大的苦。
Wǒ bùxiǎng chī nàme dà de kǔ.

A 你怎么能考上大学？
Nǐ zěnme néng kǎoshàng dàxué?

B 我可以走后门儿。
Wǒ kěyǐ zǒu hòuménr.

A 你甭想！ 谁让你走后门儿？
Nǐ béng xiǎng! Shéi ràng nǐ zǒu hòuménr?

> **단어** 高考 gāokǎo 대입시험 | 复习 fùxí 복습하다 | 吃苦 chīkǔ 고생하다 | 甭 béng ~할 필요가 없다

작문 따라잡기 2
WRITING

다음 문장을 중작하세요.

1 뒷거래를 하면 안 되고, 자신에게 의지해야靠 한다.

_____

2 그는 뒷거래로 우리학교에 들어왔다.

_____

3 아직 시간이 있으니, 우리 뒷거래는 하지 말자.

_____

필수문장 따라잡기 3
SENTENCE

다음 문장을 중국어로 말해보세요.

1 네가 이 일을 성사시키고 싶다면, 뒷거래를 해야만 한다.

_____

2 영화 표가 전부 팔렸다, 보아하니 뒷거래를 해야겠다.

_____

3 젊은이들이 마땅히 정도를 걸어야지, 뒷거래를 하면 안 된다.

_____

4 이미 늦었어. 뒷거래를 하자.

_____

연습문제

다음 뜻과 어울리는 관용어를 연결해 보세요.

❶ 한 마디로 약속하다 ・　　　　　　　・ 一言为定

❷ 뒷거래를 하다 ・　　　　　　　・ 太阳从西边儿出来

❸ 해가 서쪽에서 뜨다 ・　　　　　　　・ 有眼光

❹ 안목이 있다 ・　　　　　　　・ 走后门儿

다음 상용어를 사용하여 빈칸을 채워 보세요.

| 正好 | 再也 | 算账 | 怎么 | 只有 | 只要 | 有的是 | 说闲话 |

❶ 今天我不跟你计较，下次再跟你 　　　　　　。

❷ 那时以后，他 　　　　　 没来过这儿。

❸ 他 　　　　　 说也没用，门卫大爷就是不同意。

❹ 有些人总是喜欢在别人背后 　　　　　　。

❺ 昨天是周末， 　　　　　 又是情人节，街上的情侣特别多。

❻ 他 　　　　　 时间，你可以随时去找他。

❼ 　　　　　 真心地对待别人，就会有很多好朋友。

❽ 　　　　　 不懈地努力，才能获得成功。

다음 문장을 중작하세요.

❶ 사장님이 말씀하시는 대로 우리는 한다.

❷ 이 문제에 있어서, 우리 상의 좀 해보자.

❸ 정말 참, 그는 또 지각했다.

294

朝三暮四

zhāo sān mù sì

간사한 꾀로 남을 속여 희롱한다 (조삼모사)

원숭이를 기르는 사람이 있었는데, 많은 원숭이를 오랫동안 기르다 보니 원숭이의 성격을 잘 이해하게 되었고, 원숭이도 주인의 뜻을 잘 알게 되었다. 그는 가난해서 돈이 없었지만, 차라리 자신이 밥을 못 먹더라도 원숭이들은 배부르게 먹게 하고 싶었다.

나중에 그의 집은 더욱 가난해졌다. 그는 어쩔 수 없이 원숭이에게 먹이를 조금 줄여야겠다고 생각했지만, 원숭이가 싫어할까 걱정되어, 먼저 의견을 물었다. "내가 매일 아침 너희들에게 밤 3개를 주고, 저녁에 4개를 주려고 하는데, 어떻게 생각 하느냐?" 원숭이들은 듣고, 방방 뛰면서 기분 나빠했다.

잠시 후에, 주인이 다시 원숭이에게 말했다. "그럼 내가 매일 아침에 4개 주고, 저녁에 3개를 주는 건 어떻겠느냐?" 원숭이들은 먹이가 늘었다고 생각하고, 모두 기뻐했다.

'朝三暮四'는 원래 '간사한 꾀로 남을 속이고 농락한다'는 뜻이지만, 보통 '눈앞에 보이는 차이만 알고 결과가 같은 것을 모르는 것'을 비유하여 쓰인다.

참고!

중국에서는 어떤 일정한 주장이 없이 계속 이랬다 저랬다 한다는 것을 뜻합니다. 현대에 와서는 이 여자 좋아했다가, 또 저 여자 좋아했다하는 '花花公子(바람둥이)'를 뜻하는 의미로도 많이 쓰입니다.

001 按照
p.011

회화 따라잡기 1

A 아가씨, 이거 교환하고 싶은데요.
B 규정에 따라 개봉한 식품은 교환할 수 없는데요.
A 보세요, 유통기한이 이미 지났어요.
B 죄송합니다, 바로 바꿔드리겠습니다.

작문 따라잡기 2

1 按照老师的规定, 得做作业。
2 按照学校的规定, 晚上9点以前得回宿舍。
3 按照银行的规定, 9点半开门。

002 白
p.013

회화 따라잡기 1

A 어제 시험 준비 괜히 했어.
B 어째서?
A 왜냐하면 오늘 시험이 취소됐거든.
B 괜찮아, 단지 오늘 시험이 내일로 미뤄졌을 뿐인걸.

작문 따라잡기 2

1 天下没有白吃的午饭。
2 昨天买的词典丢了, 白买了。
3 这个药吃了也没有用, 白吃了。

003 包括…(在内)
p.015

회화 따라잡기 1

A 실례하지만 유럽 여행가는 데 비용이 얼마나 들까요?
B 2만위안이요.
A 왜 그렇게 비싸요?
B 비행기표 외에, 숙박비도 포함되어 있어서 그렇습니다.

작문 따라잡기 2

1 包括你和我(在内), 一共五个人。
2 这些菜一百块钱, 不包括酒费(在内)。
3 包括我, 我们都是学生。

004 并
p.017

회화 따라잡기 1

A 너 일하느라 고생이 정말 많구나.
B 가정을 위해서니, 고생스러워도 괜찮아.
A 동시에 두 가지 일이나 하니, 많이 힘들지?
B 습관이 되면 그렇게 힘들지 않아.

작문 따라잡기 2

1 这座山并不高, 但不容易爬。
2 我虽然没跟她说过话, 但我爱她。
3 这张画儿并不好看, 但是我很喜欢。

005 不…不…
p.019

회화 따라잡기 1

A 아들아, 숙제는 다 했니?
B 아직 안 했어요.
A 게임 안 하면 안되니? 먼저 숙제 해라.
B 알았어요, 조금만 더 놀고요.

작문 따라잡기 2

1 我不到30岁不结婚。
2 大家都知道, 他不会不知道。
3 这个苹果不好吃不要钱。

006 不但…而且…
p.021

회화 따라잡기 1

A 듣자하니 너 핸드폰 샀다며? 좀 보여줄래?
B 여기.
A 좋아 보인다.
B 응, 동영상 촬영을 할 수 있을 뿐만 아니라, TV도 볼 수 있어!

작문 따라잡기 2

1 这家医院不但很大, 而且很有名。
2 她不但唱歌儿唱得很好, 而且跳舞跳得(也)很好。
3 这个女孩子不但漂亮, 而且健康。

007 不得不
p.023

회화 따라잡기 **1**

A 요 며칠 널 못 봤는데 어디 갔었어?
B 곧 시험이니까 어쩔 수 없이 열심히 공부했지.
A 평소에 열심히 했으면, 지금 이렇게 바쁘지 않을텐데.
B 공부하는걸 좋아하지 않으니까 나도 어쩔 수 없어.

작문 따라잡기 **2**

1 找不到那本书, 我不得不买新的。
2 他病得厉害, 不得不请假休息了。
3 他们都不想去, 我不得不一个人去。

008 不准
p.025

회화 따라잡기 **1**

A 벌금 50위안 내세요.
B 제가 뭘 어쨌는데요?
A 당신이 뭘 어쨌냐고요? 여기 '노상방뇨금지'라고 써있는 거 못 봤어요?
B 당신이 상관할 일인가요?
A 전 경찰입니다. 빨리 벌금 내세요.

작문 따라잡기 **2**

1 考试的时候, 不准作弊。
2 高中生不准喝酒。
3 上课的时候, 不准说韩国语。

009 不管…都…
p.027

회화 따라잡기 **1**

A 지금 뭐 하고 있어?
B 샤오왕 구하러 가려고 해.
A 거기 불 나서 매우 위험해!
B 아무리 위험하더라도 상관없어. 난 갈꺼야! 그는 내 친한 친구란 말이야!

작문 따라잡기 **2**

1 不管他去不去, 我都(要)去。
2 不管你有什么困难, 我都(要)帮助你。
3 不管男女老少, 都可以参加。

010 不过…罢了
p.029

회화 따라잡기 **1**

A 듣자하니 너 그만두려고 한다며, 정말이야?
B 그냥 말한 것뿐이야, 결코 그만두려는건 아니야.
A 네가 그만두고 싶은 게 아니라면, 말이라도 그렇게 하지마.
B 난 그냥 농담한 것뿐이야. 너무 그렇게 진지하게 받아들이지 마.

작문 따라잡기 **2**

1 我不过是一个大学生罢了, 没有那么多钱。
2 我真的很想去, 不过是没有时间罢了。
3 我跟他没有关系, 不过是认识他罢了。

011 不见得
p.031

회화 따라잡기 **1**

A 너 아직 공부하고 있어? 벌써 공부한 지 10시간 됐어.
B 아직 다 보지 못한게 많아.
A 이렇게 계속 공부한다고 효율이 높은 건만은 아니야. 조금 쉬어.
B 나도 어쩔 수 없어.

작문 따라잡기 **2**

1 这个比较好看, 但是质量不见得好。
2 你说他想去, 我看不见得。
3 他说10点以前回来, 我看不见得。

012 不是…吗?
p.033

회화 따라잡기 **1**

A 너 오전에 수업이 있다고 하지 않았어? 어째서 아직 TV를 보고 있니?
B 머리가 좀 어지러워. 조금 쉬고 싶어.
A 병원에 가봐.
B 괜찮아. 아마 감기 걸린 것 같아. 좀 쉬면 나을 거야.

작문 따라잡기 **2**

1 你不是说想见他吗?
2 你不是说过中国人吗?
3 你不是说过你爱我吗?

013　包在我身上
p.035

회화 따라잡기 1

A 난 요 며칠 동안은 아무데도 가지 않을래.
B 어째서?
A 다음 주가 시험인데, 아직 책도 준비 못 했어.
B 그거 때문이야? 책 빌리는 건 나에게 맡겨.

작문 따라잡기 2

1 孩子上幼儿园的事就包在我身上。
2 买票的事包在我身上。
3 找资料的事就包在我身上。

014　不得了
p.037

회화 따라잡기 1

A 일났어! 큰일났어!
B 무슨 큰일이야? 서두르지 말고 천천히 말해봐.
A 이번 시험 나 과락했어.
B 무슨 큰일인가 했네! 걱정하지 마, 재시험이 있잖아!

작문 따라잡기 2

1 今天都得做完这些事情, 忙得不得了。
2 昨天去爬山了, 现在累得不得了。
3 女朋友答应了他的求婚, 他高兴得不得了。

015　不是时候
p.039

회화 따라잡기 1

A 야오밍 농구경기 봤어?
B 우리 갔을 때는 정말 때가 아니었어.
A 왜?
B 우리가 갔을 때, 야오밍이 다쳤었거든.

작문 따라잡기 2

1 我去得不是时候, 他已经睡着了。
2 你来得真不是时候, 我正要出去。
3 现在游泳可不是时候, 刚吃完饭得休息一会儿。

016　不像话
p.041

회화 따라잡기 1

A 그가 오늘 한 일은 정말 말도 안돼!
B 왜?
A 뜻밖에도 회의할 때 잠을 자더라구!
B 걔도 참, 정말 이해를 못하겠네!

작문 따라잡기 2

1 在父母面前这样吵架, 真不像话。
2 你居然敢这么说, 太不像话了。
3 他总不去上课, 太不像话了。

연습문제
p.042

관용어 연결하기 1

❶ 어떤 일을 전적으로 책임 맡다 ———— 不得了
❷ (어떤 상태가) 매우 심하다 ———— 包在身上
❸ 때가 좋지 않다 ———— 不像话
❹ 기가 막혀, 말도 안 돼 ———— 不是时候

빈칸 채우기 2

❶ 按照学校规定, 考试时打小抄就得重新补考。
❷ 今天商店关门, 我白跑了一趟。
❸ 包括我在内, 班里一共有十个中国人。
❹ 她不但发胖了, 而且老了很多。
❺ 虽然他汉语说得棒, 但也不见得能拿到HSK6级。
❻ 本来想看那部电影, 但票都卖光了, 不得不换别的电影看。
❼ 不管是谁, 都得遵守国家法律。
❽ 不过是开玩笑罢了, 别放在心上。

중작 하기 3

❶ 我的生日你不来不行。
❷ 他丢了U盘, 急得不得了。
❸ 我只是喜欢他, 但并不爱他。

017 不是…而是…

p.047

회화 따라잡기 1

A 나 방금 입구에서 리밍을 봤어. 이상해. 걔 외국으로 여행간 거 아니야?

B 그럼 리밍이 아니라 쌍둥이 동생이네.

A 진짜? 알고보니 리밍에게 쌍둥이 동생이 한 명 더 있었구나!

B 맞아, 나도 걔들이 누가 누군지 잘 못 알아보겠어.

작문 따라잡기 2

1 他不是去中国旅行, 而是去出差。

2 我不是不想去, 而是这几天身体不舒服。

3 我不是不想帮助你, 而是没有能力帮助你。

018 不是…就是…

p.049

회화 따라잡기 1

A 오늘 누가 쓰레기 버릴 차례야?

B 둘째 아니면 셋째예요, 저는 어제 버렸어요.

A 걔네 둘은 어디 갔어? 어째서 아직 쓰레기를 안 버렸지?

B 그 둘은 PC방에 간 거 아니면, 친구 집에서 컴퓨터 하고 있을 거예요.

A 가서 그 둘을 데리고 와.

작문 따라잡기 2

1 不是你说错, 就是我听错。

2 他不是玩儿, 就是睡, 一点儿也不学习。

3 星期天我不是看电视, 就是睡午觉。

019 不至于

p.051

회화 따라잡기 1

A 나 너네 집에서 며칠 묵고 싶은데.

B 무슨 일 생겼어?

A 아빠 엄마랑 말다툼했어.

B 아무리 그래도 어른인데, 집을 나올 것까지는 없잖아.

작문 따라잡기 2

1 虽然下雨, 但是不至于取消比赛。

2 我这次考试考得不好, 但是不至于不及格。

3 学生都知道, 老师不至于不知道吧!

020 差不多

p.053

회화 따라잡기 1

A 너 중국어 너무 잘 한다.

B 나 중국에서 유학한 적이 있어.

A 거기서 얼마나 있었어?

B 거의 2년정도.

작문 따라잡기 2

1 我等了她差不多一个小时。

2 我在首尔住了差不多10年了。

3 我差不多每天都在那里吃饭。

021 除非…否则…

p.055

회화 따라잡기 1

A 어느 학교가 중국에서 제일 좋은 학교야?

B 당연히 베이징 대학이지.

A 나 그 학교 들어가고 싶어.

B 노력하지 않을거라면, 꿈도 꾸지 마.

작문 따라잡기 2

1 除非我去请他, 否则他不会来的。

2 除非生病, 否则他不会迟到。

3 除非有急事, 否则他一定会来的。

022 差点儿

p.057

회화 따라잡기 1

A 듣자하니 너 어제 금강산에 놀러 갔다면서, 어때, 재밌었어?

B 말도 마! 진짜 재미 없었어.

A 금강산이 험준하면서도 재미 있다고 그러지 않았니?

B 험준하지 않았으면 좋았겠지. 나 하마터면 산 위에서 미끄러 질 뻔 했어.

작문 따라잡기 2

1 这次差点儿就通过了HSK6级。

2 我差点儿错过这么好的机会。

3 我来学校的时候, 差点儿撞车。

023 出…来
p.059

회화 따라잡기 1

A 요즘 울적해 보여, 왜 그래?
B 여자친구가 걸핏하면 신경질 부리는데, 왜 그런지 이유를 모르겠어.
A 여자친구 데리고 공원에 가서 놀아, 기분 전환해.
B 그래, 알았어!

작문 따라잡기 2

1 他听不出我的声音来。
2 我看了半天, 认不出来他是谁。
3 他汉语说得非常好, 听不出他是韩国人。

024 除了…以外, 还…
p.061

회화 따라잡기 1

A 실례하지만 어떤 서류를 준비해야 하나요?
B 리스트상에 요구된 것 외에도 중국어 6급 이상의 증명서가 필요합니다.
A 감사합니다!
B 천만에요, 순조롭게 통과되길 바래요.

작문 따라잡기 2

1 这儿会说法语的人, 除了他以外还有两个人。
2 知道这件事的人, 除了他以外还有我。
3 我除了天安门以外, 还去过长城。

025 从…到
p.063

회화 따라잡기 1

A 사람이 어떻게 해야만 성공할 수 있을까요?
B 옛날부터 지금까지 부지런한 사람이 성공 할 수 있었어.
A 나는 부지런했는데, 부지런한 거 외에 다른 요소는 없나요?
B 그건 바로 기회라고 할 수 있지.

작문 따라잡기 2

1 从这儿到那儿, 不太远。
2 我的学校从12月20号到2月28号放寒假。
3 从头到尾再看一遍。

026 从…起
p.065

회화 따라잡기 1

A 샤오리가 만든 음식은 정말 맛있어.
B 많이 먹어.
A 어떻게 해야 이렇게 맛있게 만들 수 있어?
B 나는 철들기 시작하면서부터 음식을 할 줄 알았어.

작문 따라잡기 2

1 我从今天一月起, 在补习班学习汉语。
2 我爸爸从去年起不抽烟了。
3 我真不知道该从哪儿说起。

027 (自)从…以来
p.067

회화 따라잡기 1

A 1년 동안 못 만났는데 너 중국어 실력 향상이 정말 빠르다.
B 너랑 비슷하지 뭐.
A 너 중국어 공부를 어떻게 했니?
B 중국 유학 이래로 중국어 실력이 많이 늘었지.

작문 따라잡기 2

1 从去年春天以来, 我没跟他联络过。
2 从这个月以来, 我没喝过酒。
3 从住院以来, 他的身体越来越不好了。

028 当…的时候
p.069

회화 따라잡기 1

A 너 왜 매일매일 그렇게 즐거워해?
B 기분 좋은 일이 비교적 많아서 그래.
A 그럼 슬플 때는 어떻게 해?
B 슬플 때는 기쁜 일들을 생각 해.

작문 따라잡기 2

1 当你10岁的时候, 我已经大学毕业了。
2 当你学习的时候, 不要想别的事。
3 当我起床的时候, 已经9点了。

029 不要紧 p.071

회화 따라잡기 **1**

A 이번 시험에 과락했어요. 정말 우울해요.
B 괜찮아, 다음에 열심히 해.
A 엄마, 이해해줘서 고마워요.
B 뜻이 있는 곳에 길이 있다고 하지 않니!

작문 따라잡기 **2**

1 就是有点儿感冒, 不要紧。
2 即使路远也不要紧, 我们可以坐飞机去。
3 钱不多也不要紧。

030 不怎么样 p.073

회화 따라잡기 **1**

A 오늘 선 보러 갔었다며. 그 사람 생긴 거 어때?
B 말도 마, 별로야.
A 그럼 그 사람 성격은 어때?
B 성격도 별로야. 너 다시는 말도 꺼내지 마.

작문 따라잡기 **2**

1 这台电视的质量不怎么样。
2 他的性格不怎么样。
3 他的学习成绩不怎么样。

031 串门儿 p.075

회화 따라잡기 **1**

A 애들은 다 외지로 공부하러 나가고 나니까, 집안이 많이 조용해 졌지?
B 맞아, 남편이랑 나만 남아서, 아주 적적해.
A 시간이 있으면 우리 집에 마실 한 번 나와.
B 시간 있으면!

작문 따라잡기 **2**

1 吃完晚饭, 他经常串门儿。
2 改天来我家串门儿吧。
3 奶奶比较喜欢串门儿。

032 戴高帽子 p.077

회화 따라잡기 **1**

A 리리, 너 오늘 유난히 예쁘고 섹시하다.
B 됐어, 비행기 태우지 마, 어지러워.
A 너 이 일 좀 도와줄 수 있어? 괜찮니? 문제 없겠지?
B 넌 정말 못 말리겠구나. 여기다 놔. 방법을 생각해 볼게.

작문 따라잡기 **2**

1 好了好了, 你别再给我戴高帽子了。
2 他想要什么东西的时候, 就会给我戴高帽子。
3 韩老师喜欢学生给自己戴高帽子。

연습문제 p.078

관용어 연결하기 **1**

❶ 별로이다, 그다지 좋지 않다 —— 串门儿
❷ 마실가다 —— 不要紧
❸ 치켜세우다 —— 戴高帽子
❹ 심각하지 않다, 괜찮다 —— 不怎么样

빈칸 채우기 **2**

❶ 我想他可能不是去图书馆, 就是去阅览室。
❷ 我这么做不是为了我自己好, 而是为你好。
❸ 除非咱们一起动手, 否则不能按时完成工作。
❹ 这是rain 的歌声, 我听出来了。
❺ 除了韩国人以外, 文章中还提到了几名中国球员的情况。
❻ 从开始认识他的那天开始到现在, 我心里一直都爱慕着他。
❼ 当老师一进来的时候, 教室里一下子安静下来。
❽ 自从出生以来, 我还从来没有吃过这么好吃的菜呢!

중작 하기 **3**

❶ 你的病不要紧, 休息几天就行了。
❷ 我差点儿没考上大学。
❸ 从下个星期起, 我不喝酒了。

033 到底
_{p.083}

회화 따라잡기 1

A 주말에 같이 등산 가는 거 어때?
B 오전에는 공부하러 가고, 오후에는 쇼핑하러 가야 해.
A 도대체 간다는 거야 안 간다는 거야?
B 다음에 같이 가자.

작문 따라잡기 2

1 你到底爱不爱我?
2 到底去不去?
3 你们俩到底有什么关系?

034 对…来说
_{p.085}

회화 따라잡기 1

A 너 엄마랑 싸웠다면서?
B 내가 외출하기 전에 엄마는 항상 똑 같은 말을 신신당부 하잖아.
A 엄마입장에서 아이는 영원한 아이야. 관심이 있으니까 그렇게 말씀하시는 거야.
B 알았어, 엄마랑 잘 지낼게.

작문 따라잡기 2

1 对我的说, 这个问题很难。
2 对外国人来说, 泡菜很辣。
3 这个问题对你来说不重要, 可是对我来说太重要了。

035 非…不可
_{p.087}

회화 따라잡기 1

A 이건 누가 쓴 책이야?
B 내가 쓴 거야.
A 그럼 내가 꼭 봐야지.
B 내가 한 권 줄게. 많은 의견을 제시해 줘.
A 정말 고마워.

작문 따라잡기 2

1 我非亲眼看不可。
2 明天的会议, 我非参加不可。
3 韩国人吃饭的时候, 非吃泡菜不可。

036 刚(刚)…就…
_{p.089}

회화 따라잡기 1

A 아침에 뭘 먹었나요?
B 막 일어나서 사과 한 개 먹고, 그리고 나서 배가 너무 아파요.
A 배가 찬기운을 받아서 그런 거예요, 약을 먹으면 괜찮아 질 겁니다.
B 고맙습니다 의사 선생님.

작문 따라잡기 2

1 我刚进教室的时候, 老师也就进来了。
2 刚到12月, 天气就冷了。
3 刚放假, 他就去旅行了。

037 怪不得
_{p.091}

회화 따라잡기 1

A 정 선생님, 저기 파란색 옷 입은 남자아이 아세요?
B 어디에선가 본 것 같아요.
A 이 박사님 댁 막내 아니에요?
B 어쩐지 보아하니 눈에 익다 했어요. 눈 깜짝할 사이에 벌써 이렇게 많이 자랐군요!

작문 따라잡기 2

1 怪不得没见到他, 原来去留学了。
2 怪不得他没来, 原来生病了。
3 怪不得这么贵, 原来是进口的。

038 过来
_{p.093}

회화 따라잡기 1

A 여보세요, 안녕.
B 안녕, 샤오리, 내 CD 너한테 있니?
A 응.
B 우리 집에 올 때 가져 와.

작문 따라잡기 2

1 客人太多, 我忙不过来。
2 作业太多, 我一个人做不过来。
3 你转过来, 让我看一看。

039 好1
p.095

회화 따라잡기 1

A 날 도와서 이 물건을 리밍에게 전해줄 수 있어요? 난 요즘 계속 그를 못 만났어요.
B 그거야 쉽죠. 그는 나와 바로 옆집에 살거든요. 걱정마시고 나에게 맡겨요.
A 정말 고마워요.
B 에구, 넘 남처럼 예의차리신다.

작문 따라잡기 2

1 这件事好办。
2 我的家就在地铁站附近, 很好找。
3 这首歌儿很不好学, 连老师也不会唱。

040 好2
p.097

회화 따라잡기 1

A 듣자하니 너 장거리 달리기에서 1등 했다며. 축하해!
B 힘들어 죽겠어.
A 무슨 비법이 있어?
B 시작할 때는 너무 지치지 않게 앞사람을 따라서 달려, 나중에 앞 사람을 따라잡을 수 있도록 말이야.

작문 따라잡기 2

1 你到了就给我写信, 好让我放心。
2 告诉我老师在哪儿, 我好找她。
3 用完的东西应该放回原来的位置, 下次好找。

041 …就…
p.099

회화 따라잡기 1

A 네가 나랑 농구 할 자신 있어?
B 하면 하는 거지, 지는 사람이 밥 사는 거야.
(농구 후)
A 어때, 네가 졌지? 오늘은 네가 한턱 내.
B 사면 사는 거지, 우리 양고기 샤브샤브 먹자

작문 따라잡기 2

1 大就大吧, 凑合着穿吧。
2 我(说)不干就不干。
3 贵就贵吧, 你喜欢就行。

042 看样子
p.101

회화 따라잡기 1

A 그가 왔어?
B 이미 왔어, 근데 보아하니 밖에서 무슨 일이 있었던 것 같아.
A 무슨 일?
B 나도 잘 모르겠어. 아무튼 걔 안색이 안 좋아.

작문 따라잡기 2

1 看样子, 他好像听不懂我的话。
2 看样子, 她这件衣服是新买的。
3 看样子, 他不是大学生。

043 还是…好
p.103

회화 따라잡기 1

A 몇 년 동안 못 만났는데 설마 외국 갔다 온거야?
B 맞아, 유학갔다 왔어.
A 느낌이 어때?
B 여기저기 다녀봤는데 아무래도 우리 나라가 좋더라구.

작문 따라잡기 2

1 还是你去一趟好。
2 天阴了, 还是带雨伞去好。
3 虽然贵了一点儿, 但还是买韩国的好。

044 好不容易(好容易)
p.105

회화 따라잡기 1

A 엄마, 내 자동차 모형 어디갔어요?
B 내가 쓰레기 통에 버렸어.
A 아이고, 어떻게 버릴 수가 있어요. 그건 내가 어렵게 조립한건데
B 열심히 공부하지도 않고, 매일 그 자동차 모형만 만지작거리면 무슨 소용이 있니?

작문 따라잡기 2

1 好不容易买到足球票。
2 我好不容易修好了电脑。
3 我毕业已经3年了, 好不容易才找到工作。

045 凑合
p.107

회화 따라잡기 1

A 집에서 보낸 두꺼운 옷 받았어?
B 아직 못 받았어.
A 이거 우리 형 옷인데 좀 크지만 그래도 아주 깨끗해. 우선 아쉬운 대로 입는 거 어때?
B 그럼 사양하지 않을게, 고마워.

작문 따라잡기 2

1 这件衣服有点儿过时了，你先凑合着穿吧。
2 我一般不吃午饭，既然买了，就凑合吃一点儿。
3 没有别的笔了，你就凑合用吧。

046 管闲事
p.109

회화 따라잡기 1

A 내가 몇 번이나 타일렀는데, 아직도 그렇게 참견하길 좋아하니?
B 비록 나와 별로 상관은 없지만, 이런 일은 신경 쓰는 사람이 없으면 안돼.
A 넌 그의 부모도 아닌데, 그에게 신경쓰지 마.
B 그렇게 말하면 안 되지. 그에게 도움이 되기만 한다면 난 해야 돼.

작문 따라잡기 2

1 你少管闲事，好不好？
2 我最讨厌管闲事的人。
3 别人怎么做，你不要管闲事。

047 耳根软
p.111

회화 따라잡기 1

A 네 생각에 누가 반장이 되면 좋을 것 같아?
B 내 생각엔 리리가 반장을 하는 게 가장 적합할 것 같아.
A 내 생각에 걔는 귀가 너무 얇아, 귀 얇은 사람은 반장이 될 수 없어.
B 듣고보니 네 말이 맞네.

작문 따라잡기 2

1 他的耳根软，容易相信别人的话。
2 耳根软的人，做不了什么大事。
3 我最不喜欢耳根软的男人。

048 开夜车
p.113

회화 따라잡기 1

A 보고서 준비 다 됐나?
B 네, 준비 다 됐습니다. 어제 밤을 새워서야 비로소 완성했어요.
A 수고했어.
B 천만에요.

작문 따라잡기 2

1 今天晚上别开夜车了，早点儿休息吧。
2 如果经常开夜车，对皮肤不好。
3 我如果开夜车，身体就受不了。

연습문제
p.114

관용어 연결하기 1

❶ 남의 일에 상관하다 — 管闲事
❷ 밤을 새다 — 开夜车
❸ 귀가 얇다 — 耳根软
❹ 아쉬운 대로 ~하다 — 凑合

빈칸 채우기 2

❶ 事情到了这个地步，这到底是谁的责任？
❷ 虽然父母反对，但我非要嫁给他不可。
❸ 家里没什么可吃的，你先凑合着吃吧。
❹ 我刚到韩国的时候什么都不习惯，特别是饮食方面。
❺ 怪不得找不到钥匙，原来是你拿走了啊！
❻ 这个字写得不对，你赶快把它改过来吧！
❼ 只希望快点结束这一切，好让我开始过新的生活。
❽ 你脸色那么不好，我看你还是先回家吧。

중작하기 3

❶ 对老师来说，你永远是个学生。
❷ 看样子，他好像有神经病。
❸ 我好(不)容易才买到了足球票。

049 好像…似的 p.119

회화따라잡기**1**

A 방금 지나간 사람 봤어?
B 봤어, 마치 어디에서 본 것 같아.
A 맞아, 한국 연예인 송혜교 아냐?.
B 잠깐 기다려, 나 가서 그녀랑 사진 찍을래.

작문따라잡기**2**

1 他现在好像很累似的。
2 他好像有什么急事似的。
3 他好像这几天没洗脸似的。

050 何必 p.121

회화따라잡기**1**

A 너 그 여자애 좋아해?
B 맞아, 나 그 여자애 좋아해.
A 하필이면 짝사랑이야, 용기 있게 고백해!
B 걔는 이미 남자친구가 있어.

작문따라잡기**2**

1 我们是朋友, 何必这么客气呢?
2 今天不会下雨, 何必带雨伞呢?
3 为了这么小事生气, 何必呢?

051 看中 p.123

회화따라잡기**1**

A 오늘 나 새로 나온 정장이 마음에 들었어. 시간이 있으면 가서 사자.
B 넌 어떻게 맨날 옷만 사, 너 옷 장사 해도 되겠다.
A 내가 이거만 마음에 들었다고 했잖아.
B 마음에 들면 꼭 사야하니?

작문따라잡기**2**

1 我看中的东西, 我一定要买。
2 逛了半天, 还是没有看中的。
3 昨天看中了一条裙子, 可太贵了。

052 何况…呢? p.125

회화따라잡기**1**

A 너 한 달 월급이 얼마야?
B 4천위안이 안돼.
A 설마, 딱 네가 쓸 정도 밖에 안 되네, 좀 적다.
B 나도 별 수 없어. 우리 부서 지배인도 한 달에 5천위안 받는데 하물며 우리 직원들은 어떻겠니.

작문따라잡기**2**

1 连小孩子也知道这个道理, 何况大人呢?
2 我连买面包的钱也没有, 何况蛋糕呢?
3 这件事连爸爸也不知道, 何况弟弟呢?

053 恨不得 p.127

회화따라잡기**1**

A 사람의 평균 수명은 몇 살이지?
B 대략 80살이겠지.
A 좀 짧다, 난 거북이로 변해서 몇 백살 살 수 있었으면 좋겠다.
B 농담하지 마.

작문따라잡기**2**

1 我恨不得马上去见到他。
2 我忙得不得了, 恨不得一天有48个小时。
3 看到朋友都很有钱, 姐姐也恨不得一下子赚很多钱。

054 两码事 p.129

회화따라잡기**1**

A 안녕하세요, 이번시합 중의 실패에 대해서 어떻게 생각하세요?
B 이번 시합 중에 금메달을 얻지 못한 것은 단지 하나의 작은 실수이지, 실패는 아니라고 생각합니다.
A 그래요, 실수와 실패는 전혀 별개죠. 다음 번 시합에선 우수한 성적 거두시길 바랍니다.
B 감사합니다. 실망시켜 드리지 않을게요.

작문따라잡기**2**

1 学汉语和教汉语是两码事。
2 这是两码事, 别搅在一起。
3 房费和水电费是两码事。

055 或者…或者… — p.131

회화 따라잡기 1

A 모레가 여자친구 생일인데 무슨 선물을 줘야 좋을지 모르겠어.
B 꽃이나 커플링을 주면 괜찮을 거야.
A 반지는 오래 간직할 수 있으니까, 반지를 선물 해야겠어.
B 여자친구한테 정말 잘 해주는구나!

작문 따라잡기 2

1 我星期天不在家，或者去朋友或者逛街。
2 如果有什么问题，或者问我或者问他，都行。
3 或者你给他打电话问，或者你自己去问，都行。

056 既然…就… — p.133

회화 따라잡기 1

A 진짜 힘들다. 너희 집까지 오는데 두 시간이나 걸렸어.
B 환영해! 먼 곳에서 친구가 찾아오니, 어찌 기쁘지 않겠어.
A 나도 널 만나서 정말 기뻐.
B 그렇게 먼 데서 왔으니, 며칠 더 놀다가 가.

작문 따라잡기 2

1 既然知道这是他的，就应该还给他。
2 既然你不是亲眼看到的，就不应该乱说。
3 事情已经发生了，现在后悔有什么用？

057 (满)不在乎 — p.135

회화 따라잡기 1

A 라오짱 해고 당할 거 같은데, 어떻게 아직도 매일 지각이야?
B 그러게, 사장이 벌써 여러 번 주의를 주었는데, 걔는 전혀 개의치 않는 모습이야.
A 걔 정말 해고 당하면, 누가 그의 아들이 학교가는 걸 책임질 거야, 부인도 회사 그만두지 않니?
B 당사자는 신경도 안쓰는데, 네가 뭘 그리 걱정해!

작문 따라잡기 2

1 钱多钱少都不在乎。
2 人家摔倒了，你却不在乎？
3 他什么都不在乎。

058 再加上 — p.137

회화 따라잡기 1

A 너 지난 주에 등산 간다고 하지 않았어?
B 원래 가려고 했는데 폭설이 내린다고 하고, 게다가 같이 갈 사람이 없어서 그냥 안 갔어.
A 그럼 다음 주에 우리 같이 가는 거 어때?
B 너무 좋지!

작문 따라잡기 2

1 公司的事，再加上家里的事头疼得不得了。
2 下大雨，再加上刮大风。
3 20个学生，再加上我，一共21个人。

059 就好了 — p.139

회화 따라잡기 1

A 그 우수상 받은 친구 정말 부럽다. 언젠가 나도 그 애들처럼 되면 정말 좋을텐데.
B 공부도 안하는데 어떻게 상을 받아! 너의 성적 좀 봐봐!
A 그렇네. 만약 지난 학기에 열심히 공부했더라면 좋았을텐데, 에이…
B 후회한 들 무슨 소용이 있어, 다시는 후회할 일 하지마! 앞으로 열심히 하자!

작문 따라잡기 2

1 要是妈妈不知道这件事就好了，省得她担心。
2 要是你早点儿来就好了，我们刚吃完饭了。
3 要是今年能找到男朋友就好了。

060 没完没了 — p.141

회화 따라잡기 1

A 린린, 지금 벌써 11시야. 아직도 TV봐서 뭐하게? 안 자니?
B 알았어요. 꺼요. 꺼!
A 넌 어째서 보기 시작하면 끝이 없니! 일찍 자라!
B 엄마, 알겠어요. 안녕히 주무세요!

작문 따라잡기 2

1 那些女孩子们聊得没完没了。
2 每当奶奶说起自己年轻时的事，就会没完没了的。
3 你别没完没了地吃了。

061 脸皮太厚 ———————————————— p.143

회화 따라잡기 1

A 내가 말한 리밍있지, 얼굴이 완전 두꺼워. 남의 물건을 아무 소리 안 하고 가져다 쓰고 말이야.
B 누가 아니래! 나도 그런 경험 여러 번이야!
A 근데 너 왜 걔한테 뭐라고 안했어?
B 그렇게 얼굴 두꺼운 애들한테는 뭐라고 탓하고 싶지도 않아. 말해 봤자야!

작문 따라잡기 2

1 要想成功, 脸皮应该厚一点儿。
2 你见过脸皮这么厚的人吗?
3 女孩子脸皮太厚的话, 不太好吧?

062 了不起 ———————————————— p.145

회화 따라잡기 1

A 듣자하니 리밍이 이번 시험 망쳤다면서, 걔 원래 우리 반 일등 아니었어?
B 사람도 실수할 때가 있지, 뭐 그리 대단한 일도 아니구만.
A 하지만, 요 몇 번 우리 반에서 일등하고 나서부터는 계속 자기가 엄청 대단하다고 잘난 척 하더니, 이번에는 깨달은 바가 좀 있었을 거야.
B 그래, 사람은 좀 겸손할 줄 알아야지.

작문 따라잡기 2

1 听说, 他考上了首尔大学, 真了不起。
2 他会说四门外语, 真了不起!
3 不就是当演员吗, 有什么了不起的。

063 没戏 ———————————————— p.147

회화 따라잡기 1

A 너 알아? 리밍이 지금 우리학교 퀸카를 쫓아다닌대.
B 말도 안 돼, 무슨 농담을 하는 거야.
A 진짜야, 나 너랑 농담하는 거 아니야.
B 아니 내 말은 그게 아니라, 그애가 그녀를 쫓아다녀도 절대로 가망없다고!

작문 따라잡기 2

1 要得第一名的计划没戏了。
2 外面一直在下雨, 去公园的计划没戏了。
3 考试的时候太紧张了, 通过的目标又没戏了。

064 没影儿 ———————————————— p.149

회화 따라잡기 1

A 듣자하니 너 여자친구 사귄다며, 게다가 외국인이라던데, 진짜니?
B 누구 헛소리를 들은거야, 그건 전혀 근거없는 얘기야.
A 나도 너희 둘이 하루 종일 같이 있는 거 나도 봤는데, 그래도 인정 안 하니?
B 그녀는 그냥 친한 이성친구야. 정말 별개의 문제니까, 오해하지 마!

작문 따라잡기 2

1 他刚才还在这儿, 怎么没影儿了。
2 男朋友送给我的戒指, 突然就没影儿了。
3 都快三十了, 可是找对象的事还没影儿呢。

연습문제 ———————————————— p.150

관용어 연결하기 1

1 그림자도 안 보인다   脸皮太厚
2 가망이 없다   了不起
3 얼굴 가죽이 두껍다   没戏
4 대단하다   没影儿

빈칸 채우기 2

1 现在的人好像都喜欢结了婚就离婚, 离了婚再结婚。
2 我连一台mp3都还买不起, 何况电脑呢?
3 你给我介绍的那几个人, 哪个也看不中。
4 他是跟你开玩笑, 你何必这么认真呢?
5 每天晚上都有很多人在这儿锻炼身体, 或者打羽毛球, 或者跑步。
6 既然你知道自己做错了, 就应该把它改过来。
7 他真有能力, 再加上运气好。
8 我们的孩子就不喜欢学习, 要是他们肯学就好了。

중작하기 3

1 我不在乎成绩的好坏。
2 我恨不得现在就能毕业。
3 这件事跟那件事是两码事。

065 就是…也…
p.155

회화 따라잡기 1

A 아줌마, 어제 한참 문을 두드렸는데, 장 할머니도 문을 열어주지 않았어요.
B 할머니는 귀가 안 들리셔.
A 제가 한참 동안 힘껏 두드렸는걸요.
B 할머니 귀가 안 좋아서 천둥이 쳐도 못 들으셔.

작문 따라잡기 2

1 就是他来请，我也不去。
2 你就是生气，也没什么用。
3 明天就是有时间，我也不去。

066 据说
p.157

회화 따라잡기 1

A 저쪽에 배추 파는 곳이 있어, 우리 가보자.
B 어째서 값이 올랐지, 안 살래.
A 듣자 하니 배추 값이 더 오를 거라던데, 지금 빨리 사자.
B 그럼 네 말을 들을게!

작문 따라잡기 2

1 据说，金老师已经结婚了。
2 据说，这家补习班(教)汉语教得真棒。
3 据说，小时候喝牛奶对身体有好处。

067 …看
p.159

회화 따라잡기 1

A 내 다리는 언제쯤 나을까?
B 의사 선생님이 다음 달이면 퇴원할 수 있을 거야.
A 지금 걸어 보고 싶은데, 많이 나아진 것 같아.
B 안 돼 안 돼, 막 주사 맞아서 움직이면 안 돼.

작문 따라잡기 2

1 这首歌挺好听，你听听看。
2 这件事应该怎么处理，你想想看。
3 这是个好机会，你一定要试试看。

068 …来
p.161

회화 따라잡기 1

A 우리 반 리밍은 길거리 춤 정말 잘 추는데, 여러분 리밍을 청해 조금만 보여달라고 하는거 어떨까??
B 안 돼, 안 돼, 너무 오래 춤을 안 췄단 말이야.
A 그럼 18번 노래 한 곡조 뽑아 봐, 유덕화 노래 어때?
B 좋아. 그럼 부끄러운 솜씨라도 보여줄게.

작문 따라잡기 2

1 我来吧。
2 你再来一首(歌儿)吧。
3 你们来点什么？

069 …来着
p.163

회화 따라잡기 1

A 너 조금 전에 뭘 물어봤더라?
B 어제 날 찾았냐고 물었어.
A 응, 찾았어. 어제 몇 가지 물어보고 싶었는데 네가 한창 바쁘길래 그냥 갔어. 지금 시간 있어?
B 있어, 있어. 물어 봐.

작문 따라잡기 2

1 你(的名字)叫什么来着？
2 刚才你说什么来着？
3 那时我们看什么来着？

070 懒得
p.165

회화 따라잡기 1

A 오늘 리우훙이 한 말이 좀 듣기 안좋았다 하더라도, 너 너무 개의치 마.
B 나야말로 개량 이런 하찮은 일로 말 섞는게 귀찮아.
A 그러니까 말이야, 니가 어른이니까 마음을 넓게 가져. 그녀처럼 똑같이 굴지 말고.
B 안심해! 내가 그렇게 속 좁은 사람이니?

작문 따라잡기 2

1 累死了，我真懒得上班。
2 我懒得去看电影，我们在家看电视吧。
3 我真懒得动。

071 　…来…去
p.167

회화 따라잡기 1

A 무슨 일이야? 여기서 왔다갔다 하고.
B 샤오장을 기다린 지 한 시간이 되어가는데, 지금까지 그림자도 안 보여.
A 방금 교실에서 걔 봤는데.
B 그럼 바로 찾아보러 갈게, 안녕.

작문 따라잡기 2

1 我想来想去，但是不知道怎么回答他。
2 这个问题，你们研究来研究去，有什么结果吗?
3 一只鸟飞来飞去。

072 　来不及
p.169

회화 따라잡기 1

A 어떡해, 내일 영어 시험이 있어.
B 지금 조급해도 늦었어.
　(시험 본 후)
A 정말 야단났네, 오늘 시험 망쳤어.
B 지금 후회해봤자 늦었어.

작문 따라잡기 2

1 快点儿准备吧，要不然来不及了。
2 火车快开了，来不及吃饭。
3 我看，现在出发已经来不及了。

073 　连…都(也)…
p.171

회화 따라잡기 1

A (노래를 부르며) 사랑해, 사랑하고 있어, 쥐가 쌀을 사랑하는 것처럼...
B 너 노래 잘 안 부르잖아, 무슨 기분 좋은일 있어?
A 꿈에도 당첨되리라고 생각 못했는데, 5만위안에 당첨됐어!
B 정말? 그럼 나한테 밥 사! 하하.

작문 따라잡기 2

1 连你也不相信我吗?
2 你连这么简单的都不知道吗?
3 他连自己的名字都不会写。

074 　没想到
p.173

회화 따라잡기 1

A 너 왜 울려고 해? 무슨 일 생겼어?
B 남자 친구랑 헤어졌어.
A 어제 너네를 봤을 때만해도 즐거워 보였는데.
B 생각지도 않게 그의 맘에는 일찍감치 내가 없었어 .

작문 따라잡기 2

1 我没想到今天下雨。
2 我没想到他是那样的人。
3 那是我做梦也没想到的事。

075 　难道…吗?
p.175

회화 따라잡기 1

A 너희 엄마가 상심하셨던데, 너 왜 그러시는지 알아?
B 엄마가 날 혼냈는데 내가 말대답했거든.
A 설마 아직 네가 뭘 잘못했는지 모르는 거야?
B 흥! 난 잘못 없어.

작문 따라잡기 2

1 难道我看错了吗?
2 这个问题大家都知道，难道你还不知道吗?
3 难道你们还没看那个电影吗?

076 　弄
p.177

회화 따라잡기 1

A 너 어제 가면무도회 참석했니?
B 참석했어, 샤오왕이 강시로 분장한 것도 봤어.
A 그러게 말야, 나한테도 괴상한 표정을 지어서 깜짝 놀랐어.
B 설마, 담력이 정말 작구나.

작문 따라잡기 2

1 别把护照弄丢了。
2 别把房间弄脏了。
3 妈妈弄了不少菜，大家都很高兴。

077 两下子
p.179

회화 따라잡기1

A 너 알고 있어? 샤오리가 말하기 대회에서 1등을 했대.
B 난 안 믿어. 그는 평상시에 말을 별로 안하잖아.
A 정말이야, 사람은 외모로 판단하면 안돼.
B 그애 정말 실력 있네.

작문 따라잡기2

1 这个孩子果然有两下子。
2 要是没有两下子, 他也不会报名参加比赛。
3 真没想到, 你有这两下子。

078 没法
p.181

회화 따라잡기1

A 그는 왜 아직 안 오지?
B 내가 떠나기 전에 재차 당부했는데, 제발 늦지 말라고.
A 좀 더 기다려보자.
B 그는 느림보여서, 상황이 긴박해도 서두르지 않을 거야. 어쩔 도리가 없어.

작문 따라잡기2

1 他们俩天天吵架, 我也没法。
2 孩子不学习, 父母也没法。
3 他不找工作, 我也没法。

079 碰钉子
p.183

회화 따라잡기1

A 너 좀 의기소침해 보이는데. 왜 그런거야, 무슨 일 있어?
B 지금 일자리를 찾고 있는데 정말 많이 어렵네, 가는 곳마다 퇴짜야.
A 괜찮아, 비와 바람을 거치지 않고 어떻게 무지개를 볼 수 있겠어! 힘내!
B 격려해줘서 고마워. 노력해 볼게.

작문 따라잡기2

1 你现在开始做这件事, 肯定得碰钉子。
2 从学校步入社会, 难免会碰钉子。
3 他的性格太急, 到哪里都碰钉子。

080 泼冷水
p.185

회화 따라잡기1

A 엄마 이번 시험 반에서 2등했어요. 그래도 잘했죠!
B 좋긴 뭐가 좋아. 1등도 아니잖아!
A 어쩜 매번 찬물을 끼얹어요? 내가 힘들게 좋은 성적 받았는데.
B 미안해. 그런 뜻이 아니야. 축하해!

작문 따라잡기2

1 小李是新手, 就不要给他泼冷水了。
2 给别人泼冷水不是好习惯, 应该改掉。
3 他说了我几句, 就像给我泼冷水一样, 让我很伤心。

연습문제
p.186

관용어 연결하기1

❶ 어쩔 도리가 없다 — 两下子
❷ 난관에 부딪히다, 거절당하다 — 没法
❸ 상당한 능력 — 碰钉子
❹ 찬물을 끼얹다 — 泼冷水

빈칸 채우기2

❶ 这件事对我来说非常重要, 就是大家都反对, 我也要做。
❷ 你说说看, 结婚后谁的压力更大?
❸ 我来收拾东西, 你来打扫房间吧。
❹ 他好像在想什么问题, 一直在房间里走来走去。
❺ 我来不及跟你联系, 自己就这么决定了。
❻ 他连饭也没吃, 就去上班了。
❼ 我做梦也没想到, 我得了第一。
❽ 大家都知道, 难道你没听说过这件事吗?

중작하기3

❶ 这么麻烦的事我懒得做。
❷ 我的钱包放在哪儿来着?
❸ 据说, 他要跟外国人结婚。

081 哪怕…也…

p.191

회화 따라잡기 1

A 난 네 오빠한테 탄복했어, 매일 아침 운동을 가고.
B 맞아, 설령 비가 온다고 해도 운동을 해.
A 정말 끈기가 있다.
B 그래서 오빠 몸이 그렇게 멋진 거야.

작문 따라잡기 2

1 哪怕贵一点儿, 我也要买几个。
2 哪怕工作忙, 你也应该去一趟北京。
3 哪怕天气不好也要去。

082 拿手

p.193

회화 따라잡기 1

A 어제 나 너 노래하는 거 들었어.
B 그래? 진짜 부끄럽다.
A 뭘, 노래 정말 잘하던데. 제일 잘하는 노래가 뭐야?
B 제일 잘하는 노래는 광량의 '동화'야.

작문 따라잡기 2

1 我的拿手歌是甜蜜蜜。
2 运动方面他很拿手, 想打篮球, 就找他吧。
3 小王恋爱很拿手, 换了好几个女朋友。

083 怕

p.195

회화 따라잡기 1

A 너 왜 헥헥거려. 이렇게 빨리 뛰어서 뭐하게?
B 난 지각하면 선생님한테 혼나잖아, 나는 그게 걱정되서……
A 봐, 수업까지 아직 30분이나 남았어. 너 시계 시간 안 맞지?
B 정말이지 참. 괜히 걱정했네.

작문 따라잡기 2

1 我怕迟到就跑来了。
2 明天八点出发, 我怕他忘了。
3 那个是中国电影, 我怕听不懂。

084 …起来

p.197

회화 따라잡기 1

A 오늘 네 얼굴빛이 좋아 보여. 설마 결혼하는 거야?
B 맞아, 남자 친구가 청혼했거든.
A 와! 나 초대해서 국수(결혼 축하주) 먹여 주는 거 잊지마.
B 그거야 당연하지!

작문 따라잡기 2

1 他的病最近好起来了。
2 我一看她, 就想起来我妈妈。
3 这个字怎么念, 我想不起来。

085 千万

p.199

회화 따라잡기 1

A 아직 화 났어? 우리 화해하자.
B 난 기분이 좀 안 좋아.
A 제발 마음에 담아두지 마, 난 그냥 할말이 있으면 직설적으로
   말하는 사람이잖아.
B 좋아, 이번만 용서해줄게!

작문 따라잡기 2

1 你千万别客气, 多吃点儿。
2 你过马路的时候, 千万要小心。
3 你千万别忘了吃药。

086 如果…就…

p.201

회화 따라잡기 1

A 정말 하룻밤 사이에 백만장자가 됐으면 좋겠어.
B 헛된 꿈 꾸지 말고 열심히 공부해.
A 샤오왕, 너 만약에 500만위안을 벌게 되면 어떻게 쓰고 싶어?
B 만약 500만위안이 생긴다면 캐나다로 이민 가서 살 거야.

작문 따라잡기 2

1 如果你不能来, 就给我打个电话。
2 你如果有什么事, 就来找我。
3 如果明天下雨, 我就不去。

087 什么…就…什么
p.203

회화 따라잡기 1

A 우리가 초등학생이었을 때 기억이 나. 선생님이 뭐라고 하시면 그대로 따라서 말했던 거.
B 나도 말 잘 듣는 학생이었어.
A 지금 초등 학생들은 달라. 모두 매우 호기심이 많아.
B 많은 질문을 하지.

작문 따라잡기 2

1 我说什么, 他就听什么。
2 你想吃什么, 就点什么。
3 你要什么, 我就买给你什么。

088 (首)先…然后…
p.205

회화 따라잡기 1

A 곧 크리스마스네. 어떤 계획 있니?
B 크리스마스 이브에는 먼저 친구랑 교회에 가고, 그리고 나서 크리스마스 밤에 신나게 놀 거야.
A 재미있게 놀아!
B 너도 크리스마스 잘 보내!

작문 따라잡기 2

1 你先看, 然后我看。
2 我们先喝点儿茶, 然后去看看吧。
3 先去邮局, 然后去商店买东西。

089 顺便
p.207

회화 따라잡기 1

A 샤오장, 어디야?
B 슈퍼마켓에서 장 보고 있어, 무슨 일 있니?
A 간 김에 오렌지 몇 개 사다 줘. 고마워!
B 천만에. 근데 나한테 한 개 줘야 돼!

작문 따라잡기 2

1 你回家的时候, 顺便来接我。
2 你下班的时候, 顺便买来今天的报纸吧。
3 顺便问一下。首尔站在哪儿?

090 说…就…
p.209

회화 따라잡기 1

A 샤오왕, 나에게 좋은 생각이 있어.
B 말해봐.
A 너랑 같이 그 할머니의 짐을 옮겨드리고 싶어.
B 당연히 좋지, 말 나온 김에 어서 도와드리자. 가자!

작문 따라잡기 2

1 说干就干。
2 他说来就来。
3 这孩子说睡就睡。

091 虽然…但是…
p.211

회화 따라잡기 1

A 너랑 아빠는 평소에 대화가 너무 적어.
B 맞아요, 우리는 대화가 부족해요.
A 비록 아빠가 말씀을 자주 하시지는 않지만, 마음속으로는 널 사랑하고 계셔.
B 알아요, 그래서 난 줄곧 아빠를 존경해왔어요.

작문 따라잡기 2

1 这个虽然很好, 但是太贵。
2 虽然下雪, 但是天气不太冷。
3 你的病虽然好了, 但是你还得多休息。

092 往往
p.213

회화 따라잡기 1

A 어제 걔한테 50위안 빌리려고 했는데 안 빌려줘. 걔네 집 돈 많은 거 아니었니?
B 돈이 많은 사람일수록 늘 인색한거 몰라?
A 어쩐지 다들 구두쇠라고 부르더라. 정말 십원 한장도 안쓴다니까.
B 맞아! 사람들의 생각은 대체적으로 다 똑같구나!

작문 따라잡기 2

1 我去找他的时候, 他往往不在家。
2 他往往学习到12点。
3 那个学生往往坐在最后边。

093 热门儿
p.215

회화 따라잡기 1

A 너의 동생 수능본 거 어떠니?
B 시험은 잘 봤어. 근데 떨어졌어.
A 어떻게 된거야? 설마 응시원서 낼 때 문제가 있었던 거야?
B 응, 경쟁률이 높은 인기학과에 지원했어. 그래서……

작문 따라잡기 2

1 这是热门货, 不买就会后悔的。
2 最近几年, 来中国留学成了热门儿。
3 谁也不想报考冷门儿专业。

094 伤脑筋
p.217

회화 따라잡기 1

A 요즘 아이가 밥을 잘 안 먹어요. 숙제를 해도 집중을 하지 않고, 정말 골치 아파 죽겠어요.
B 그래요! 아이들이 가장 부모님 속을 썩이지요. 세상에 부모들 마음이 제일 가여운 거 같아요.
A 무슨 좋은 방법 있어요? 이대로 가다간 정말 안되겠어요.
B 아이를 데리고 병원에 가보세요!

작문 따라잡기 2

1 造句子真伤脑筋。
2 写本书就很伤脑筋, 何况写本好书。
3 处理好婆媳关系确实很伤脑筋。

095 手头紧
p.219

회화 따라잡기 1

A 내 돈 갚아야 하지 않니!
B 나 요 며칠 주머니 사정이 좀 쪼들려, 며칠만 더 있다 주면 안 될까?
A 내 주머니 사정도 여유롭지 않아.
B 알겠어, 일단 조금만 기다려 줘. 내일은 꼭 갚을게.

작문 따라잡기 2

1 一到月底, 手头就紧了。
2 上周末花了很多钱, 现在手头很紧。
3 即使手头紧也应该买课本。

096 数
p.221

회화 따라잡기 1

A 여기 물건 어때? 싸니?
B 그냥 괜찮은거 같아. 근처의 상점 중에는 이 집이 싼 편에 속하지.
A 진짜야? 나는 몰랐어.
B 너도 정말 참.

작문 따라잡기 2

1 要说英语, 在班里数他最好。
2 我觉得这几个女孩子当中数小李最漂亮。
3 我觉得数第13课最难。

연습 문제
p.222

관용어 연결하기 1

❶ 골치를 썩다 　　　　　　　　　 热门儿
❷ 주머니 사정이 여의치 않다 　　　 伤脑筋
❸ ~로 손꼽힌다 　　　　　　　　 手头紧
❹ 인기 있는 것 　　　　　　　　　 数

빈칸 채우기 2

❶ 哪怕今晚不睡觉, 也要看完这场球赛。
❷ 咖哩饭是我最拿手的菜。
❸ 他这个人说行动就行动, 决不犹豫。
❹ 这里很危险, 千万不要过来。
❺ 做宫保鸡丁的方法是, 首先把鸡肉炸好, 然后下锅, 和其他材料一起炒。
❻ 今天去邮局的时候, 顺便去超市买了点儿水果。
❼ 虽然这位老师看起来严厉, 但是私下里对学生们很好。
❽ 她往往给丈夫孩子吃好的, 自己却吃剩饭。

중작 하기 3

❶ 说起来容易, 做起来难啊。
❷ 如果有问题, 你就来问我。
❸ 流行什么, 就穿什么, 随你的便。

정답해석

097 幸亏
p.227

회화 따라잡기 **1**

A 앞으로 차 몰 때 이렇게 빠르게 운전하지 마세요. 정말 위험합니다. 이건 벌금 고지서입니다.
B 경찰 아저씨, 벌금 고지서 이번만은 그냥 넘어 가주세요. 다음부터는 절대 안 그럴게요.
A 다행히도 안전벨트가 있었으니 망정이지, 그렇지 않았으면 오늘 분명 다쳤을 거예요.
B 앞으로 꼭 교통규칙을 잘 지킬게요.

작문 따라잡기 **2**

1 幸亏我有一张地图, 要不然就迷路了。
2 幸亏你告诉我, 要不然我还不知道。
3 幸亏你帮助我, 要不然买不到车票了。

098 要不然(的话)
p.229

회화 따라잡기 **1**

A 어째서 이제서야 오니. 하마터면 기차가 떠날 뻔했어.
B 그래도 나 택시 타고 온 거야, 안 그랬으면 지금 아직 도착 못했을거야.
A 왔으니 다행이야. 가서 차 타자.
B 그래.

작문 따라잡기 **2**

1 你好好儿休息, 要不然会生病。
2 最好下午去, 要不然来不及了。
3 你好好准备, 要不然会紧张。

099 一…比一…
p.231

회화 따라잡기 **1**

A 스케이트 대회 봤어?
B 조금 봤어. 속도가 해가 갈수록 빨라져.
A 맞아, 대회도 회를 거듭할수록 멋지구.
B 오늘 또 봐야지.

작문 따라잡기 **2**

1 我们班的学生, 一个比一个聪明。
2 健康一天比一天不好。
3 这些生词, 一个比一个难写。

100 一边…一边…
p.233

회화 따라잡기 **1**

A 어제 한 커피숍을 지나갔는데, 어떤 사람이 너랑 닮았더라.
B 나는 커피 마시면서 책 보는 거 좋아해. 어느 커피숍이었어?
A 스타벅스.
B 그 사람 바로 나야.

작문 따라잡기 **2**

1 她一边走路, 一边唱歌。
2 他们一边喝茶, 一边聊天儿。
3 你不要一边吃饭, 一边看报。

101 一…就…
p.235

회화 따라잡기 **1**

A 축하해, 승진했구나.
B 하하, 운이 좀 좋았어.
A 언제 우리한테 밥 한 끼 사.
B 월급 받자마자 너희에게 한턱 낼게.

작문 따라잡기 **2**

1 他一来就走了。
2 他一下班就回家了。
3 我一出门就下起雨来了。

102 一会儿…一会儿…
p.237

회화 따라잡기 **1**

A 어느 날 외손자를 데리고 완구점에 갔는데, 이것도 보고 저것도 만져보더라고.
B 안 사줬어?
A 당연히 사줬지, 많이 샀어. 돈을 많이 써서 마음이 조금 아팠지.
B 후회해봤자 소용없어.

작문 따라잡기 **2**

1 雪下得一会儿大, 一会儿小。
2 他一会儿说行, 一会儿说不行。
3 他一着急, 一会儿说汉语, 一会儿说英语。

103 以为
p.239

회화 따라잡기 1

A 왕수어! 나 왔어!

B 아, 저 아니에요. 누구세요?

A 죄송해요. 저는 제 친구인 줄 알았어요. 뒷모습이 제 친구랑 너무 닮아서요.

B 그래요? 괜찮아요!

작문 따라잡기 2

1 我以为他很聪明。

2 我以为北京的冬天很冷。

3 他以为今天没有上课，所以没来。

104 一转眼
p.241

회화 따라잡기 1

A 야단났다. 눈 깜짝할 사이에 내 지갑이 없어졌어.

B 다시 잘 찾아봐.

A 틀림없이 차 안에서 누군가 훔쳐 간 거야.

B 다음에는 조심해!

작문 따라잡기 2

1 一转眼我来北京一年了。

2 时间过得真快，我们认识她一转眼就三年了。

3 我学汉语一转眼就一年多了。

105 有时…有时…
p.243

회화 따라잡기 1

A 오늘은 날씨가 정말 이상해. 번개가 쳤다가 천둥이 쳤다가 하는데, 근데 비는 안 와.

B 일기예보에서 오늘 비는 안 온댔어.

A 난 안 믿어.

B 믿든 안 믿든 네 맘대로 해.

작문 따라집기 2

1 他有时抽烟，有时不抽烟。

2 我的成绩有时好，有时不好。

3 星期天我有时候见朋友，有时候看电影。

106 尤其是
p.245

회화 따라잡기 1

A 대학에 다닐 때 성적이 어땠어?

B 다 괜찮았어, 특별히 국제무역 성적이 좋았지.

A 어떤 과목을 좋아했니?

B 당연히 국제무역이지.

작문 따라잡기 2

1 他的孩子都很聪明，尤其是老大。

2 我妈妈做菜做得很好，尤其是糖醋鱼。

3 坐飞机的人真多，尤其是黄金周的时候。

107 又(既)…又…
p.247

회화 따라잡기 1

A 듣자하니 너 판웨이보 콘서트 갔었다며? 어땠어?

B 정말 좋았지! 흥분도 되고 긴장도 되고! 정말 멋있었어, 노래도 잘하고.

A 진짜? 나도 가고 싶다. 다음엔 같이 가는 게 어때?

B 좋아, 너도 좋아할거야!

작문 따라잡기 2

1 这儿的冬天又冷又长。

2 她的房间又干净又安静。

3 坐地铁又快又方便。

108 越…越…(越来越…)
p.249

회화 따라잡기 1

A 한국 드라마 보니?

B 자주 봐, 왜?

A 한국 연예인이 점점 예뻐지고, 멋있어진다는 것을 발견했어.

B 듣자하니 다 성형한거래.

작문 따라잡기 2

1 我越想那件事越生气。

2 那个小孩儿越看越可爱。

3 我越说他越不听。

109 顺眼
p.251

회화 따라잡기 1

A 우리 반에 온 새로운 학생, 너 알아?
B 알아, 근데 왜 계속 그 녀석이 마음에 안 들어 보이는지 모르겠어.
A 나도 그래, 그 녀석은 항상 사람을 무시하는 표정을 짓고 있잖아.
B 시간이 있을 때 본때를 보여 주자!

작문 따라잡기 2

1 你新配的眼镜，看起来有点儿不太顺眼。
2 他打扮得不太顺眼。
3 有几个学生特别顺眼。

110 说
p.253

회화 따라잡기 1

A 넌 왜 매일 답답하고 우울한 모습이니?
B 요즘 집에 가면 엄마가 날 나무라셔, 이것도 잘못됐고, 저것도 나쁘대. 진짜 우울해.
A 엄마도 네가 잘 되라고 하시는거지, 아들이 훌륭한 인물이 되길 바라시는 거잖아!
B 무슨! 그건 일부러 트집을 잡는 거라구.

작문 따라잡기 2

1 每次约会的时候我都迟到，但是女朋友从来不说我。
2 我没做作业，老师又该说我了。
3 妈妈说你都是为了你好，别生气啊。

111 说话算数
p.255

회화 따라잡기 1

A 리닝, 이번 시험에서 장학금타면 컴퓨터 한 대 사줄게.
B 약속 꼭 지켜주셔야 해요.
A 네가 열심히 공부하기만 하면 꼭 사 줄게.
B 좋아요! 열심히 공부할게요.

작문 따라잡기 2

1 他一向是说话算数的人。
2 说好请大家吃饭，你要说话算数啊。
3 要是说话不算数，以后没有人会相信你。

112 说了算
p.257

회화 따라잡기 1

A 너네 집은 누가 발언권이 세니?
B 예전엔 아빠였지, 근데 내 느낌에 요즘은 아닌 것 같아.
A 그럼 엄마가 결정권이 있니?
B 아마도.

작문 따라잡기 2

1 这次我说了算，怎么样？
2 这件事不能我一个人说了算。
3 在我家我爸爸说了算。

연습문제
p.258

관용어 연결하기 1

❶ 말한 대로 결정된다 — 说话算数
❷ 말한 것을 지킨다 — 说了算
❸ 마음에 든다 — 顺眼
❹ 탓하다, 나무라다 — 说

빈칸 채우기 2

❶ 幸亏他昨天开夜车复习了一下，今天考试才通过。
❷ 学汉语必须要多说多练，要不然就成了"哑巴汉语"。
❸ 动物园里的熊猫一只比一只可爱。
❹ 他一喝啤酒就脸红、发烧。
❺ 妈妈一会儿烧菜，一会儿切菜，忙得不可开交。
❻ 一转眼三十年过去了，大学同学都事业有成了。
❼ 这个地区有时狂风四起，有时阴雨连天。
❽ 韩国的电影最近发展迅速，尤其是《密阳》还获了奖。

중작 하기 3

❶ 他一边唱歌，一边跳舞。
❷ 考试时越紧张，越容易出错。
❸ 我以为他已经从中国回来了。

113 在…上
p.263

회화따라잡기**1**

A 여러분 질문이 없으면 회의를 마칩시다.
B 잠깐만요, 일정 안배에 있어 문제가 좀 있는데요.
A 어떤 거죠?
B 그날 저는 일이 있어서 못 옵니다.

작문따라잡기**2**

1 在这个问题上我们的意见完全一样。
2 如果在语言上没有问题, 我想跟外国人结婚。
3 如果在语法上有问题, 随时问我吧。

114 再…也…
p.265

회화따라잡기**1**

A 너무 늦었다, 나 집에 가야겠어.
B 지금 한창 신나게 놀고 있고 게다가 어차피 이렇게 늦었는데 그냥 집에 가지 마.
A 안 돼, 아무리 늦더라도 집에 돌아가야 해. 아빠, 엄마가 걱정하실 거야.
B 그래 좋아, 다음에 또 놀자.

작문따라잡기**2**

1 天气再冷我也得去一趟, 以后可能没有时间了。
2 你再累也得做作业。
3 你再忙也得来上课。

115 算账
p.267

회화따라잡기**1**

A 너 얼굴이 왜 이래. 누가 이렇게 만들었어?
B 우리 반 리밍이 날 괴롭혀.
A 가자, 내가 찾아서 결판 내줄게, 사람을 너무 괴롭히네! 흥!

작문따라잡기**2**

1 真让人汽死, 我要找他算账。
2 都是邻居, 还算什么账?
3 我要找个机会跟他算账。

116 再也不(没)…了
p.269

회화따라잡기**1**

A 너 왜 이렇게 밧줄을 무서워해?
B 옛날에 뱀한테 물린 적이 있는데 그 이후로 밧줄을 못 만지게 됐어.
A 왜?
B 뱀이랑 밧줄이랑 모양이 비슷해서 밧줄을 보면 뱀을 보는 것 같거든.

작문따라잡기**2**

1 时间已经过去了, 就再也不能回来。
2 我再也不管你了。
3 我从今天起再也不抽烟了。

117 怎么…也…
p.271

회화따라잡기**1**

A 지금 시간 있어?
B 마침 아무 일도 없어, 무슨 일 있어?
A 한 문제가 아무리 해도 안 풀려, 도와 줘.
B 알았어.

작문따라잡기**2**

1 我怎么努力也不行。
2 你说话太快, 我怎么听也听不明白。
3 这个汉字太难了, 我怎么记也记不住。

118 说闲话
p.273

회화따라잡기**1**

A 샤오리는 오늘 왜 기분이 안 좋니?
B 샤오리가 다른 사람이 자신의 험담 하는 걸 들었거든.
A 무슨 험담?
B 어떤 사람이 샤오리가 열심히 일하는 게 칭찬 받으려고 그러는 거라고 말했어.

작문따라잡기**2**

1 她喜欢说别人的闲话。
2 没有人喜欢爱说闲话的人。
3 他搬家的原因就是邻居们总在背后说他的闲话。

정답해석

119 怎么…怎么…
p.275

회화 따라잡기 1

A 영어시험 잘 봤니?
B 선생님이 가르쳐 준 대로 복습했는데도 시험 망쳤어.
A 아마도 네가 충분히 준비를 못했나보지.
B 맞아, 계속 노력해야지.

작문 따라잡기 2

1 你怎么想就怎么写。
2 你想怎么办就怎么办。
3 你想怎么说，就怎么说。

120 正好
p.277

회화 따라잡기 1

A 정말 운이 없어, 왜 갑자기 비가 오는거야?
B 괜찮아, 마침 우산을 갖고 왔는데 우리 같이 쓰자.
A 다행히 네가 가져왔으니 망정이지, 그렇지 않았으면 난 방법이 없었을 거야.
B 걱정 마, 먼저 너희 집에 데려다 줄게.

작문 따라잡기 2

1 你来得正好, 刚要给你打电话呢。
2 外面正好下雨了。
3 你要的那本英语书, 我正好有一本。

121 有的是
p.279

회화 따라잡기 1

A 날씨 참 덥다, 나 반바지 사고 싶어. 우리 같이 가자!
B 나도 한 벌 사고 싶어. 우리 같이 가자.
A 근데 학교 근처엔 아마도 반바지가 없는거 같아.
B 맞아, 우리 시내로 가자. 시내엔 많을거야.

작문 따라잡기 2

1 比这个便宜的东西有的是。
2 你随便拿走吧, 这儿有的是。
3 你慢点儿吃, 别着急。还有的是呢。

122 只要…就…
p.281

회화 따라잡기 1

A 너 자주 국제 축구 경기를 보니?
B 자주 봐, 왜?
A 선수 한 명이 한 골을 넣기만 하면, 많은 돈을 벌 수 있어.
B 나도 축구 선수할래.

작문 따라잡기 2

1 只要有钱就有办法。
2 只要有机会, 我就想去中国旅行。
3 只要是学生, 就可以参加。

123 只有…才…
p.283

회화 따라잡기 1

A 이번 분기에 우리 부서 매출이 많이 줄어들었어요.
B 어떻게 해야 매출을 늘릴 수 있죠?
A 직원들의 작업 효율을 올려야지만, 매출을 늘릴 수 있어요.
B 우리는 자신 있어요. 화이팅!

작문 따라잡기 2

1 只有你有信心, 才能成功。
2 只有努力才能成功。
3 只有明天天气好, 我们才去郊游。

124 真是的
p.285

회화 따라잡기 1

A 오늘은 어째 기분이 안 좋아 보인다?
B 내 친구도 정말 참. 상점에 가기로 해놓고 또 안 간대.
A 괜찮아, 나랑 같이 가면 되지.
B 진짜? 좋아, 고마워.

작문 따라잡기 2

1 真是的, 怎么现在才通知我们。
2 他也真是的, 这么晚打电话。
3 你也真是的, 带这么多东西, 真客气。

125 太阳从西边儿出来
p.287

회화 따라잡기 1

A 너 어디 가는거야? 이렇게 바빠.
B 리밍이 오늘 나한테 밥 사준다고 했거든. 아님 너도 같이 갈래?
A 해가 서쪽에서 뜬 거 아니야? 걔 원래 돈 한푼 안쓰는 엄청난 구두쇠잖아!
B 그러니까, 정말 이상해. 어쨌든 난 오늘 아주 비싸고 맛있는 거 먹을거야.

작문 따라잡기 2

1 你这么早就起来了, 太阳从西边儿出来。
2 你请客? 难道今天的太阳是从西边儿出来的?
3 是不是从西边出来了? 他今天怎么一动不动地就在那里学习。

126 一言为定
p.289

회화 따라잡기 1

A 팅팅, 다음 여름방학에 우리 쑤저우에 가자.
B 좋아! 하지만 너 말한 거 지켜야 해.
A 알았어. 그럼 우리 그렇게 정한 거다.
B 그럼 너네 학교 방학하면 나한테 전화해 줘.

작문 따라잡기 2

1 你说过要是中了彩票, 就会分给我一半, 一言为定啊。
2 咱们一言为定, 从明天开始减肥吧。
3 一定要按时睡觉, 要和我一言为定。

127 有眼光
p.291

회화 따라잡기 1

A 어제 너랑 같이 있던 여자가 네 여자친구니?
B 응. 사귄지 벌써 세 달 되었어, 몰랐니?
A 너 진짜 보는 눈이 있는걸. 이렇게 예쁜 여자친구를 구하다니.
B 뭘, 예쁜 게 무슨 소용이야. 밥처럼 먹을 수 있는 것도 아닌데.

작문 따라잡기 2

1 他很会买东西, 而且还很有眼光。
2 他觉得自己有眼光。
3 世界上没有眼光的人很多。

128 走后门儿
p.293

회화 따라잡기 1

A 수능이 한 달 남았는데 수업한 거 잘 복습해야지.
B 난 그렇게 고생하고 싶지 않아요.
A 그럼 어떻게 대학에 들어갈거니?
B 돈 기부하고 들어갈 수 있잖아요.
A 생각도 하지마라! 누가 널 부정입학 시켜준대?

작문 따라잡기 2

1 你不要走后门儿, 应该靠自己。
2 他是走后门来我们学校的。
3 还来得及, 我们不要走后门儿。

연습문제
p.294

관용어 연결하기 1

❶ 한 마디로 약속하다 ——— 一言为定
❷ 뒷거래를 하다 太阳从西边儿出来
❸ 해가 서쪽에서 뜨다 有眼光
❹ 안목이 있다 走后门儿

빈칸 채우기 2

❶ 今天我不跟你计较, 下次再跟你算账。
❷ 那时以后, 他再也没来过这儿。
❸ 他怎么说也没用, 们为大爷就是不同意。
❹ 有些人总是喜欢在别人背后说闲话。
❺ 昨天是周末, 正好又是情人节, 街上的情侣特别多。
❻ 他有的是时间, 你可以随时去找他。
❼ 只要真心地对待别人, 就会有很多好朋友。
❽ 只有不懈地努力, 才能获得成功。

중작하기 3

❶ 老板怎么说我们就怎么做。
❷ 在这个问题上, 我们可以商量商量。
❸ 真是的, 他又迟到了。

중국어교육 부문 8년(2007-2014)

연속 1위!
사이버 JRC

www.cyberJRC.com

ONE PASS

전강좌 자유 수강

JRC의 사이버 강의는?

재수강률 및
신규 방문자 1위

대기업 직장인
수강률 1위

저자 직강 콘텐츠 100%
(외부 콘텐츠 無)

모바일 및 PC에
최적화된 강의
(모바일/PC 다운로드 1위)

원패스란?

사이버 JRC 의 전 강좌를 자유롭게 수강할 수 있는 JRC 만의 중국어 학습 자유이용권입니다.

HSK
어휘
중국어 어법
중국어 회화
작문
비즈니스
구술
스크린
통번역
어린이 중국어

원패스 (2,266강)

교재 집필, 교수 설계, 강의, 촬영 및 편집까지 **100% JRC 자체 제작 2,266강의!**
JRC는 타업체의 콘텐츠를 JRC의 콘텐츠로 포장하지 않습니다

원패스만의 특별한 4가지 혜택!

합격

합격 보장 시스템
HSK 집중관리형 인강

전화중국어
무료 이용권 제공!
궁금한 건 바로
중국인 선생님에게 물어보자!

온라인 전 강좌
모바일 무료 이용

국내 최초 온 가족
학습 시스템
(어린이~성인)

문의 02.567.3327

당신의 중국어

CST로 진단하라!

국내 유일 IBT 기반의
수준별 중국어 말하기 응용 능력 시험
CST가 새로운 기준을 제시합니다.

CST 중국어말하기
응용능력시험
汉语口语应用能力考试

문의전화 02.567.9213

CST(Chinese Speaking Test)란?

CST(Chinese Speaking Test)는 클라우드 컴퓨팅 방식의 인터넷 기반 검사(IBT: Internet Based Test)로 진행되는 중국어 말하기 응용 능력 시험으로
국내 유일의 응시자 수준을 고려한 등급별 시험을 진행하여 실질적인 어학 능력과 단계적인 학습 성과를 검증받을 수 있는 시험입니다.